自动驾驶汽车技术

陈无畏 焦 俊 夏 光 编著

合肥工业大学出版社

内容简介

自动驾驶汽车是计算机、控制、机械、通信、电子、传感器、力学、数学等领域高新技术综合应用的平台,综合了环境感知、规划决策、人机共驾、无人驾驶等功能的复杂智能系统。近年来,随着新一代信息技术、传感技术、电子技术等与汽车产业的深度融合,自动驾驶汽车已迅速发展为全球汽车产业的热点和重点。

本书用浅显易懂的语言和非专业化描述,加上丰富的插图,将自动驾驶汽车的发展历程和未来趋势、环境感知与检测技术、定位与导航技术、路径规划与跟踪控制技术及车联网与车路协同等方面的内容做了一个简单介绍,可为对自动驾驶汽车感兴趣的读者朋友们提供初步的入门知识。

本书兼具科学性与阅读性,同样为不同专业的学生、汽车爱好者、汽车技术人员提供了了解自动驾驶汽车所用到的基本技术知识,供其阅读使用。

图书在版编目(CIP)数据

自动驾驶汽车技术/陈无畏,焦俊,夏光编著 . —合肥:合肥工业大学出版社,2024.4
ISBN 978 - 7 - 5650 - 6536 - 1

Ⅰ.①自…　Ⅱ.①陈…　②焦…　③夏…　Ⅲ.①汽车驾驶—自动驾驶系统
Ⅳ.①U463.61

中国国家版本馆 CIP 数据核字(2023)第 228672 号

自动驾驶汽车技术

陈无畏　焦　俊　夏　光　编著　　　　　　　　　　责任编辑　张择瑞

出　版	合肥工业大学出版社		版　次	2024 年 4 月第 1 版	
地　址	合肥市屯溪路 193 号		印　次	2024 年 4 月第 1 次印刷	
邮　编	230009		开　本	787 毫米×1092 毫米　1/16	
电　话	理工图书出版中心:0551 - 62903204		印　张	12	
	营销与储运管理中心:0551 - 62903198		字　数	285 千字	
网　址	press. hfut. edu. cn		印　刷	安徽联众印刷有限公司	
E-mail	hfutpress@163. com		发　行	全国新华书店	

ISBN 978 - 7 - 5650 - 6536 - 1　　　　　　　　　　　　　　　　定价:50.00 元

如果有影响阅读的印装质量问题,请与出版社营销与储运管理中心联系调换。

前　　言

　　自动驾驶汽车(Autonomous Vehicles;Self - driving Automobiles)又称无人驾驶汽车或轮式移动机器人,是一种通过计算机系统来实现无人驾驶的智能汽车。在20世纪已有数十年的历史,21世纪初即呈现出接近实用化的趋势。近年来,随着新一代信息技术、传感技术、电子技术等与汽车产业的深度融合,自动驾驶的智能汽车已逐渐成为全球汽车产业发展的战略制高点。

　　自动驾驶汽车是计算机科学、控制科学与工程、机械工程、通信工程、电子信息科学与技术、仪器仪表技术与传感器、力学、数学等领域高新技术综合应用的载体,是一种集环境感知、规划决策、控制执行、人机协同辅助驾驶、完全无人驾驶等功能于一体的综合性系统。

　　自动驾驶汽车根据车载传感器设备,如视觉传感器、超声波传感器、速度传感器和车载雷达等,感知周围道路、障碍物的信息和车辆自身位姿,通过计算机信息处理软件,结合车辆自己储存的历史信息和全球卫星定位系统信息,利用人工智能理论,自主分析和推理,规划出自动驾驶汽车的行驶路径。它的主要执行功能包括:准确地沿着给定路线行驶并保持正确的状态;在网络环境下,利用计算机技术、信息技术和控制技术向智能汽车发出指令,使其可依靠自身能力和控制系统,安全、可靠地实现自主驾驶或辅助驾驶,完成特定的任务。

　　自动驾驶汽车在其发展过程中包含了从仅提供预警功能的驾驶员辅助装置,到单一功能自动化阶段和组合功能自动化阶段(人机共驾),再到高度自动化阶段,最终实现自主无人驾驶的最终目标。

　　综合来看,自动驾驶汽车技术是未来汽车行业发展的一个大趋势,这也是科技进步和社会发展需要所带来的进步。不仅便于人们的出行生活,改善了安全条件,而且也会变革整个能源市场,对全球的生态环境以及可持续发展也会带来一定的好处。显然,人们感到自动驾驶汽车正穿越重重障碍向我们驶来,离我们是越来越近了。

　　自动驾驶汽车技术既是一种新颖的汽车技术,又是一种能够实实在在看得到的工程应用技术。本书用浅显易懂的语言和非专业化描述,将自动驾驶汽车的发展历程和未来趋势、环境感知系统与常用的感知传感器、环境感知与检测方法、车辆定位与导航、路径规划与路径跟踪控制及车联网与车路协同等方面的内容做一个简单介绍,以期为自动驾驶感兴趣的读者朋友们提供初步的入门知识。

本书由合肥工业大学陈无畏教授撰写第 1、2 章,安徽农业大学焦俊教授撰写第 4、6 章,合肥工业大学夏光教授撰写第 3、5 章,全书由陈无畏统稿。本书在撰写过程中引用了一些国内外相关文献资料,用以充实书中内容,在此向有关参考文献的作者表示感谢。

由于作者水平有限,书中难免存在不妥之处,恳请读者批评指正。

作　者

2022.12 于合肥

目　　录

第1章 绪 论

1.1 发展历程

世界上第一辆汽车是由德国工程师卡尔·本茨(1844—1929 年)于 1886 年发明的(见图 1-1)。该车为类似马车外形的三轮汽车,采用一台两冲程单缸 0.66kW 的汽油机,此车已具备了现代汽车的一些特点,如火花点火、水冷循环、钢管车架、钢板弹簧悬架、后轮驱动、前轮转向和制动把手等。该车的巨大贡献在于观念的变化,即自动化和内燃机的成功应用。

图 1-1 本茨发明的第一辆汽车

自从汽车面世以来,经历了 100 多年的快速发展。汽车自身也从最初的代步和运输工具,成为人们生活和人类文明的一部分。汽车的技术发展水平及其普及程度,是衡量一个国家或地区社会物质生活发展水平及现代化程度的重要标志。伴随着科学技术的突飞猛进和经济社会的迅猛发展,人们生活水平逐步提高,汽车也逐渐走入广大普通百姓家庭,极大地方便人们出行和生活。随着汽车的普及和保有量的日益增长,在享受汽车给我们的出行和生活带来便利的同时,它也给社会的发展带来了诸如道路交通安全、交通拥挤、环境污染、能源浪费等方面的问题,所造成的各类损失难以计算。日益频繁的交通堵塞和交通事故,严重影响了人们的日常生活和工作效率,甚至危害到人们的生命安全。大量汽车排放的尾气,会加剧温室效应,污染环境,进而损害人们的身体健康。因此,发展安全、环保、节能、智能化的汽车成为当今和今后汽车的发展趋势。

自动驾驶汽车（Automated Vehicle；Intelligent Vehicle；Autonomous Vehicle；Self - driving Car；Driverless Car），很多人又称其为无人驾驶汽车、智能汽车、自主汽车或轮式移动机器人等，是一种通过计算机实现自动驾驶的智能汽车。智能化的自动驾驶汽车一般具备三个特点：第一是能对周围环境进行准确感知，第二是能进行智能化的路径规划，第三是具有无人驾驶（辅助驾驶或完全无人驾驶）功能。自动驾驶汽车是通过先进的车载传感器系统、信息处理与决策系统以及执行系统等对驾驶员、道路环境、汽车自身状态等进行实时监控，部分或者完全代替驾驶员完成驾驶操作，从而减轻驾驶员劳动强度，提高交通安全性及通行效率、节约能源等。此外，自动驾驶汽车在工业生产、军事以及航空航天等方面也都有广泛的用途。如在工业上，可以应用在自动仓库、港口、码头、车间等物流作业部门，提高货物搬运效率，降低生产成本；同时它还可以用在那些无法工作的环境中代替人类完成恶劣、有毒环境下货物的搬运、设备的检测等任务，从而避免某些有害物质对人体造成的伤害。在军事上，自动驾驶汽车可以按设计者意图在战场上自动行驶，代替人完成巡逻、侦察、排雷及对有毒物品的采样，迅速准确地搜集相关信息，提高军事任务执行的效率，有效避免军事人员伤亡。在航空航天科学研究方面，空间自主移动机器人是其中重要的组成部分；还可以用在外星球探索和勘探上，将对人类探测外星球、开发和利用外星球起到巨大的推动作用。

关于自动驾驶和无人驾驶，有不少人都会把概念混淆。自动驾驶汽车，顾名思义，是可以实现自动驾驶的汽车，但同时保留了人工驾驶的功能，可以实现自动和人工驾驶的切换，也就是通常说的辅助驾驶或人机共驾。当自动驾驶的功能达到最高层级时，自动驾驶才和无人驾驶汽车是一样的。无人驾驶汽车的研发目的是从不需要驾驶员这个角度出发的，原则上具有更加强大的智能以及主动性，可以完全不依赖于人的意志和决策，在紧急情况时系统会自动处理。这就需要控制系统具有更加强大的综合处理和判断能力。目前而言，做到这个层级的自动驾驶智能汽车还是非常困难的。

为简便起见，本书将自动驾驶汽车、辅助驾驶汽车（部分无人驾驶功能）、完全无人驾驶汽车、智能网联汽车等统一简称为自动驾驶汽车，如图 1-2 所示。

（a）人-机协同驾驶　　　　　　　（b）没有转向盘、油门和制动踏板

图 1-2　自动驾驶汽车

1.1.1　国外发展概述

在自动驾驶汽车发展的早期阶段，人们探索采用铺设在道路上的电缆或磁诱导设备信息来实现汽车在给定车道内自动行驶。由于研究场所多为室内环境，故应用存在一定的局限性。随着计算机及机器视觉（摄像机）技术的发展，研究的焦点是基于计算机视觉引导的智能汽车系统，其应用场所也由室内逐渐转到室外。自 20 世纪 80 年代开始，世界主要发达国家的汽车企业、大学及相关研究机构都对自动驾驶汽车技术开展了广泛而深入地研究和样车开发，取得了很大进展。如美国卡内基-梅隆大学研制了配备摄像机、激光雷达等多种传感器的自动驾驶车；德国慕尼黑联邦国防大学设计了采用摄像机的自动驾驶车，行驶速度可达 90km/h；法国帕斯卡大学与法国雪铁龙汽车公司合作开发的自动驾驶实验车在不同的路面状况下实现真正的无人驾驶，最高车速已达 130km/h。

2004 年和 2005 年，美国国防部高级研究计划署组织了两次自动驾驶汽车越野挑战赛，在 2005 年举行的第二次挑战赛上，斯坦福大学的自动驾驶车以最短时间自主走完全程获得第一名，卡内基-梅隆大学的两款自动驾驶车分列二、三名（图 1-3）。这些自动驾驶汽车都利用装备的激光雷达和视觉感知系统对前方环境进行分析和决策，自主行驶通过了含有高速公路、沙漠和涵洞等复杂的地形。2007 年该赛事的赛场转向了城市复杂环境，参赛汽车在一个模拟的城市环境中自主行驶 96 公里，自主判断交通状况，不断地进行决策控制，遵守交通规则并避开障碍物。2006 年欧洲举办了第一届以军方为背景的比赛，共 20 个参赛队伍参与，全程穿越 240km 的沙漠。

（a）斯坦福大学的自动驾驶车　　　　　　（b）卡内基-梅隆大学的自动驾驶车

图 1-3　早期的自动驾驶车

同时，世界各大汽车厂商和科研机构也在积极推进自动驾驶车的市场化进展，逐渐把研究重点转向情况复杂的城市环境，展开了实用自动驾驶汽车及汽车辅助安全产品的研制。以色列的 Mobileye 公司开展了汽车视觉感知和集成技术的研究并取得了可喜的进展，已开发出实用产品，如基于视觉的汽车事前警告系统 AWS（Advance Warning System）。瑞典沃尔沃（Volvo）公司研究开发了新一代防撞技术，图 1-4 中的 S60 汽车城市安全系统 City Safety，利用激光传感器来探测汽车前方道路中行人和汽车，最大程度协助司机避免碰撞，减少损失。

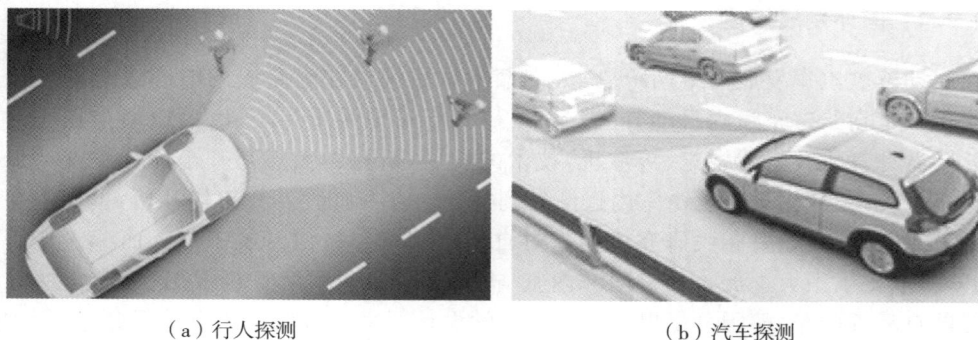

| （a）行人探测 | （b）汽车探测 |

图 1-4　沃尔沃 S60 城市安全系统

　　2010 年上海世博会期间，意大利帕尔玛大学的自动驾驶车由意大利抵达上海，该车上搭载了最新科研成果，依靠车内高速计算机和传感系统可以让汽车在各种不同类型的交通、天气和道路状况下安全行驶，其中自主行驶系统所需能源由太阳能提供，如图 1-5(a)所示。Google 公司也于 2010 年推出自己的自动驾驶车 Google Fleet 1，并已经在加州的街道上成功试验行驶了 22 万 5 千多公里，如图 1-5(b)所示。车载设备包括了雷达传感器、高分辨率摄像头等传感器，在汽车周围形成 360°视角，用以即时反映汽车周围的情况。Google 公司希望将来自动驾驶汽车正式面世并普及之后，有助于解决交通挤塞的问题，并减少交通意外。

| （a）帕尔玛大学自动驾驶车 | （b）Google自动驾驶车 |

图 1-5　帕尔玛大学和 Google 推出的自动驾驶车

　　1984 年，美国国防高级研究计划署（DARPA）与陆军合作，发起自主地面车辆（ALV）计划，这是一辆八轮车，在校园中能够自动驾驶，但车速并不快。为了推进自动驾驶技术更快、更好地发展，DARPA 于 2004—2007 年共举办了 3 届 DARPA 自动驾驶挑战赛。

　　第 1 届是 2004 年在美国的莫哈韦沙漠进行。共有 21 支队伍参加赛事，其中 15 支进入了决赛，但决赛中，没有一支队伍完成整场比赛。卡内基-梅隆大学的 Sandstorm 行驶得最远，共行驶了 1.78km。

　　2005 年的第 2 届比赛共有 195 支队伍申报参加，有 5 支队伍（Stanley，Sandstorm，H1ghlander，Kat-5，TerraMax）通过了全部考核项目。其中，来自斯坦福大学的 Stanley 以

30.7km/h 的平均速度、6h53min58s 的总时长夺冠,赢得了 200 万美元。同时,这也标志着自动驾驶汽车取得了重大突破。

第 3 届是 2007 年在美国加利福尼亚州一个已关闭的空军基地举行。这届比赛的任务是参赛车辆在 6h 内完成 96km 的市区道路行驶。这届比赛不仅要求参赛车辆完成基本的自动行驶,检测和主动避让其他车辆的同时,还要遵守所有的交通规则。由于车辆需要根据其他车辆的动作实时做出智能决策,这对于车辆软件来说是一个特殊挑战。来自卡内基-梅隆大学的 Boss 以总时长 4h10min20s、平均速度 22.53km/h 的成绩取得了冠军。

20 世纪 80 年代开始,美国著名的大学如卡内基-梅隆大学、斯坦福大学、麻省理工学院等都先后加入自动驾驶汽车的研究工作中。其中,美国卡内基-梅隆大学研制的 NavLab 系列自动驾驶车最具有代表性。

NavLab-1 系统于 20 世纪 80 年代建成。它的计算机硬件系统由 Sun3、GPS、Warp 等组成,用于完成图像处理、传感器信息融合、路径规划以及车体控制等功能。它在典型结构化道路环境下的速度为 28km/h。

NavLab-5 系统是 1995 年建成的。卡内基-梅隆大学与 Assist-Ware 技术公司合作研制了便携式高级导航支撑平台(PANS)。该平台为系统提供了计算基础和 I/O 功能,并能控制转向执行机构,同时进行安全报警。它使用了一台便携式工作站 SPARCLx,能够完成传感器信息的处理与融合、路径的全局与局部规划任务。NavLab-5 在实验场环境道路上的自主行驶平均速度为 88.5km/h。NavLab-5 进行了首次横穿美国大陆的长途自主驾驶公路试验,自主行驶里程为 4496km,占总行程的 98.1%。车辆的横向运动控制实现了完全自动控制,而纵向运动控制仍由驾驶员完成。

NavLab-11 系统是该系列最新的平台。其车体采用了 Wrangler 吉普车,车上安装有工业级四核计算机,处理各种传感器传输来的信息,并把信息分送到各个子单元。它的最高车速达到了 102km/h。

意大利帕尔玛大学 VisLab 实验室一直致力于 ARGO 试验车的研制。在 1998 年意大利汽车百年行活动中,ARGO 试验车沿着意大利的高速公路网行驶了 2000km 长的距离。试验车行驶的道路既有平坦区域,也包括高架桥和隧道。试验车的自动驾驶里程为总里程的 94%,最高车速达到了 112km/h。2010 年,ARGO 试验车沿着马可·波罗的旅行路线,全程自动驾驶来到中国上海参加世博会,行程达 15900km。该车装载了 5 个激光雷达、7 个摄像机、GPS 全球定位系统、惯性测量设备以及 3 台 Linux 计算机和线控驾驶系统,全程应用太阳能作为辅助动力源。2013 年,该实验室研制的车辆在自动驾驶的情况下成功识别了交通信号灯、避开行人、驶过十字路口和环岛等。

除了科研院校在自动驾驶领域的积极研究外,奥迪、福特、沃尔沃、日产、宝马等众多汽车制造厂商也于 2013 年开始相继在自动驾驶汽车领域进行了布局。这些传统汽车制造企业多采用渐进提高汽车驾驶自动化水平,同时积极研发自动驾驶技术的并进发展路线。

目前,对于量产商用汽车来说,部分自动驾驶功能已经较为普及,表现比较突出的是德、美、日、韩等汽车制造厂商生产的汽车。其中,德国汽车制造厂商处于领先地位,其生产的几乎所有车型都能提供相关驾驶辅助系统功能(包括 SAE Level 2 级)。2018 新款奥迪 A8 是全球首款量产搭载 Level 3 级别的自动驾驶系统的车型,其携带有 12 个超声波传感器、5 个摄像机、5 个毫米波雷达、1 个激光雷达、1 个红外线摄像机共 24 个车载传感器,可以在 60km/h 以下车速时实现 Level 3 级自动驾驶,使驾驶员在拥堵路况下可以获得最大限度的解放。

图 1-6 特斯拉 Model 3 支持 Autopilot

2015 年 10 月,特斯拉推出的如图 1-6 所示的部分自动驾驶系统 Autopilot,这是第一个投入商用的自动驾驶技术。目前,特斯拉的量产车上均已安装 Autopilot 1.0、2.0 或 2.5 硬件系统,其自动驾驶功能可通过 OTA(空中下载)进行从 Level 2 到 Level 4+的软件升级,这是在已量产车上,完成了自动驾驶的硬件准备。近期推出的基于视觉深度神经网络的 TeslaVision9.0 软件版本,可使汽车变得更智能、更安全、更简单易用。

2016 年,通用汽车收购了自动驾驶技术创业公司 Cruise Automation,正式进入自动驾驶领域。后者初创于 2013 年,一直从事具有完全无人驾驶功能的技术研发。2018 年 1 月,作为通用汽车旗下无人驾驶部门的 Cruise Automation 发布了新一代(第四代)无人驾驶汽车——Cruise AV。Cruise AV 没有转向盘、油门踏板和刹车踏板,安装了 21 个普通雷达、16 个摄像机和 5 个激光雷达来感知汽车周围的环境和障碍物,是真正的无人驾驶汽车。通用汽车不仅开始量产 Cruise AV 的测试车,以便在美国各城市甚至全世界各地进行实际路试,并且也已向美国国家高速公路交通安全管理局递交请愿书,以便能尽快地开始初步部署实际的无人驾驶汽车。

以谷歌为代表的新技术力量纷纷布局无人驾驶领域。这些企业多采用"一步到位"的无人驾驶技术发展路线,即直接研发 SAE Level 4+级别的无人驾驶汽车。2009 年,谷歌公司宣布,由斯坦福人工智能实验室前主任、谷歌街景的联合发明人 Sebastian Thrun 领导组建了一支团队,开始研发无人驾驶技术。2012 年,美国内华达州的机动车辆管理部门为谷歌公司颁发了全球首例自动驾驶汽车的路测许可证。2015 年,谷歌公司的无人自动驾驶原型车上路进行测试,该车没有转向盘、油门踏板与刹车踏板,同时也没有后视镜,只配有启动和停止两个物理按钮,通过很多传感器、车载计算机来控制汽车(图 1-7)。

2016 年 12 月,谷歌将无人驾驶业务独立出来,成立了一家独立公司——Waymo。自 2017 年 10 月,Google Waymo 已在美国凤凰城 Chandler 镇 100 平方英里范围内,对 600 辆克莱斯勒插电式混合动力 Level 4 级无人驾驶汽车进行社会公测,这是 Waymo 无人驾驶

图 1-7 谷歌公司的无人驾驶原型车

汽车商业化落地的前奏,是首次实现了无驾驶员和无安全员的公测无人驾驶汽车。当地时间 2018 年 5 月 31 日,Waymo 宣布向菲亚特·克莱斯勒(FCA)采购 62000 辆 Pacifica 混合动力厢式车,用于打造无人驾驶出租车队。除汽车采购以外,Waymo 与 FCA 双方还在商讨如何将无人驾驶汽车卖给普通用户。这也意味着,在不远的将来,普通用户就可以在 FCA 的门店里买到一辆与 Waymo 共同打造的无人驾驶汽车。通过 App 软件叫车,就可以很方便地对出行人提供无人驾驶打车服务(图 1-8)。

(a)谷歌无人驾驶车获美国政府司机认证　　(b)Pacifica混合动力无人驾驶出租车

图 1-8　无人驾驶出租车

　　2016 年 5 月,Uber 无人驾驶汽车在位于美国宾夕法尼亚州匹兹堡市的 Uber 先进技术中心正式上路测试。Uber 首次路测使用的自动驾驶汽车是一款福特 Fusion 混合动力汽车,它同时进行采集测绘数据并试验自动驾驶功能。Uber 无人驾驶汽车配备了各式传感器,包括毫米波雷达、激光雷达以及高分辨率摄像机,以便绘制周边环境的细节。2016 年 9 月 14 日,Uber 在美国匹兹堡市推出城区大范围无人驾驶出租车免费载客服务并试运行;尽管上面有两名安全工程师,但商业模式却是服务于大范围的城区,比 Waymo 公测的小镇要大得多。

　　自动驾驶独角兽公司 Zoox,是美国硅谷一家神秘的新创公司。Zoox 很少向外界介绍其进展,但他们秘密开发全自动驾驶汽车已有多年,公司的估值已达 30 多亿美元。Zoox 整合了 Waymo、特斯拉和 Uber 三家巨头的特点,开发出一套新型的无人驾驶打车服务体系。前几年,该公司展示了一辆无人驾驶汽车的渲染图。该车型没有挡风玻璃、转向盘和刹车踏板。这种汽车能向任意方向行驶,乘客将面对面而坐,如图 1-9 所示。

图 1-9　Zoox 的无人驾驶汽车

1.1.2　国内发展概述

与美、欧等发达国家相比,我国在自动驾驶汽车方面的研究起步稍晚,从 20 世纪 80 年代末才开始。

国防科技大学从 20 世纪 80 年代末开始先后研制出基于视觉的 CITAVT 系列智能车辆。其中,在 CITAVT-Ⅰ、CITAVT-Ⅱ型无人驾驶小车的研制过程中对无人驾驶汽车的原理进行了研究;CITAVT-Ⅲ型的研究以实现在非结构化道路下遥控和自主驾驶为目的;CITAVT-Ⅳ型自主驾驶车基于 BJ2020SG 吉普车改装而成,该车型以研究结构化道路环境下的自主驾驶技术为目标,空载条件下速度最高为 110km/h,车辆具有人工驾驶、遥控驾驶、非结构化道路上的低速自主驾驶和结构化道路上的自主驾驶四种工作模式。直至 1992 年,国防科技大学才成功研制出中国第一辆真正意义上的无人驾驶汽车。

清华大学在国防科工委和国家 863 计划的资助下,从 1988 年开始研究开发 THMR 系列智能车。THMR-Ⅴ智能车[图 1-10(a)]能够实现结构化环境下的车道线自动跟踪,准结构化环境下的道路跟踪,复杂环境下的道路跟踪、避障以及视觉临场感遥控驾驶等功能,最高车速达 150km/h。THMR-Ⅴ智能车采用了基于扩充转移网络的道路识别技术,大幅度降低了道路图像处理和车道线识别的计算量,并通过实验测得在车道线跟踪阶段全部计算过程的周期小于 20ms,保证了在实际场景下的实时性要求。

2012 年,天津军事交通学院的"军交猛狮Ⅲ号"[图 1-10(b)]以无人驾驶状态行驶 114km,最高时速为 105km/h。该车装有由 5 个毫米波雷达、3 个摄像机和 1 个 GPS 传感器组成的视觉感知系统,能够帮助无人驾驶汽车识别路况,可精确判断与前后左右障碍物的距离。

(a) 清华大学的 THMR-Ⅴ 自动驾驶车　　　　(b) 天津军事交通学院的"军交猛狮Ⅲ号"

图 1-10　高校研发的自动驾驶车

不同于国外车企以自主研发为主,我国汽车制造厂商多采取与国内科研院所、高校合作研发自动驾驶技术。一汽集团于 2007 年与国防科技大学合作。2011 年 7 月,由一汽集团与国防科技大学共同研制的红旗 HQ3 自动驾驶汽车完成了 286km 的面向高速公路的全程无人驾驶试验,人工干预的距离仅占总里程的 0.78%。2015 年 4 月,一汽集团正式发布了其"挚途"技术战略,标志着一汽集团的互联智能汽车技术战略规划正式形成。2015 年 4 月 19 日,一汽在同济大学举行了"挚途"技术实车体验会,包含手机叫车、自主泊车、拥堵跟车、自主驾驶等四项智能化技术。

2015 年 4 月,长安汽车发布智能化汽车"654 战略",即建立六个基础技术体系平台,开发五大核心应用技术,分四个阶段逐步实现汽车从单一智能到完全无人驾驶。

2015 年 8 月,宇通大型客车从郑开大道城铁贾鲁河站出发,在完全开放的道路环境下完成无人驾驶试验,共行驶 32.6km,最高速度为 68km/h,全程无人工干预,为了保障安全,客车上还是配备了司机。这也是国内首次大型客车高速公路上的无人驾驶试验。2018 年 5 月,宇通客车在其 2018 年新能源全系产品发布会上宣布,已具备面向高速结构化道路和园区开放通勤道路的 Level 4 级别自动驾驶能力。

北汽集团在 2016 年 4 月的北京车展上,展示了其基于 EU260 打造的无人驾驶汽车。车辆通过加装毫米波雷达、高清摄像机、激光雷达和 GPS 等传感器识别道路环境,同时配合高清地图进行路径规划实现无人驾驶。北汽无人驾驶汽车目前搭载的无人驾驶感知与控制设备大部分都采用了国产化设备,目的是为未来的量产打下基础。

除了上述传统的汽车制造厂商在无人驾驶领域的研究外,以百度为代表的高科技公司也相继加入了无人驾驶汽车领域的研究。百度公司于 2013 年开始了百度无人驾驶汽车项目,其技术核心是"百度汽车大脑",包括高精度地图、定位、感知、智能决策与控制四大模块。

2015 年 12 月初,百度无人驾驶汽车在北京进行自动驾驶测跑,实现多次跟车加减速、变道、超车、上下匝道、调头等复杂驾驶动作,完成了进入高速到驶出高速不同道路场景的切换,最高车速达到 100km/h。

2015 年 12 月 14 日,百度宣布正式成立自动驾驶事业部。2017 年 4 月 17 日,百度展示了与博世合作开发的高速公路辅助功能增强版演示车。2018 年 7 月 4 日,百度在第二届百度 AI 开发者大会上宣布,与厦门金龙合作生产的首款 Level 4 级自驾巴士"阿波龙"已经量产下线。这一批次的 100 辆车接下来会被投放到北京、深圳、武汉等城市,在机场、工业园区、公园等行驶范围相对固定的场所开始商业化运营。2019 年年初,百度还与日本软银公司旗下的 SB Drive 合作,将 10 辆"阿波龙"带去日本包括东京在内的多个城市。这款无人驾驶巴士是基于百度的阿波罗自驾车开放平台(3.0 版本)。除了能在某些特定条件下实现无人工介入的自动驾驶,其还加入了自动泊车、面部识别及驾驶者疲劳度检测等功能。另外,在大会现场百度还宣布会与英特尔合作,将 Mobileye 的责任敏感安全模型(Responsibility Sensitive Safety)及周围计算机视觉套件整合入阿波罗,希望以此来进一步提升该平台的行车安全性。

2016 年,阿里巴巴集团与上汽联合推出国内首款互联网汽车荣威 RX5,基于大数据和云技术平台,将强大的计算能力配置到汽车上,向驾驶者提供人性化和个性化的操作及服务,如一键启动、自动启停、定速巡航、倒车影像、车道偏离报警、前方防碰撞报警、全息影像等功能配置(图 1-11)。

目前,几乎国内所有较大的汽车公司,还有一些高科技公司、互联网造车公司、高校、科研院所等,都以极大的热情和资金投入自动驾驶汽车的研发中。我国举行的自动驾驶领域的顶级赛事"中国智能车未来挑战赛"是由国家自然科学基金委员会创办于 2009 年,作为国内创办最早、持续时间最久、最权威的自动驾驶赛事,已分别在西安市(第一、二届)、鄂尔多斯市(第三届)、赤峰市(第四届)和常熟市(第五至十二届)等地连续举办了十二届赛事。挑战赛以在复杂交通场景中完成指定的行驶任务为基本内容,而不是单项功能的分类测试,它

（a）百度"阿波龙"无人驾驶巴士   （b）百度无人驾驶车完成路测

（c）阿里–上汽联合打造的互联网汽车荣威RX5

图1-11　企业研发的自动驾驶车

强调的是对自动驾驶技术的综合考核和验证。

　　2009年的第一届比赛,在西安浐灞生态区集合了6支队伍,10余辆无人驾驶智能汽车,在不足3km的园区道路上,汽车不时地需要人工干扰,失控撞树等事故不断出现,无人驾驶曾被认为是天方夜谭,但这场比赛却开启了国内无人驾驶技术发展的漫长旅程(图1-12)。2010年10月16日至18日,第二届IVFC大赛在西安市长安大学举行。这届比赛在测试内容、评分标准和比赛规则等方案的制订方面比第一届更加规范,参赛队伍也从首届的6支发展到了10支,一些没有得到国家自然科学基金资助的高校开始志愿加入进来。第二届比赛新增的交通标志测试,体现了大赛赛制慢慢向真实道路靠拢的趋势。汽车内的电脑在接收到传感器获取的交通标志视觉信息后,通过复杂的算法识别出具体的标志并理解交通标志的含义。当时计算机视觉还没有兴起深度学习算法,更没有基于马尔科夫决策过程(MDP)的MOT算法,不过各车队的识别能力都能达到70%以上,主要差别就在于识别所需要的时间,这为汽车无人化开启了良好的开端(图1-13)。2013年第五届"中国智能车未来挑战赛"选择了江苏常熟。这次比赛除了国内10家单位的17辆赛车,还吸引来了1辆韩国赛车参加角逐。比赛历时三天,分为正式比赛和表演赛。其中正式比赛在城郊道路(约18公里)和城区道路(约5公里)上举行,着重考核无人驾驶汽车的4S性能,即安全性(Safety)、舒适性(Smoothness)、敏捷性(Sharpness)和智能性(Smartness)。这次比赛道路不仅设有交通信号灯,还增加了施工绕行、静止车辆避障、学校区域减速、终点停车等一系列与真实道路极为相像的环境,赛前半小时公布比赛路线。增设重重"关卡",是为了重点考核无人车在闯关过程中,能否像人一样对交通标志、人、车、物有智能感知能力以及自主决策和行为控制的能力。

图 1-12 首届中国"智能车未来挑战"比赛

图 1-13 第二届中国"智能车未来挑战"比赛

  2014 年"中国智能车未来挑战赛"仍选择在常熟举行。针对第五届 IVFC 大赛中无人车在面对城郊和城区两种不同实际环境时,暴露出了很多问题,第六届比赛又增加了难度,选择了常熟的城郊、市区、高速公路和校园等不同环境道路,结合不同难度的测试任务考核、测评和验证无人驾驶车辆智能水平。赛事设置了立交/高架桥、匝道及辅路进出、校园进出、居民区进出、交叉路口通行、执行 U-TURN、特殊路段通行以及一定交通流下的动态自主路径规划等考核内容。此外,还首次增加了无人车与普通汽车在道路上的交互行为,来考察无人车的超车、等待、避障等行为。通过对前方运动车辆检测来判断车辆的安全距离,通过识别算法计算出车辆的大小、行驶速度以及位置等,从而做出决策(图 1-14)。

  2019 年 11 月 16—17 日,在江苏常熟市举办的第 11 届中国智能车未来挑战赛,体现了

图 1-14 智能车的主动应变能力

我国无人车技术的当时最高水平。本届挑战赛面向无人驾驶出行服务实际需求,设置城乡道路比赛和高架道路比赛两个内容。其中,城乡道路环境设置了借道行驶、施工占道、临时道路封闭、雨天、乡村道路、环岛、环卫作业、礼让行人、机非混行、进入地下停车场等多种真实复杂路况,要求实现无人驾驶接送服务,能在地下车库自主泊车等。高架道路环境设置了作业车辆遭遇、交通管制引导、人工驾驶与自主驾驶混行、前车坠物紧急避让、施工路段处理等交通场景,要求参赛车辆完全自主地从起点停车场出发,由匝道进入高架道路,通过不同随机路况到达终点,并能侧方位停车。30 余支国内一流无人驾驶队伍的参赛汽车依次出发,需在规定时间和区域内自主完成相应任务。此外,还增加了车辆在城乡、高架道路不依赖卫星定位导航信号的赛程,测试无人驾驶车辆无依托自主定位的环境感知能力,从而更加全面、真实地测试无人驾驶相关技术的成熟度。这次,西安交通大学"先锋号"成最大赢家,分别获得地下车库自主泊车挑战、无卫星导航乡村道路挑战、城乡道路比赛、高架道路比赛的第一名(图 1-15)。

2020 年 11 月 21 日,第十二届"中国智能车未来挑战赛"在常熟市举办,共汇集 22 支车队,其中包括新涌现的自动驾驶智能车研发团队、与汽车制造厂商合作的团队和企业车队等。相比往届比赛,本届比赛首次将车联网技术与无人驾驶技术相融合起来。为有效破解自动驾驶车城区出行"最后一公里"的应用难题,推进智能交通系统、车联网与自动驾驶技术融合,提高自动驾驶的安全性和交通效率,本届比赛突出考察车路协同、自动驾驶车辆的交通场景识别能力。比赛利用北斗卫星导航构建适合自动驾驶汽车的行驶环境地图,并检验车辆不依赖于卫星导航信号的自主定位感知能力。特别要指出的是,这次比赛以智能车自主、安全提供连续接送乘客服务的效率为考核指标,设置更逼近实际情况。例如,汽车如何启动、如何让客人上车、再把客人送到指定的地方这些"最后一公里"的应用,让自动驾驶汽车的技术真正能造福老百姓的生活。

由于受新冠疫情的影响,导致这两年的赛事也受到了影响。随着疫情的过去,这项赛事又回归正常。第十三届"中国智能车未来挑战赛"于 2023 年 11 月继续在常熟市举行。

图 1-15 第 11 届中国"智能车未来挑战"比赛

历届"中国智能车未来挑战"比赛的举办,极大推动了中国的自动驾驶汽车技术的发展,促进了我国的自动驾驶智能车逐步从简单封闭道路走进真实、复杂的道路交通环境,缩短了与美欧等发达国家间的差距,为中国智能车、地面无人自主系统及其他人工智能系统的未来发展夯实了基础,培养和储备了一大批研发人才和团队。

综合来看,自动驾驶汽车技术是未来汽车行业发展的一个大趋势,这也是科技进步和社会发展需要所带来的进步。不仅便于人们的出行生活,而且也会变革整个能源市场,对全球生态环境以及可持续发展也会带来一定的好处。显然,人们感到自动驾驶汽车离我们是越来越近了。

1.2 应用现状和前景

1.2.1 自动驾驶技术分级

自动驾驶汽车的最终目标是替代人,实现完全无人驾驶。2014 年美国 SAE(国际汽车工程师学会)制定了 SAEJ3016 标准,将驾驶技术分为 Level 0(L0)~Level 5(L5)共 6 个级别,并针对道路机动车辆的自动化系统相关条款做了分类和定义。它不但被美国交通运输部采纳为联邦标准,同时也已经成为全球汽车业界评定无人驾驶汽车等级的通用标准。2016 年的修订版再次对机动车自动化系统的分类和定义予以完善。其中,L0 代表没有自动驾驶加入的传统人类驾驶,而 L1~L5 则随自动驾驶的技术配置进行了分级。

(1)L1:驾驶员辅助装置,为无自动化阶段。辅助系统只提供预警功能,帮助驾驶员增强对环境和危险的感知能力,比如行人检测、交通标志识别、盲点检测、前向防碰撞预警和车道偏离预警等。

(2)L2:单一功能自动化阶段。辅助系统开始介入加速、制动和转向中某一项控制,且这些功能是独立执行的。汽车仍然由驾驶员主导,辅助系统仅分担驾驶员的部分工作,如自适应巡航系统、自动紧急制动系统和车道偏离辅助系统等。

（3）L3：组合功能自动化阶段。辅助系统与驾驶员共享汽车的控制权，对汽车纵向和侧向运动进行集成控制。驾驶员可以部分放弃对汽车的控制，但需要随时观察周围情况，以便在系统退出时接管汽车。

（4）L4：有限度自动化阶段。在特定环境条件下，如汽车在高速公路上行驶时，驾驶员可以完全将汽车交给自动化系统操控。系统具有高度可靠性，驾驶员无需时刻关注道路交通状况，只在系统请求下进行一些人员操作。

（5）L5：完全自动化阶段。此时，只要输入出发地和目的地，驾驶任务完全交给汽车自动控制系统。

显然，从 L3 发展到 L4 是从高级驾驶辅助系统（Advanced Driver Assistance Systems，ADAS）到完全无人驾驶的跨越，但由于完全无人驾驶系统的安全性和有效性，需要经受大量的迭代测试和长期的应用挑战，因而目前大部分汽车企业正在进行的相关智能汽车技术研究和系统开发仍处于 L3 阶段。目前，欧盟、美国和中国等国的新车评级机构，已经调整评分规则以将更多 ADAS 功能纳入评分体系。因此，与 ADAS 有关的关键技术成为当前的研究热点。

1.2.2 应用与发展现状

综观国内外自动驾驶汽车的发展和研究现状，自动驾驶技术已经成为热门研究领域并呈现出高集成、高智能化和实用化的趋势。西方发达国家在自动驾驶汽车领域投入大量研究成本，取得了丰硕的研究成果，并研制出一系列自动驾驶汽车和安全辅助驾驶的相关产品。从国内研究机构的研究现状来看，受到各种条件的制约，我国自动驾驶汽车技术与国际先进水平相比仍有不小的差距，还需要深入开展有关研究。随着人工智能、控制技术和计算机技术的迅速发展，自动驾驶汽车的研究与应用呈现出美好的前景。目前自动泊车系统、智能巡航控制系统、车道保持系统、汽车队列行驶技术、主动防撞系统等技术已经开始在汽车系统中得到了较多的应用，不仅提高了汽车的智能化水平与安全性能，更带来了良好的社会和经济效益。

随着汽车产业的快速发展，在不断完善被动安全系统的同时，逐渐发展和应用主动安全系统，尽量避免事故的发生，结合行人保护的概念和技术的引入，完善对行人的保护是当今汽车安全的发展趋势。过去，汽车安全设计主要考虑被动安全系统，如设置安全带、安全气囊、保险杠等；现在汽车设计更多考虑的是主动安全，使其能够主动采取措施，避免事故的发生。如利用雷达技术和车载摄像技术开发各种自动避撞系统，利用近红外技术开发各种能监测驾驶员行为的安全系统，高性能的轮胎综合监测系统，自适应自动巡航控制系统，驾驶员身份识别系统，安全气囊和 ABS/ASR（防抱死制动系统/驱动防滑系统）等。随着更加先进的智能型传感器、快速响应的执行器、高性能电控单元、先进的控制策略、计算机网络技术、雷达技术、新一代移动通信技术在汽车上的广泛应用，现代汽车正朝着更加智能化、自动化和信息化的机电一体化方向发展。汽车的安全设计要从整体上来考虑，不仅要在事故发生时尽量减少乘员受伤的概率，而且更重要的是要在轻松和舒适的驾驶条件下帮助驾驶员避免事故的发生。

自动驾驶控制系统可根据车载传感器感知自身汽车状态和车外环境等信息，利用各种数据处理算法获得决策控制所需信息,并以此作为依据进行决策控制,同时根据当前行驶任务自主发出控制命令,控制汽车在没有驾驶员监督下完全自主、安全、有效地实现驾驶。这是智能汽车技术研究的最高目标,同时也是辅助驾驶集成控制发展的必然趋势。

自动驾驶汽车现已被国内外科研单位、高校、大型汽车企业作为研发的重点,均投入了大量的人力物力,促进了新技术的快速发展,满足了人们在 21 世纪对智慧出行的迫切愿望。随着公路等级的不断提升,高速公路的快速发展,汽车行驶速度的大幅提高,汽车保有量的大量增加,意味着交通系统对人们驾驶技术的要求也是越来越高。自动驾驶汽车与车联网相结合,形成一个庞大的移动车联网络,结合道路交通信息,自动驾驶汽车可更加自由安全地行驶在各种道路环境中,形成一个完全智能的交通系统。

1.2.3 自动驾驶技术发展路线和前景

目前对于自动驾驶汽车的研究有两条不同的技术路线:一条是渐进提高汽车驾驶的自动化水平;另一条是"一步到位"的无人驾驶技术发展路线。由 SAEJ3016 标准可以看出,通常大家谈论的无人驾驶汽车技术对应的是该标准的 Level 4 和 Level 5 级。

在自动驾驶产业链中,汽车主机厂、零部件供应商、互联网公司、科研院所、高校等均有强烈意愿参与到该产业链中。目前产业对待汽车自动驾驶主要是两种思路:①自下而上推广自动驾驶即"汽车电子路线",就是通过提供 ADAS 产品不断推进自动驾驶级别,从 L1 发展到 L3,逐步提高智能化水平;在普及率达到一定程度后,逐步寻求更高级别的自动驾驶机会。②自上而下推广自动驾驶即"智能网联路线",这是以互联网公司为代表,积极开发功能强大的算法,对零部件公司提供的硬件和整车厂提供的平台进行整合,把完全无人驾驶的最终实现作为研发的目标。

在我国,与无人驾驶汽车这个术语相关的概念还有智能网联汽车。相对于传统的无人驾驶汽车概念,智能网联汽车定义涵盖的范围更广。《中国制造 2025》将智能网联汽车定义为指搭载先进的车载传感器、控制器、执行器等装置,并融合现代通信与网络技术,实现车内网、车外网、车际网的无缝链接,具备信息共享、复杂环境感知、智能化决策、自动化协同等控制功能,与智能公路和辅助设施组成的智能出行系统,可实现"高效、安全、舒适、节能"行驶的新一代无人驾驶汽车。

不管如何,自动驾驶汽车都是要落实到传感层、计算层、控制执行层、芯片层、电动化这几个层面。不同于传统汽车的制动和转向,它们的动力源都是来自人力,自动驾驶汽车由于需要汽车主动转向和主动制动,因而动力源是来自于电机、液压等新机构,这就带来了匹配、效率、稳定性等各方面的要求。

1.3　自动驾驶汽车的结构组成

图 1-16 是自动驾驶汽车的基本结构体系。它主要由三部分组成:环境感知系统、中央决策系统和底层执行系统。

自动驾驶汽车目前总体结构有两种设计方案:一种是对原来的车型加装控制执行机构、

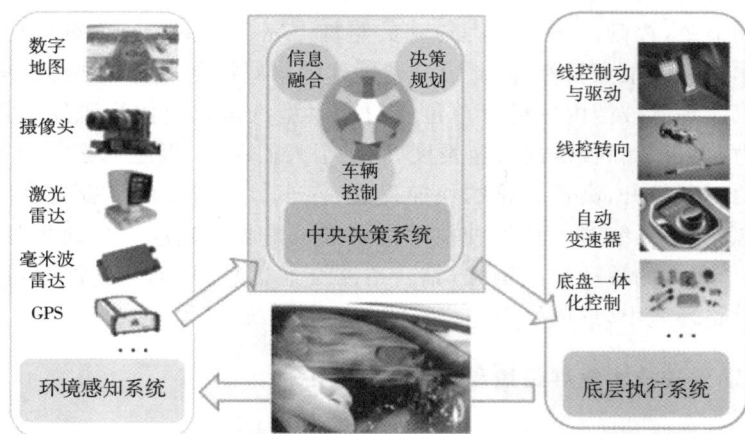

图 1-16 自动驾驶汽车基本结构

感知设备等进行自动驾驶功能改装[图 1-17(a)]；另一种是完全抛弃原有汽车外型，从实现无人驾驶功能的角度出发来设计汽车外形，从而创造出全新车型[图 1-17(b)]。

（a）改装自动驾驶汽车

（b）新型自动驾驶汽车

图 1-17 两种结构设计方案

1.4 自动驾驶汽车的常用功能

1.4.1 自动驾驶技术

自动驾驶技术是人类驾驶员在长期驾驶实践中，对"环境感知—决策与规划—控制与执行"过程的理解、学习和记忆的物化，如图 1-18 所示。当前在汽车产品上得到一定应用的是对应于 L1～L3 级别的高级辅助驾驶系统 ADAS，ADAS 可利用安装于车上的各种传感器，在非常短的时间内收集车内外的环境数据，进行静、动态物体的辨识、侦测与追踪等技术上的处理，从而能够让驾驶者在尽可能快的时间里察觉可能发生的危险，以引起注意和提高安全性的主动安全技术。

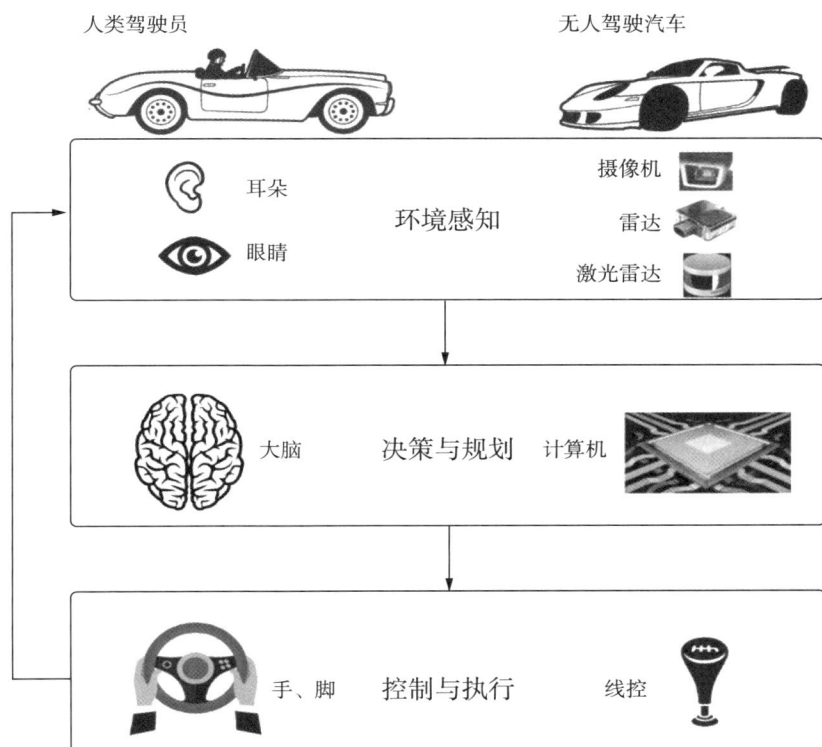

图 1-18　自动驾驶技术

无人驾驶是自动驾驶的最终目标。自动驾驶系统将完全取代人类驾驶员对汽车的操控，人们的出行只需要设定一个目的地即可，不需要忍受漫长的驾驶过程，不用担心操控失误而造成交通事故，等等。但是要实现无人驾驶，还有很长的路要走，还有很多技术难题要攻克。

汽车的自动驾驶大致分为 5 个过程：①汽车通过摄像机、激光雷达、毫米波雷达等传感器，通过不断扫描和监控周围的环境信息并不断更新，来获取对环境信息的感知。②将这些信息映射在地图上，从而得知自身的位置信息。③根据环境信息和位置信息，确定可能的行进路线，转交由决策部分来处理。④决策算法根据这些路径，综合当前道路信息、汽车状态、周围环境信息等，计算出最佳的行驶路线。⑤最后由控制执行模块采取行动，完成汽车的自动驾驶。

1.4.2　ADAS 的常用功能

ADAS 的核心目的是：提升驾驶体验，保障行车安全。

ADAS 并没有严格意义上的定义，从无自动化向自动化发展的技术创新都可看作是其一部分。目前 ADAS 包含但不限于以下功能：

自适应巡航控制(Adaptive Cruise Control，ACC)

自动紧急制动(Autonomous Emergency Braking，AEB)

自适应灯光控制（Adaptive Light Control，ALC）

盲点探测（Blind Spot Detection，BSD）

注意力检测系统（Driver Monitoring Systems，DMS）

车联网（Internet of Vehicles，IoV）

车道保持辅助（Lane Keeping Assistance，LKA）

前方碰撞预警（Forward Collision Warning，FCW）

抬头显示器（Heads-up Display，HUD）

智能车速控制（Intelligent Speed Adaptation or Intelligent Speed Advice，ISA）

夜视系统（Night Vision，NV）

偏离车道警报（Lane-Departure Warning，LDW）

汽车夜视系统（Night Vision System，NVS）

行人检测系统（Pedestrian Detection System，PDS）

自动泊车系统（Automatic Parking System，APS）

交通标志识别（Traffic Sign Recognition，TSR）

全景泊车（Surround View Cameras，SVC）

驾驶员疲劳探测系统（Driver Drowsiness Detection，DDD）

下坡控制系统（Hill Descent Control，HDC）

汽车报警系统（Electric Vehicle Warning Sounds，EVWS）

图 1-19 给出了部分 ADAS 的功能。

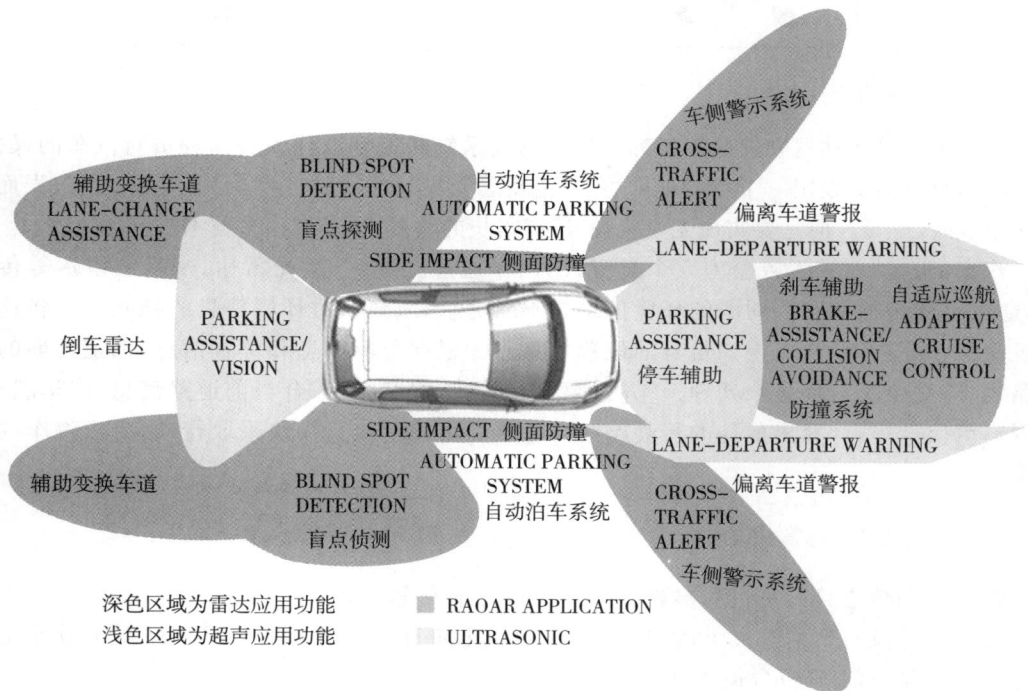

图 1-19　ADAS 部分功能

1.4.3　ADAS 的应用实例

下面给出一些 ADAS 的应用实例。

1. 自适应巡航控制系统（ACC）

自适应巡航控制系统是一种智能化的自动控制系统，它是在早已存在的巡航控制技术的基础上发展而来的。在汽车行驶过程中，安装在汽车前部的车距传感器（毫米波雷达）持续扫描汽车前方道路，同时轮速传感器采集车速信号。当与前车之间的距离过小时，ACC 控制单元可以通过与制动防抱死系统、发动机控制系统协调动作，使车轮适当制动，并使发动机的输出功率下降，以使汽车与前方汽车始终保持安全距离（图 1 - 20）。

图 1 - 20　自适应巡航控制系统（ACC）示意图

2. 自动紧急制动（AEB）

AEB 是一种汽车主动安全技术，主要由 3 大模块构成，其中测距模块的核心包括毫米波雷达、激光雷达和视频系统等，它可以提供前方道路安全、准确、实时的图像和路况信息。

AEB 系统采用雷达测出与前车或者障碍物的距离，然后利用数据分析模块将测出的距离与警报距离、安全距离进行比较，小于警报距离时就进行警报提示，而小于安全距离时即使在驾驶员没有来得及踩制动踏板的情况下，AEB 系统也会启动，使汽车自动制动，从而为安全出行保驾护航（图 1 - 21）。

图 1 - 21　自动紧急制动（AEB）示意图

3. 自适应灯光控制（ALC）

根据道路的形状来改变大灯的方向。另外有一些智能大灯控制系统能够根据车速和道路环境来改变大灯的强度（图1-22）。

4. 盲点检测（BSM）

盲点检测系统，可通过汽车周围排布的盲点探测器、防撞雷达、超声波、红外等传感器等设施监控周围环境。由计算机进行控制，在超车、倒车、换道、大雾、雨天等易发生危险的情况下随时以声、光（侧视镜上的小灯闪烁）等形式向驾驶员提供汽车周围必要

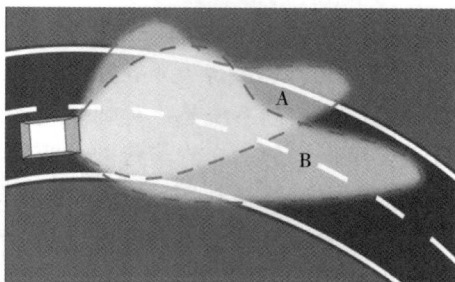

图1-22　自适应灯光控制示意图

的信息，并可自动采取措施，有效防止事故发生（图1-23）。

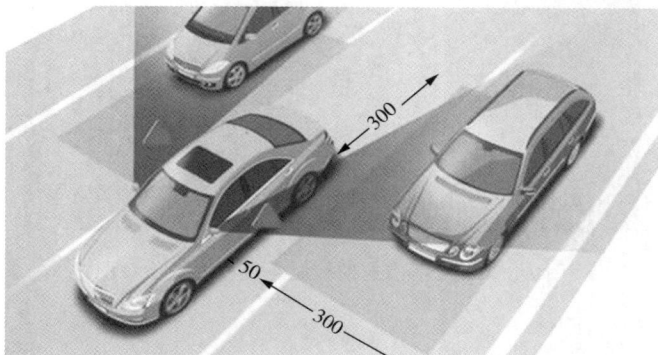

图1-23　盲点检测（BSM）示意图

5. 注意力检测系统（DMS）

该系统运用感应器来检测驾驶员的注意力。如果司机看向马路前方，并且在此时有危险的情况被检测到了，系统就会用闪光、刺耳的声音来警示。如果司机没有做出任何回应，那么汽车就会自动刹车（图1-24）。

图1-24　注意力检测系统（DMS）示意图

6. 前方碰撞预警系统(FCW)

FCW 能够通过雷达系统和摄像头等设备来时刻监测前方汽车,判断本车与前车之间的距离、方位及相对速度,当存在潜在碰撞危险时对驾驶者进行警告(图 1 - 25)。FCW 系统本身不会采取任何制动措施去避免碰撞或控制汽车。

图 1 - 25 前车碰撞预警示意图

7. 抬头显示(HUD)

该技术最早是应用在飞机驾驶中,现成功地用于汽车驾驶中,即把汽车行驶过程中仪表显示的重要信息(如车速)投射到前风挡玻璃上,不仅能够帮助对速度判断缺乏经验的新手控制自己的车速,避免在许多的限速路段中因超速而违章,更重要的是它能够使驾驶员在大视野不转移的条件下瞬间读数,始终头脑清醒地保持最佳观察状态(图 1 - 26)。

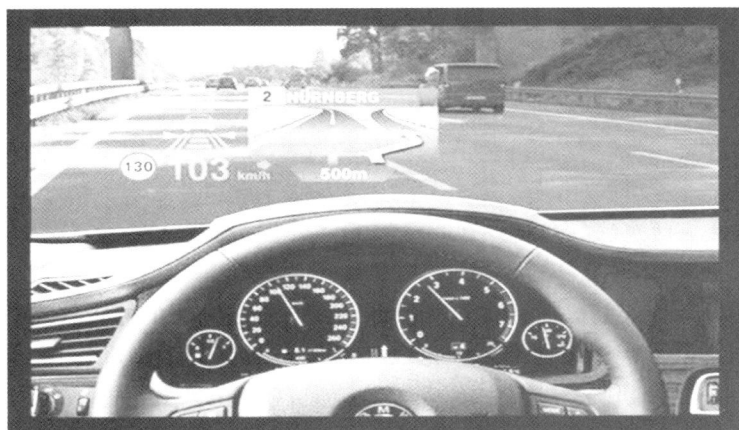

图 1 - 26 抬头显示(HUD)示意图

8. 智能车速控制(ISA)

该智能车速控制系统可识别交通标识,并根据读取的最高限速信息控制油门,确保驾驶者在法定限速内行驶,有效避免驾驶者在无意识情况下的超速行为(图1-27)。

9. 车道偏离预警(LDW)

车道偏离预警系统主要由 HUD 抬头显示器、摄像头、控制器以及传感器等组成,当车道偏离系统开启时,摄像头会时刻采集行驶车道的标识线,通过图像处理系统来获得汽车在当前车道中的位置参数。当检测到汽车偏离车道时,传感器会及时收集汽车数

图 1-27 智能车速控制(ISA)示意图

据和驾驶员的操作状态,之后由控制器发出警报信号,或振动转向盘,甚至是主动施力拉回转向盘以提醒驾驶员返回车道。整个过程大约在 0.5s 内完成,为驾驶员提供更多的反应时间。而如果驾驶员打开转向灯,正常进行变线行驶,那么车道偏离预警系统不会做出任何提示,如图 1-28 所示。一般情况下,带有"车道保持辅助系统"的汽车,都会配备"车道偏离预警系统"。

图 1-28 车道偏离预警(LDW)示意图

10. 车道保持辅助系统(LKA)

车道保持辅助系统(图 1-29)可以在车道偏离预警系统(LDW)的基础上对制动的控制协调装置进行控制。汽车行驶时借助一个摄像头识别行驶车道的标识线将汽车保持在车道上提供支持。如果汽车接近识别到的标记线并可能脱离行驶车道,那么会通过转向盘的振动,或者是声音来提请驾驶员注意,并轻微转动转向盘修正行驶方向,使汽车处于正确的车道上。若转向盘长时间检测到无人主动干预,则发出报警,用来提醒驾驶人员。如果车道保持辅助系统识别到本车道两侧的标记线,那么系统处于待命状态,这可通过组合仪表盘中的绿色指示灯来显示。当系统处于待命状态下,如果在跃过标记线前打了转向灯,警告信号就会被屏蔽,认定驾驶员为有意识地换道。

该系统主要应用于结构化的道路上，如高速公路和路面条件较好（车道线清晰）的公路上行驶。当车速达到 65km/h 或以上才开始运行。

图 1-29 车道保持辅助系统示意图

11. 汽车夜视系统（NVS）

汽车夜视系统（图 1-30），利用红外线技术能将黑暗变得如同白昼，使驾驶员在黑夜里看得更远更清楚。夜视系统的结构由两部分组成：一部分是红外线摄像机，另一部分是挡风玻璃上的光显示系统。

图 1-30 汽车夜视系统（NVS）示意图

12. 自动泊车系统（AP）

自动泊车系统（或称泊车辅助系统）（图 1-31）是指在车身上加装一些摄像头、超声波传感器或红外传感器等，来检测周边障碍物，探测停车位置，绘制停车地图，并实时动态规划泊车路径，将汽车指引或者直接操控转向盘驶入停车位置。这样驾驶员不用像以往一样艰难地倒车入库，还经常撞到一些东西，节省了许多步骤。

图 1-31　自动泊车(AP)示意图

13. 行人检测系统(PDS)

汽车行驶途中可以利用摄像头、激光雷达、毫米波雷达等传感器来探测到周围的行人，在安全距离内及时控制速度、制动等(图 1-32)。

图 1-32　行人检测系统(PDS)示意图

14. 交通信号及标志牌识别(TSR)

这个技术让汽车能够自动识别交通信号或者标志牌，比如说最高限速，或者停车等标志(图 1-33)。

由上述的应用实例和产业化来看，高级辅助驾驶系统 ADAS(Advance Driver Assistant System)的发展速度非常快，这也是通往完全无人驾驶的必由之路。显然，对 ADAS 来说，其硬件是基础，技术是核心。ADAS 的实现可以分为三个层面，首先是对周围环境信息的输入，这属于感知定位层面；然后是对环境的分析判断、选择操作，这属于规划决策层面；最后是对操作的执行，这属于执行控制层面。

图 1-33 交通信号及标志牌识别(TSR)示意图

1.5 自动驾驶汽车的几种工作方式和关键技术

1.5.1 工作方式

智能汽车主动安全技术按功能以及智能化程度来分,可分为智能感知和预警、高级辅助驾驶和自动驾驶控制三个方面。智能感知及预警和辅助驾驶的研究对提高汽车的主动安全性具有举足轻重的作用。另一方面,来自军事、国防等领域的需求使得全自动驾驶控制的研究及实际应用给人们提供一种高度主动安全的无人驾驶方式。

智能感知和预警通过车载传感器检测驾驶员状态、道路环境及汽车自身等信息,同时预测汽车的运动状态,当汽车处于危险状态且大于设定值时,系统触发视觉、触觉或声音等警告,以提醒驾驶员对各种危险状态做出适当的反应从而减少意外事故的发生。典型的预警系统包括车道偏离预警系统、防碰撞预警系统及驾驶员状态监控系统等。

ADAS(高级辅助驾驶)系统利用安装于车上的各种传感器,在第一时间收集车内外的环境数据,进行静、动态物体的辨识、侦测与追踪等技术上的处理,从而能够让驾驶者在最快的时间察觉可能发生的危险,以引起注意和提高安全性的主动安全技术。ADAS采用的传感器主要有摄像头、雷达、激光和超声波等,可以探测光、热、压力或其他用于监测汽车状态的变量,通常位于汽车的前后保险杠、侧视镜、转向盘或者挡风玻璃上。早期的ADAS技术主要以报警为主,当汽车检测到潜在危险时,会发出警报提醒驾车者注意异常的汽车或道路情况。对于最新的ADAS技术来说,主动式干预也很常见。主要有:自适应巡航控制系统、前/后向碰撞预警系统、前向防碰撞系统、车道保持系统、盲点监测、换道辅助、交通信号识别、智能车速控制、辅助/自动泊车系统、全景泊车辅助系统、驾驶员检测系统、车联网系统、夜视系统、汽车坡道辅助系统、车距控制辅助系统(智能踏板)、误踩踏板加速抑制系统、导航与实时交通系统等。显见,ADAS系统的感知定位离不开雷达、摄像头等硬件设备,规划决策离不开处理芯片、软件、数据库系统,执行控制离不开电机控制等执行单元。ADAS 产品的国外厂商优势较为明显。

自动驾驶控制是指汽车能够根据车载传感器感知自身汽车状态和车外环境等信息,利用各种数据处理算法获得决策控制所需信息,以此作为依据进行决策控制,同时根据当前行驶任务自主发出控制命令,控制汽车在没有驾驶员监督下完全自主、安全、有效地实现驾驶。这是智能汽车技术研究的最高目标和最终目的,同时也是辅助驾驶集成控制发展的必然趋势。

1.5.2 若干关键技术

自动驾驶技术有很多,主要包括汽车关键技术(环境感知、智能决策、路径规划、控制执行等),信息交互关键技术(V2X 通讯、云平台与大数据、信息安全等),基础支撑关键技术(高精度地图、高精度定位、标准法规与测试评价等)。

1. 感知技术

自动驾驶汽车要达到其自主性、适应性和交互性的目标,前提是能够掌握汽车自身的状态信息以及汽车周围的环境信息以指导其行为,这些信息则需要通过信息感知系统来获得。因此如何获取全面、精确的相关信息成为自动驾驶汽车实现其功能的关键技术之一。

自动驾驶汽车传感器包括内部传感器和外部传感器,内部传感器用于获取汽车本身的各种状态参数信息;外部传感器安装在汽车外部,用于感知外部环境信息。使用合适的传感器可以有效地获取汽车内、外部信息,有助于智能汽车正常工作,提高工作效率。目前主流的环境信息感知系统常用传感器有视觉传感器、激光雷达、毫米波雷达和 GPS/北斗等。

视觉传感器是自动驾驶汽车感知外部环境的重要"器官"。视觉传感器与其他传感器相比,优势在于探测距离远,检测范围大,成本相对于雷达系统等来说也非常低,可以在汽车中安装多个,从不同角度来全方位探测车外环境。目前,视觉传感器在智能汽车中主要用于识别汽车周围的交通环境,如确定汽车在车道中的位置和方位、车道的几何结构、检测汽车周围的障碍物如汽车和行人、识别交通标志和交通信号以及驾驶员疲劳检测等方面。视觉感知系统研究的主要内容包括:信息采集压缩和滤波、道路特征提取和障碍物检测、交通标志和信号的识别以及目标识别与跟踪等。视觉传感器获得信息能否正确、及时地处理与分析直接关系到智能汽车运行的安全和效率,对路径规划和车体控制的效果具有决定性作用。因此,智能汽车系统中应用的视觉系统必须具备实时性、鲁棒性、实用性等三方面特点。即要求视觉系统的数据处理应与汽车行驶同步进行;同时在空间、性能、价格等方面与普通汽车不能相差太大;对于不同道路状态如高速公路、城市道路、山区道路等,复杂的路面状况如积水、道路标志线污损、障碍物较多等路面,以及对恶劣天气条件如强光或阴影、雨雪等影响都应具有很好的适应性。

激光雷达是环境信息感知的另一重要部件,能够直接完成自动驾驶汽车与感知目标的距离、相对速度及方位的测量,同时在阴雨等恶劣天气影响下,激光雷达系统仍然能够工作。激光雷达的成本很高,同时系统本身还存在光谱分辨率和扫描速度较低、多个雷达反射波产生相互干涉等缺点,这也是主动型传感器难以回避的问题。高精度的 GPS/北斗是自动驾驶汽车进行全局规划的重要部件之一,能全天候实时感知汽车在环境中的位置,还可以提供准确的汽车行驶方向、速度、加速度等汽车自身状态信息。此外,配合电子地图和先进的匹配算法能够提供丰富的道路信息,如弯道曲率、道路结构等,这也是其他传感器所难以提供的。应用差分定位技术的全球卫星定位系统可以为用户提供厘米级的导航信息,而厘米级的GPS/北斗能够更精确地进行汽车定位、实现道路跟踪。由于 GPS/北斗的工作依赖于卫星信号,因此,在卫星信号不佳或信号无法获取的情况下将会失效。自动驾驶汽车领域除了上述几种传感器外,常用的还有超声波、红外探测、磁导引、惯性测量器件以及为完成不同的任务装备的一些特殊传感器,如感知气流的风速计,感知气候特征的温度、湿度和气压传感器,感知环境对智能汽车产生的触碰作用的加速度计、触觉传感器等。

如上所述,感知是整个自动驾驶汽车系统运行的第一步。虽然目前的环境感知技术已大体完善,但是要实现最高级别的无人驾驶,还有很多地方需要改进。比如在恶劣的天气条件下、不断变化和不利的光照条件下,各种元器件不可避免地会受到影响。

许多基于计算机视觉的感知系统,依赖于通过相机获取周围道路交通要素的信息,这会受到极端天气和光照条件的影响,有暂时失效的可能;感知精度较高的激光雷达,也会受到空气中的悬浮颗粒物的影响,产生错误的感知信息;毫米波雷达虽然在恶劣天气条件下表现良好,但是其感知不够准确和稳定。所以,不能完全依赖雷达来感知环境。目前常见的解决思路是使用融合摄像机、激光雷达、毫米波雷达等的信息来检测环境,综合分析它们获取的信息,弥补各自的缺点,以获得在任何恶劣条件下的良好感知。采用多传感器信息融合的方法扩大了系统的时空和频率覆盖范围,避免了单一传感器的工作盲区;由多源信息获得的目标属性具有更高的可靠性、可信度,能够增加系统的容错能力。

根据具体的应用情况不同,多传感器信息融合的方法也大不相同,常见的方法有线性/非线性加权平均法、Kalman 滤波与扩展 Kalman 滤波、Bayes 估计、Dempster - Shafer 证据推理、模糊逻辑、神经网络、改善视觉的智能学习算法以及基于行为方法和基于规则方法等。基于 D - S 证据理论的数据层多传感器信息融合方法,对非线性因素很强的自动驾驶汽车而言,要获取精确的传感器信息是相当困难的;基于模糊逻辑的决策层多传感器信息融合导航方法,其模糊控制的规则和隶属度函数一旦确定就不能更改。因此,使系统难以对环境具有学习和自适应能力。而人工神经网络方法是一种仿效生物神经系统的信息处理方法,用它可以把多传感器的数据变换成一个实体的联合的属性说明,并且系统对环境具有一定的学习和自适应能力。对于鲁棒性和灵活性要求高的自动驾驶汽车控制系统,不仅需要融合多传感器数据,还要在多个层次上进行融合。目前的信息融合还不够稳定和一致,该系统仍然需要改进。可以肯定的是,多传感器信息融合技术已成为当前与今后的发展趋势。

2. 定位技术

为实现自动驾驶汽车全面有效的控制,必须准确地获取车体自身状态及位置信息,这就涉及定位技术。目前常用的定位方法有惯性导航定位、卫星定位、磁航向仪、航位推算等。这些方法均有不同的优缺点,如惯性导航定位短时间内定位精度高,但其漂移误差随时间积累;卫星定位精度稳定,但时间响应特性和短时间内定位精度不如惯性导航定位,且易受外界环境干扰;磁航向仪的价格低廉,但定位精度低;航位推算价格低廉,但里程计刻度因子误差对定位精度影响较大。如将这些不同的定位技术进行合理组合,充分发挥各自优势,则可提高定位系统的精度和可靠性。

目前的自动驾驶技术方案过于依赖"先验信息",地图就是最重要的先验信息之一。它详细记载了周围环境的静态信息,目的是减轻自动驾驶过程中实时定位高计算量,以便给定位系统提供参考,用于指导路径规划。这样自动驾驶系统就可以将主要的计算工作放在环境的动态信息上,如实时的汽车、行人、障碍物、道路等交通要素。但是,先验信息会限制自动驾驶系统对于新的、突发的情况进行适应和迅速反应的能力,例如出现了地图上没有的建筑区、正在改造或已损坏的道路等。

为了避免这种情况,人们需要大规模地对地图信息进行预先采样和更新,以使汽车能够适应新情况。一种解决方法是建立云端的地图共享系统,它与离线的地图共享并且是动态更新的,但是这对系统的通信能力也提出了更高的要求;另外一种方法是采用"即时定位与地图构建"(SLAM)技术,该方法不严重依赖于先验信息,允许自动驾驶系统持续观察环境并适应新情况,但该技术需要更多的计算密集型算法,并且根据所使用的传感器和周围环境可能会受到更多不确定性的影响。

3. 智能算法

准确、高效的智能算法是自动驾驶技术的核心,它直接关系到自动驾驶的智能化程度。在驾驶过程中,它要实现诸多复杂的功能,如行人检测、物体识别、多传感器融合、路径规划、行为决策等。自动驾驶与交通安全密切相关,因而任何可能产生交通事故的故障都需要尽量避免。这里主要简述涉及行为决策和路径规划的一些算法。

(1)决策算法

依据自动驾驶汽车信息感知系统获取的环境信息和汽车自身信息来进行自主决策判断,进而确定适当的工作模式并做出相应的控制策略,包括全局性决策和局部性决策。全局决策是系统高层次决策,它根据自动驾驶汽车各个子系统的工作状况,通过评估得到系统的总体形势,再根据预先确定的原则做出总体决策。高层决策一般用来改变系统的工作方式和策略,决策过程需要一些高性能的模型,例如专家推理机构。该决策将影响内部各个子系统的工作方式和协调方式,也可能在紧急状态下直接产生某些动作输出。局部性决策是低层次决策,低层的各个决策体根据与它们对应的环境信息的先验知识和规则,对该环境信息做出决策,即决定低层动作的执行,当具体的驾驶操作指令一旦形成,低层的执行机构就会立即完成这些指令。自动驾驶汽车决策体系结构的研究已得到较多的关注,为了提高自动驾驶汽车的决策性能,研究人员提出了不同的体系结构,如分层递阶结构、包容体系结构、分布式结构、自组织结构、进化控制体系结构等。分层递阶结构的信息流程是从低层的传感器开始,逐层向上传输,在高层进行总体决策,生成的控制命令逐层向下流动,间接地控制行为。该结构将智能系统与控制系统进行了融合,具有良好的规划推理能力和慎思特性,较好地解决了智能和控制精度的关系,其缺点是系统鲁棒性及面对动态环境的实时反应能力较差。包容结构中的每个行为模块都是相互独立的,多传感器信息独自处理,模块之间信息流的表示也很简单,具有很快的响应速度,同时对传感器的输出不确定性要求也不高,具有很好的容错性能。但是包容结构过分强调各模块单独、并行工作,缺少全局的指导和协调,很难实现高层次的智能控制,限制了人类的启发性经验知识的融入。分布式体系结构既保持了包容式结构对环境反应灵活的特点,又吸取了分层递阶式结构总体协调的优点,具有较大的实用价值,但该结构对分散的共享数据和资源缺乏有效的分配和管理,冲突的检测和协调比较困难。自组织结构打破了固定模式的体系框架,是系统的智能分布在动态可变的结构中,体现了较高可扩充性、自适应和自组织性能,但其集中仲裁的机制往往是信息流通和系统控制的瓶颈。混合式进化控制体系结构既具有反应式体系结构系统的实时性,又保持了慎思式结构的目标可控性。同时该体系结构能够根据先验知识、历史经验、对当前环境情况和自身的状况进行判断,自主调整目标、行为以及相应的协调机制,以适应动态、变化的环境。

(2)路径规划算法

根据行为决策给出的驾驶任务和实时变化环境为自动驾驶汽车提供可行驶区域和驾驶引导的过程,分为全局路径规划和局部路径规划。全局路径规划是在已知地图数据库的情况下,利用局部信息把优化和反馈机制很好地结合起来,确定可行区域和最优的路径。由于全局路径规划所生成的路径只能是粗略路径,并没有考虑路径的方向、宽度、曲率、道路交叉以及路障细节信息,加之汽车在行驶过程中受局部环境和自身状态的不确定性的影响,因此必须以局部环境信息为基础,做出局部路径规划。局部路径规划是在全局路径规划生成的可行驶区域路线指导下,根据汽车各个子目标的要求及传感器感知到的局部环境信息对各种道路条件及意外事件做出迅速、准确的判断并制定出智能汽车最优的可控行驶路径。目前,为了解决路径规划问题,人们已经探索出大量的解决方法,比如用于全局路径规划的栅格法、可视图法、拓扑法、自由空间法、神经网络法等静态路径规划算法以及用于局部路径规划的 APF(人工势场法)、VFF(虚拟力场法)、VFH(矢量域直方图法)、模糊逻辑与遗传算法等动态路径规划算法。

采用栅格法进行全局路径规划的方法是栅格遍历的过程,即遍历所有的可能路径直到找到可行路径。其特点是规划空间描述规范、形式简单、一致性好、容易实现;计算机存储网格结构方便、更新快。但忽视了环境本身特点,搜索本身带有盲目性,对精度有依赖性。复杂环境下,搜索空间变大,算法的效率则对应降低。可视图法的优点在于其实现容易且概念直观;但当汽车的起始位置和目标位置发生变化时,需要重新构造可视图,缺乏灵活性;随着障碍物数量增加算法的复杂性相应增加,并不是任何时候都能得到最优路径。由于拓扑地图存储空间较小,拓扑法路径规划利用拓扑特征可以减少运动搜索空间,算法复杂程度取决于障碍物数目,不需知道汽车的准确位置,位置误差对算法影响较小,适合于大规模环境的路径规划;但拓扑网络的构建过程比较复杂,消耗时间多且计算量大,并且当环境中障碍物数量改变时如何有效地修正已存在的拓扑网络及提高图形速度是该算法的一个难点。APF法的基本思想是将汽车在周围环境中的运动视为一种虚拟人工受力场中的运动,目标对汽车产生吸引力,环境中的障碍物对汽车产生排斥力,引力场和斥力场共同构成了整个人工势场,对处在其中的汽车共同作用。根据引力和斥力的矢量和来决定汽车的运动方向,即搜索势场函数下降方向来完成无碰撞路径规划。APF法在数学描述上简洁、美观,应用该方法规划出来的路径一般比较平滑并且安全,其算法结构简单计算量小,便于低层的实时控制。但是APF法存在局部最优点的问题,即除了目标位置之外还可能存在其他的局部极小值,容易陷入并产生死锁现象,导致汽车无法到达目标位置;另外APF法还存在汽车在障碍物前方或者狭窄的通道中震荡或摆动的现象。VFF法是APF法与栅格法相结合的算法,这种算法中的每个单元格的值表示该位置处障碍物存在的概率。当汽车移动时,栅格图随着汽车运动,并根据当前观测结果更新每个栅格的值。每个栅格对汽车施加一个虚拟的排斥力,大小与单元格值的大小成正比,与单元格到汽车所在栅格的距离成反比。同时目标位置对汽车产生引力,两者的矢量和决定了汽车的运动方向。目前 VFF 算法的缺点主要是误差累积,存储量较大,鲁棒性较差,以及在狭窄通道环境中呈现震荡现象的问题等。VFH 法是在 VFF 算法的基础上的一种改进方法,优点是计算速度快,适合短距离局部避障路径规划,缺陷在于环境分辨率高与信息存储量大的矛盾,以及同样会使汽车陷入局部震荡的状况,在实用上受到一定限制。为了克服 APF 法等传统算法易产生的局部极小问题,人们还提出了一些智能规划算法,如基于对驾驶员的工作过程观察研究得出的模糊逻辑算法,是采用模糊化的环境信息,通过查表得到规划出的信息,完成局部路径规划;遗传算法以自然遗传机制和自然选择等生物进化理论为基础,利用选择、交叉和变异编制控制机构的计算程序,在某种程度上对生物进化过程作数学方式的模拟。

借助于目前机器学习和深度学习算法的深入研究和成功应用,AI 技术已能实现越来越多的自动控制,高级别的自动驾驶还需要把智能算法与传统的汽车动力学与控制技术有效地结合起来,同时还要考虑到交通法规、交通道德与整个智能交通系统等,这就对人工智能算法的性能和效果提出了非常高的要求。

4. 运动控制

自动驾驶汽车运动控制的任务是根据当前汽车状态信息及规划完成的行驶路径生成控制命令,控制汽车准确、快速跟踪期望的路径。优良的汽车路径跟踪控制器设计是自动驾驶的关键技术。它主要包括汽车方向、速度、制动及其他动作的控制执行等。一般的自动驾驶汽车控制研究分为横向控制和纵向控制两类。其中,横向控制是通过对汽车的转向盘角度的调整以及轮胎力的控制,控制汽车沿道路中心运行,并保证汽车的行驶安全性、稳定性与乘坐舒适性等;纵向控制,即汽车的驱动/制动控制,是指通过对油门和制动的协调,并根据不同路段做出速度的适时调整,实现对期望车速的精确跟随,或保持合适的车距等。

(1)纵向控制

自动驾驶汽车采用油门和制动综合控制的方法来实现对预定车速的跟踪,各种电机-发动机-传动模型、汽车运行模型和制动过程模型与不同的控制算法相结合,构成了各种各样的纵向控制模式。

(2)横向控制

横向控制主要有两种基本设计方法:①基于驾驶员模拟的方法,使用较简单的动力学模型和驾驶员操纵规则来设计控制器。②使用驾驶员操纵过程的数据来训练控制器以获取控制算法,需建立较精确的汽车横向运动模型。典型模型如单轨模型,该模型认为汽车左右两侧特性相同。

(3)控制平台

车辆控制平台是自动驾驶汽车的核心部件,控制着汽车的各种控制系统。其主要包括电子控制单元(ECU)和通信总线两部分。ECU 主要用来实现控制算法,通信总线主要用来实现 ECU 与机械部件间的通信功能。

① ECU:又称"行车电脑""车载电脑"等,从用途上讲则是汽车专用微机控制器,也叫汽车专用单片机。它和普通的单片机一样,由微处理器(CPU)、存储器(ROM、RAM)、输入/

输出接口(I/O)、模数转换器(A/D)以及整形、驱动等大规模集成电路组成。发动机在工作时,它采集各传感器的信号进行运算,并将运算的结果转变为控制信号,控制被控对象的工作。它还实行对存储器(ROM、RAM)、输入/输出接口(I/O)和其他外部电路的控制;存储器 ROM 中存放的程序是经过精确计算和大量实验获取的数据为基础,这个固有程序在发动机工作时,不断地与采集来的各传感器的信号进行比较和计算。把比较和计算的结果用来控制发动机的点火、空燃比、怠速、废气再循环等多项参数。它还有故障自诊断和保护功能。RAM 也会不停地记录行驶中的数据,成为 ECU 的学习程序,为适应驾驶员的习惯提供最佳的控制状态,这个程序也叫自适应程序。

② 通信总线:目前,车用总线技术被 SEA(美国汽车工程学会)下的汽车网络委员会按照协议特性分为 A、B、C、D 共 4 类,A 类总线面向传感器或执行器管理的低速网络,它的位传输速率通常小于 20Kb/s,以 LIN 规范为代表;B 类总线面向独立控制模块间信息共享的中速网络,位传输速率一般在 10~125Kb/s,以 CAN 为代表;C 类总线面向闭环实时控制的多路传输高速网络,位传输速率一般在 125Kb/s~1Mb/s;D 类总线面向多媒体设备、高速数据流传输的高性能网络,位传输速率一般在 2Mb/s 以上。

(4)控制策略

为保证自动驾驶汽车系统实时性、稳定性要求,国内外学者已经开展了大量的研究,提出了许多控制策略,如 PID 控制、反馈线性控制、滑模控制、最优控制、后退控制、预瞄控制、神经网络控制等,这些策略方法都取得了一定的成果。但大多假设自动驾驶汽车以一定的速度或在很小的速度变化范围内行驶,通过横摆角速度来控制车体横向运动姿态。当横摆速度变化较大时,控制的跟踪性能变差,甚至出现振荡。一般来说,现有的路径跟踪控制方法主要包含以下两类:①基于汽车当前位置与期望路径之间侧向距离偏差与方位偏差的位置偏差反馈控制系统。这些都是以汽车前方或当前位置与道路的位置偏差作为输入,通过各种反馈控制方法来设计汽车运动学反馈控制系统。由于没有考虑汽车的动力学特性,则与自动驾驶汽车的实际运行工况存在较多问题。同时由于汽车控制系统的时间滞后性,执行控制过程中会出现较大的延迟环节,故还存在着控制精度不高,实时性差的缺点。②通过期望路径产生描述汽车运动的期望动力学物理量,然后通过汽车状态反馈进行跟踪控制。这类控制方法主要是根据期望路径计算出描述汽车跟踪目标路径的汽车自身物理量,如汽车横摆角速度、侧向加速度等,然后设计反馈控制系统进行跟踪这些物理量。考虑到自动驾驶汽车在行驶过程中的侧向加速度与横摆角速度共同影响着汽车的横向运动状态,且随着车速和行驶轨迹的变化,需要控制系统依据由传感器获取的尽可能多的交通环境信息、汽车状态信息并设计较多的期望物理量,以确保自动驾驶汽车行驶时的合适车距、减小跟踪误差和车体与期望路径之间侧向距离偏差,提升行驶安全性和稳定性。

5. 车联网技术

随着自动驾驶与智能交通的不断结合,智能交通也将从协同式智能交通发展到基于云平台的自动驾驶决策和智能交通。车联网的主要功能是基于云平台的自动驾驶决策和智能交通,通过协同通信或蜂窝移动通信,经路侧传感设备和车载传感设备对汽车、道路和关联交通要素等进行感知,采用互联网、云计算、大数据和人工智能等技术进行交通诱导和交通调度决策等,实现"V2X"的全面网络互联,有效提升汽车的智能化水平和交通效率。

这里,V2X 表示 Vehicle to X,其中 X 表示基础设施(Infrastructure)、车辆(Vehicle)、行人(Pedestrian)、道路(Road)等。V2X 网联通信集成了 V2N、V2V、V2I 和 V2P 共 4 类关键技术。

(1)V2N(Vehicle to Network,车-互联网),通过网络将车辆连接到云服务器,能够使用云服务器上的娱乐、导航等功能。

(2)V2V(Vehicle to Vehicle,车-车),指不同车辆之间的信息互通。

(3)V2I(Vehicle to Infrastructure,车-基础设施),包括车辆与路障、道路、交通灯等设施之间的通信,用于获取路障位置、交通灯信号时序等道路管理信息。

(4)V2P(Vehicle to Pedestrian,车-行人),指车辆与行人或非机动车之间的交互,主要是提供安全警告。

2010 年美国颁布了以 IEEE 802.11P 作为底层通信协议和 IEEE 1609 系列规范作为高层通信协议的 V2X 网联通信标准。2015 年我国开始相关的研究工作,2016 年国家无线电委员会确定了我国的 V2X 专用频谱。2016 年 6 月,V2X 技术测试作为第一家"国家智能网联汽车试点示范区"及封闭测试区的重点布置场景之一。2017 年 9 月,《合作式智能交通系统车用通信系统应用层及应用数据交互标准》正式发布。

V2X 技术的实现一般基于 RFID、拍照设备、车载传感器等硬件平台。V2X 网联通信产业分为 DSRC 和 LTE-V2X 两个标准和产业阵营。

车联网的关键技术包括 4G/5G 车载蜂窝通信技术、LTE-V2X 和 802.11p 直连无线通信技术等的应用。这些都与自动驾驶技术的发展密切相关,但是这些技术目前只是初步成熟,还需要集中研究力量来实现重点突破,而且车联网的信息安全也是一个重要问题。车联网在工作过程会产生一定的操纵数据、位置信息等,这都涉及个人隐私与权益的保护。此外,还需要考虑到应用领域的经济效益问题等。无论是网联驾驶,还是自主式自动驾驶都存在不足。网联驾驶由于要求所有新车和存量汽车安装车载终端,才能实现全部汽车之间的V2V 协同通信,要求路侧设备部署路侧终端,才能实现车路之间的 V2I 协同通信,其部署过程相当漫长。自主式自动驾驶的车载传感器只能在可视范围内进行感知,在面对非视距的路况时,如交叉路口、急转弯处、山顶处等,车载传感器不能有效识别前方汽车环境和交通运行环境,需依靠 V2X 协同通信交换汽车环境和交通运行环境的数据。车载传感器的感知数据和 V2X 协同通信的交换数据相互补充,让网联驾驶与自主式自动驾驶有机结合,形成网联自动驾驶。

6. 测试与验证技术

自动驾驶汽车测试与验证技术如下。

(1)实测

让汽车行驶数百万公里,以确定设计的系统是否安全并按照预期运行。该方法的困难在于必须累积的测试里程数,这可能要花费大量的时间。

(2)软件在环或模型在环仿真

另一种可行的方法是将现实世界的测试与仿真相结合。在仿真软件所构建的各种场景中,通过算法控制汽车进行相应的应对操作,来证明所设计的系统确实可以在各种场景下做出正确的决定,这可以大大减少必须完成的测试里程数。

（3）硬件在环仿真

为了验证真实硬件的运行情况,硬件在环仿真可以对其进行测试,并将预先记录的传感器数据提供给系统,此种技术路线可以降低汽车测试和验证的成本。

人们欣喜地看到,随着科学技术的快速发展,目前的研究与应用水平已经大体完善了基本的自动驾驶技术,而还存在的问题是:在复杂、恶劣的驾驶环境下,汽车能否很好地完成驾驶任务? 在智能交通基础设施建设的快速发展进程中,如何推动自动驾驶与车路协同的发展? 显然,这将成为未来很长一个时期的研究重点。目前的自动驾驶技术还有很大的发展空间,还需要人们不断地投入研究,相信真正的无人驾驶汽车正在穿越重重障碍向我们驶来,将给我们带来一个更加智能、安全、环保的世界。

参考文献

[1] 鲁植雄. 车辆工程专业导论[M]. 北京:机械工业出版社,2013.

[2] 陈慧岩,熊光明,龚建伟. 无人驾驶汽车概论[M]. 北京:北京理工大学出版社,2014.

[3] 黄武. 自动驾驶汽车如何改变未来[J]. 计算机与网络,2018,44(21):14-15.

[4] 王建,徐国艳,陈竞凯,等. 自动驾驶技术概论[M]. 北京:清华大学出版社,2019.

[5] 杜明芳. 无人驾驶汽车技术[M]. 北京:人民交通出版社,2019.

[6] 陈龙. 城市环境下无人驾驶智能车感知系统若干关键技术研究[D]. 武汉:武汉大学,2013.

[7] 申爱萍. 无人驾驶汽车:何时才能圆梦上路行驶?[J]. 驾驶园,2017(4):38-43.

[8] 徐恒,侯沁. 无人驾驶是中国汽车产业弯道超车的机遇[N]. 中国电子报,2016-10-28(003).

[9] 宋瑞,王羽,郑碧琪,等. 基于中国智能汽车大赛平台的汽车智能辅助功能测试评价方法研究[J]. 汽车工业研究,2018(3):32-35.

[10] 辛煜. 无人驾驶车辆运动障碍物检测、预测和避撞方法研究[D]. 合肥:中国科学技术大学,2014.

[11] 贺大胜. 智能交通发展现状及在我国的应用研究[D]. 西安:长安大学,2013.

[12] 陈慧岩,熊光明,龚建伟. 无人驾驶车辆理论与设计[M]. 北京:北京理工大学出版社,2018.

[13] 刘少山,李力耘,唐洁,等. 无人驾驶:人工智能如何颠覆汽车[M]. 史津竹,安婧雅,代凯,等译. 北京:机械工业出版社,2019.

[14] 李岩松,高京哲,刘瑶. 全国大学生智能车竞赛——提高与管理宝典[M]. 哈尔滨:哈尔滨工业大学出版社,2020.

[15] 毕欣. 自主无人系统的智能环境感知技术[M]. 武汉:华中科技大学出版社,2020.

[16] 潘福全,亓荣杰,张璇,等. 无人驾驶汽车研究综述与发展展望[J]. 科技创新与应用,2017(2):27-28.

[17] 陈刚,殷国栋,王良模. 自动驾驶概论[M]. 北京:机械工业出版社,2019.

[18] [美]胡迪·利普林,梅尔芭·库曼. 无人驾驶[M]. 林露茵,金阳,译. 上海:文汇出版社,2017.

[19] 崔胜民,俞天一,王赵辉. 智能网联汽车先进驾驶辅助系统关键技术[M]. 北京:化学工业出版社,2019.

[20] 沈岖. 智能车辆视觉环境感知技术的研究[D]. 南京:南京航空航天大学,2010.

[21] 余伶俐,周开军,陈白帆. 智能驾驶技术路径规划与导航控制[M]. 北京:机械工业出版社,2020.

[22] 龚建伟,刘凯,齐建永. 无人驾驶车辆模型预测控制[M]. 北京:北京理工大学出版社,2020.

[23] 崔胜民. 智能网联汽车新技术[M]. 北京:化学工业出版社,2016.

第 2 章　环境感知系统及常用传感器

2.1　概　述

感知、决策与控制是自动驾驶汽车的三个主要部分。感知系统依据大量的传感器数据，可将其分为汽车运动、环境感知两大类。

汽车运动传感器：速度和角度传感器提供汽车线控系统的相关横向和纵向运动信息；惯性导航＋全球定位系统＝组合导航，提供全姿态信息参数和高精度定位信息。

环境感知传感器：类似于人的视觉和听觉，主要利用车载超声波传感器、毫米波雷达、激光雷达、视觉传感器等，来获取道路、汽车位置和障碍物等交通关联要素的信息，并将这些信息传输给决策与控制系统，为自动驾驶汽车的行为决策与安全行驶提供依据。显见，环境感知传感器是实现自动驾驶的支撑。

自动驾驶汽车的功能在很大程度上是依靠传感器来实现的。由于单一的传感器功能有限，仅通过多次使用相同种类的传感器也无法克服单一传感器的缺点。传感器融合这一方案可很好获得不同传感器的输入内容，使用组合在一起的信息来更加准确地感知周围的环境。例如，雷达和摄像头是两种传感器技术理想融合、互为补充的典范。采用该方法的融合系统所实现的功能要远超这两个独立系统能够实现的功能总和，还可以在某一种传感器出现错误或故障的情况下，额外提供一定的冗余度。这种错误或故障可能是由自然原因（如一团浓雾）或是人为现象（如对摄像头或雷达的电子干扰或人为干扰）导致。即使是在一个传感器失效的情况下，这样的传感器融合系统也可以保持某些基本或紧急的功能。多传感器融合可分为这几类：

（1）图像级融合：以视觉传感器为主体，将毫米波雷达输出的整体信息进行图像特征转化，然后与视觉系统的图像输出进行融合；

（2）目标级融合：对视觉传感器和毫米波雷达输出进行综合可信度加权，配合精度标定信息进行自适应的搜索匹配后融合输出；

（3）信号级融合：对视觉传感器和毫米波雷达传出的数据源进行融合。信号级别的融合数据损失最小，可靠性最高，但需要大量的运算。

表 2-1 是自动驾驶汽车典型的感知传感器的配置，图 2-1 是自动驾驶汽车环境感知系统的体系结构，图 2-2 是自动驾驶汽车环境感知传感器的布置简图，图 2-3 是多传感器融合的结构框图。

表 2-1　自动驾驶汽车的典型感知传感器配置

传感器	数量	最小感知范围	备注
环视摄像头（高清）	4	8m	前、侧向毫米波雷达信息处理策略有差异，不能互换
前视摄像头（单目）	1	50°/150m	

（续表）

传感器	数量	最小感知范围	备注
超声波传感器	12	5m	毫米波雷达和激光雷达互为冗余；不同供应商的传感器探测范围有差异
侧向毫米波雷达(24GHz)	4	110°/60m	
前向毫米波雷达(77GHz)	1	15°/170m	
激光雷达	1	110°/100m	

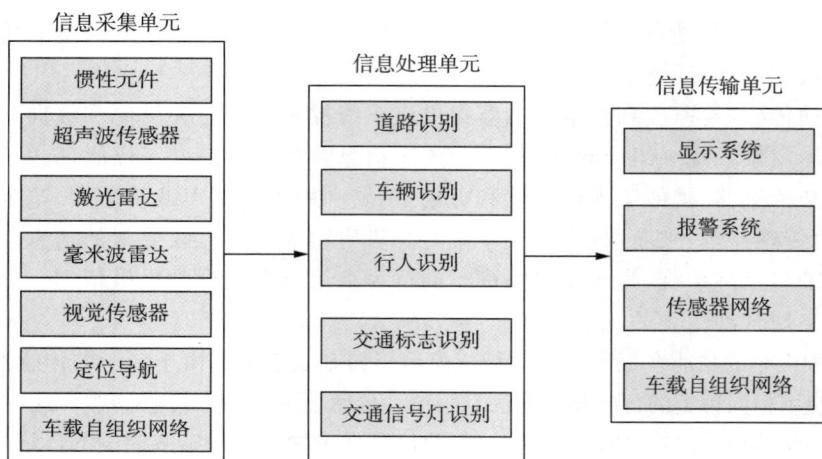

图 2-1　环境感知系统的体系结构

图 2-2　常见的环境感知传感器的布置

传感器1输入

传感器1

传感器2输入 传感器1输出

传感器2

传感器2输出

传感器n输入

传感器n

传感器n输出

融合输出结果

（a）分布式

传感器1输入 传感器2输入 传感器n输入

传感器1 传感器2 ⋯ 传感器n

信息融合中心

输出最终决策

（b）集中式

传感器1输入 传感器2输入 传感器n输入

传感器1 传感器2 ⋯ 传感器n

初级信息融合中心1 初级信息融合中心m

⋯

终极信息融合中心

输出最终决策

（c）混合式

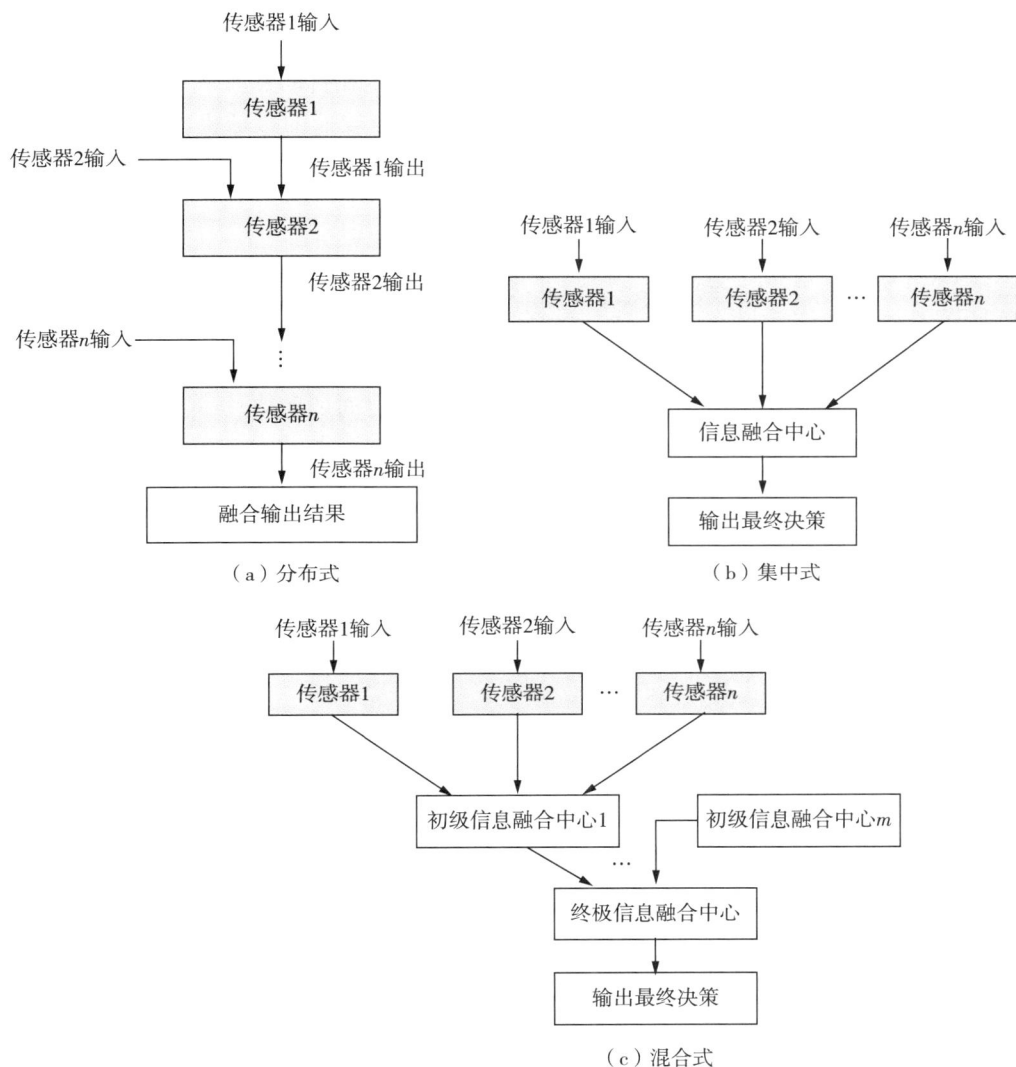

图 2-3 多传感器融合的体系结构

　　由表 2-1 可知,一般自动驾驶汽车配置的典型感知传感器有:1 个长距离毫米波雷达,位于车体前方;4 个中距离毫米波雷达,位于车体 4 角;1 个前视摄像头,位于内后视镜后方;4 个广角 360°摄像头,位于前后和两侧后视镜;12 个超声波传感器,位于前后及侧方;1 个三维激光雷达,可布置在车顶。

　　自动驾驶汽车传感器的布置原则:要考虑到覆盖范围和冗余性。对于覆盖范围来说,车身 360°均需覆盖,前方的探测距离要长(100m),后方的探测距离稍短(80m),左右侧的探测距离最短(20m)。为了保证安全性,每块区域需要两个或两个以上的传感器覆盖,以便相互校验,做到全覆盖和多冗余。

　　目前,环境感知技术有两种技术路线,一种是以摄像机为主导的多传感器融合方案,典型企业代表是特斯拉;另一种是以激光雷达为主导,其他传感器为辅助的技术方案,典型企业代表如谷歌、百度等。前面介绍激光雷达的时候提到,随着新型的纯固态激光雷达产品量产面世(下面予以介绍),特别是成本的大幅降低,激光雷达在自动驾驶汽车上的应用将更加普及。当前,业界讨论和应用较多的是围绕如何使用成本较低的摄像机去承担更多的环境感知任务。

2.2 毫米波雷达

车载毫米波雷达通过发射毫米波信号(波长 1～10mm,频率 30～300GHz),并从目标物接收反射信号,对接收到的信号进行处理,进而探测物体之间的距离、方位和相对速度等,可用于实现自适应巡航、碰撞预警、盲区检测等功能。

与 3～30GHz 的微波频段相比,在相同天线尺寸下,毫米波的波束要窄得多,因此具有探测目标物体细节的能力,而且其元器件的尺寸要小得多,更容易小型化。与激光相比,毫米波受气候的影响要小得多,具有全天候工作的特性。目前车载毫米波雷达主要可用频段为 24GHz 与 77GHz。毫米波雷达频率越高,检测的分辨率越高,探测距离越远。未来车载毫米波雷达频段将以 77GHz 为主,24GHz 作为过渡。

2.2.1 分类

(1)按工作原理分为:脉冲式、调频式毫米波雷达。
(2)按探测距离分为:短程(<60m)、中程(100m)和远程(>200m)毫米波雷达。
(3)按频段分为:24GHz、77GHz 和 79GHz 毫米波雷达。

2.2.2 工作原理

毫米波雷达主要包括毫米波天线、电压控制振荡器、无线发射模块、无线接收模块、信号处理模块等。电压控制振荡器为无线发射与接收模块提供基准的毫米波信号。无线发射模块发射毫米波信号,遇到物体后信号反射,并被无线接收模块接收。信号处理模块的功能由基于微控制器的信号处理软件实现,它可对接收到的反射信号进行处理,根据发射和反射信号的方向与时间间隔,计算出目标物的距离、方位和相对速度,然后将这些结果传输到汽车的电子控制系统中,再由控制系统根据毫米波雷达的检测结果进行速度或方位控制,实现自适应巡航、自动紧急制动等驾驶辅助功能。

毫米波雷达的三大用处:对目标进行测距、测速以及方位测量。

(1)测距:通过给目标连续发送光脉冲,然后用传感器接受从物体返回的光,通过探测光脉冲的飞行(往返)时间来得到目标物距离。

(2)测速:根据多普勒效应,通过计算回收天线的雷达波的频率变化就可以得到目标相对于雷达的运动速度,即相对速度正比于频率变化量。

(3)测方位角:通过并列的接收天线收到同一目标反射的相位差得到目标的方位角。

毫米波雷达测速和普通雷达一样,都是基于多普勒效应(Dopler effect)原理。当声音、光和无线电波等振动源与观测者以相对速度相对运动时,观测者所接收到的振动频率与振动源所发出的频率有所不同。当发射的电磁波和被探测目标有相对移动,回波的频率会和发射波的频率不同。当目标向雷达天线靠近时,反射信号频率将高于发射机频率;反之,当目标远离天线而去时,反射信号频率将低于发射机频率。由多普勒效应所形成的频率变化叫作多普勒频移,它与相对速度成正比,与振动频率成反比。

因而,通过检测这个频率差,可以测得目标相对于雷达的移动速度,也就是目标与雷达的相对速度。根据发射脉冲和接收的时间差,可以测出目标的距离。同时用频率过滤方法检测目标的多普勒频率谱线,滤除干扰杂波的谱线,可使雷达从强杂波中分辨出目标信号。所以脉冲多普勒雷达比普通雷达的抗杂波干扰能力强,能探测出隐藏在背景中的活动目标。图 2-4 为毫米波雷达测量距离、相对速度和周围物体方位角的工作原理。

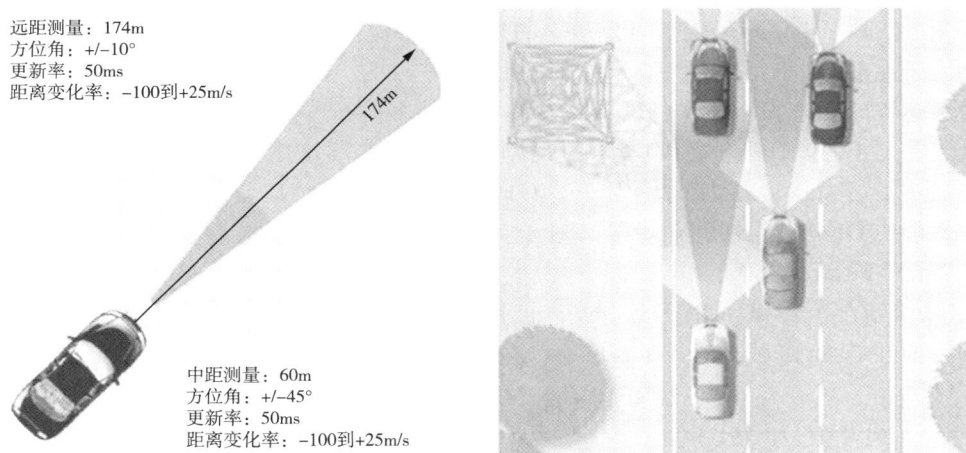

远距测量：174m
方位角：+/-10°
更新率：50ms
距离变化率：-100到+25m/s

174m

中距测量：60m
方位角：+/-45°
更新率：50ms
距离变化率：-100到+25m/s

图 2-4　毫米波雷达工作原理:发射毫米波波段电磁波,测距+测速

2.2.3　毫米波雷达在车上的布置

正向布置:与地面夹角的最大偏差不超过 5°;侧向布置:前方 45°夹角,后方 30°夹角;布置高度:500mm(满载)～800mm(空载)(图 2-5)。

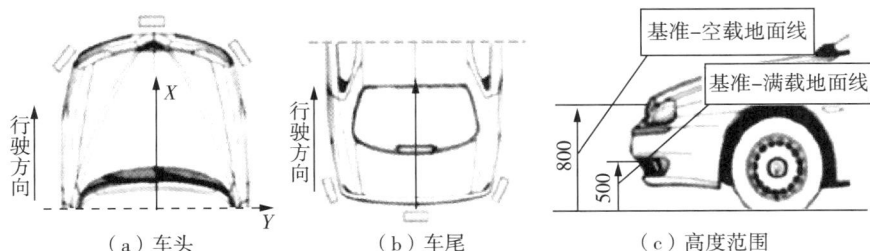

行驶方向

X

Y

（a）车头

行驶方向

（b）车尾

基准-空载地面线

基准-满载地面线

800

500

（c）高度范围

图 2-5　毫米波雷达在车上的布置

2.2.4 毫米波雷达的主要构型

目前自动驾驶汽车所选用的主流毫米波雷达分为两个频率波段：24GHz 和 77GHz，与 24GHz 毫米波雷达相比，77HGz 毫米波雷达具有三个方面的优势：

(1)77GHz 毫米波雷达可以承载高发射功率(>-40dBm/MHz)与高带宽(>250MHz)的组合，而 24GHz 毫米波雷达并不适用，由此使得 77GHz 毫米波雷达具备更远的探测距离和更高的测距精度。

(2)对于给定的波束宽度，77GHz 毫米波雷达所需的天线孔径更小，而天线孔径的大小决定了毫米波雷达的角度分辨力和整体尺寸。有研究表明，24GHz 需要大约 3 倍大小的天线孔径，才能达到与 77GHz 毫米波雷达相同的角度分辨力，而对于同样尺寸的 50mm×50mm 天线孔径，24GHz 毫米波雷达的角度分辨力为 17.5°，而 77GHz 毫米波雷达为 5.4°。

(3)在未来将引入具有高空间分辨率的短程传感器时，77GHz 毫米波雷达的绝对带宽可达到 4 千兆赫，这相当于在 77GHz 时的相对带宽仅为 5%，而在 24GHz 时大约为 17%，这使得雷达天线和波长相关组件的设计变得容易得多。随着近年来半导体芯片、电子元器件封装工艺与 PCB(印刷电路板)技术的飞速发展，两种频率波段的毫米波雷达在探测性能及制造成本上越来越接近。因此，对于 24GHz 毫米波雷达，可以使用相同的技术使其达到更高的性能(功耗、噪声、性能余量等)；对于 77GHz 毫米波雷达，可将其制造得更小、更轻，同时花费更少的制造成本。

表 2-2 给出了短程、中程和远程毫米波雷达的主要技术指标；表 2-3 为 77GHz 毫米波雷达的主要性能指标。

表 2-2　短程、中程和远程毫米波雷达的主要技术指标

参数	短程毫米波雷达	中程毫米波雷达	远程毫米波雷达
频带/GHz	24	76～77	77～81
带宽/GHz	4	0.6	0.6
测距范围/m	60	100	250
最大视角/(°)	±80	±40	±15
测距精度/m	±0.02	±0.1	±0.1
方位精度/(°)	±1	±0.5	±0.1
测速精度/(m/s)	0.1	0.1	0.1

表 2-3　77GHz 毫米波雷达的主要指标

序号	参数	指标
1	频段/GHz	76～77
2	测距范围/m	250
3	方位角最大覆盖/(°)	45
4	俯仰角覆盖/(°)	±5

(续表)

序号	参数	指标
5	速度范围/(km/h)	最大 180
6	测距精度/m	0.3
7	速度精度/(m/s)	0.25
8	最大目标数量/个	＞32
9	扫描周期/ms	＜50
10	主要应用	从 FCW 逐步到 ACC、AEB 等

　　图 2-6 所示为美国 Delphi 76GHz 的 ESR(electronically scanning radar)毫米波雷达。Delphi ESR 雷达是 Delphi 公司于 2009 年推出的一款用于探测障碍物的高频电子扫描雷达,它可以实现宽视角中距离和窄视角远距离的探测,其识别范围和精度见表 2-4。Delphi ESR 雷达具有强大的目标区分能力,最多可以识别 64 个目标,只要两个目标的距离、相对速度或水平视角中的一项达到一定值就可以区分开来。

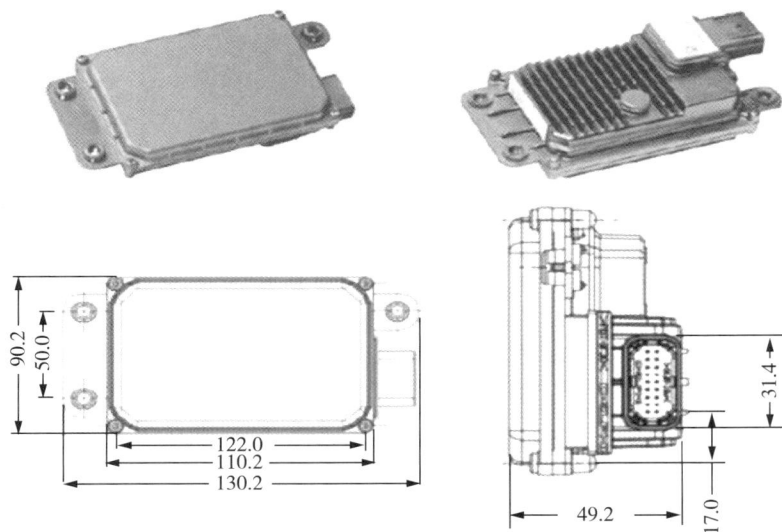

图 2-6　Delphi ESR 毫米波雷达

表 2-4　ESR 毫米波雷达的主要指标

参数		长距离	中距离
系统特性	频段	76～77GHz	
	尺寸大小	130mm×90mm×39mm	
刷新率		50ms	
可检测的目标数		通过长、中距离目标的合并,总共 64 个目标	

（续表）

参数		长距离	中距离
覆盖范围	距离	1～175m	1～60m
	相对速度	−100～+25m/s	−100～+25m/s
	水平视角	±10°	±45°
精确度	距离	±0.5m	±0.25m
	相对速度	±0.12m/s	±0.12m/s
	角度	±0.5°	±0.2°

自动驾驶汽车所应用的不同类型毫米波雷达，其具体性能指标见表2-5所列。

表2-5　自动驾驶汽车所应用的毫米波雷达

类型		短程雷达（SRR）	中程雷达（MRR）	远程雷达（LRR）
	工作频段	24GHz	77GHz	77GHz
	探测距离	小于60m	100m左右	大于200m
功能	自适应巡航控制系统		前方	前方
	前向碰撞预警系统		前方	前方
	主动制动辅助系统		前方	前方
	盲区监测系统	侧方	侧方	
	自动泊车辅助系统	前方、后方	侧方	
	变道辅助系统	后方	后方	
	后向碰撞预警系统	后方	后方	
	行人检测系统	前方	前方	
	驻车开门辅助系统	侧方		

2.2.5　毫米波雷达的应用

图2-7所示为车载毫米波雷达的部分应用实例。

（a）自适应巡航控制系统　　　　　　（b）前向碰撞预警系统

（c）主动制动辅助系统

（d）盲区监测系统

（e）自动泊车辅助系统

（f）变道辅助系统：盲区监测、变道预警

（g）后向碰撞预警系统

图 2-7　车载毫米波雷达的应用

2.3　激光雷达

2.3.1　概述

激光雷达是工作在光波频段的雷达,利用光波频段的电磁波先向目标发射探测信号,然后将其接收到的信号与发射信号相比较,从而获得目标的位置（距离、方位和高度）、运动状态（速度、姿态等）信息,实现对目标的探测、跟踪和识别。

激光雷达是自动驾驶汽车中最强大的传感器之一。利用激光雷达可以获得周围交通环境的信息,包括地面、地面上的障碍物和非地面障碍物,能够准确地获得这些物体的距离信息和反射强度信息,可区分真实移动中的行人和物体,在三维立体的空间中建模、检测静态物体、精确测距。它是通过发射激光束来探测目标位置、速度等特征量的雷达系统,具有测量精度高、探测范围广、方向性好和抗干扰能力强等优点,在军事领域以及民用的地理测绘等领域都有广泛的应用。由于激光雷达可以形成精度高达厘米级的3D感知环境地图,为自动驾驶汽车的决策和控制系统提供更丰富完整的信息,因此在自动驾驶系统中具有重要作用。图2-8所示为激光雷达采集原始数据。

图2-8 激光雷达采集原始数据

2.3.2 激光雷达的特点

(1)探测范围广:可达300m以上;

(2)分辨率高:距离分辨率可达0.1m,速度分辨率能达到10m/s,角度分辨率不低于0.1mrad;

(3)信息量丰富:探测目标的距离、角度、反射强度、速度等信息,生成目标多维度图像;

(4)可全天候工作:不依赖于外界条件或目标本身的辐射特性;

(5)不足之处:体积大、价格高(与毫米波雷达相比),不能识别交通标志和交通信号灯。

2.3.3 激光雷达的工作原理

车载激光雷达由发射系统、接收系统、信号处理模块等部分组成(图2-9)。它的工作原理是以固定的时间周期将电脉冲信号变成光脉冲信号发射出去,光接收机再把从目标反射回来的光脉冲信号还原成电脉冲信号。由于激光的速度是确定的,很容易算出光源到目标物体的距离,同时物体的材质和颜色等参数也可获得。由于激光雷达有非常好的空间相干性和方向性,故无需进行波束合成就有极小的波束探测角,极高的垂直与水平角分辨率和测距精度,这是毫米波雷达和超声波传感器所没有的。激光雷达采用红外激光,因而不受外界光线的影响,无论是白天还是黑夜,阴天还是晴天,它都能正常工作。

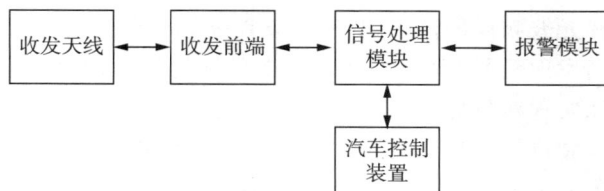

图2-9 激光雷达系统组成

(1)脉冲测距法

设 c 为光在空气中传播的速度,$c = 3 \times 10^8 \, \mathrm{m/s}$,光脉冲从发射到接收的时间为 t,则待测距离为 $L = ct/2$,见图 2-10。

(2)干涉测距法

通过激光器发射出一束激光,通过分光镜分为两束相干光波,各自通过反射镜 M_1 和 M_2 反射回来,在分光镜处汇合到一起。由于两束光波的路程的差异,通过干涉后形成的明暗条纹不同,所以传感器将干涉条纹转换为电信号后,就可以实现测距(图 2-11)。

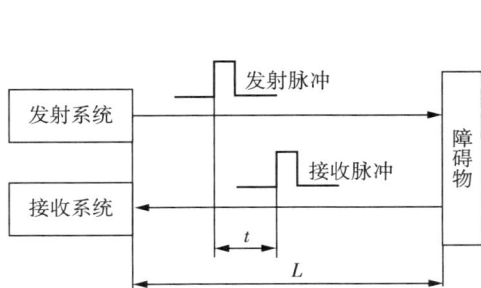

图 2-10　脉冲测距法

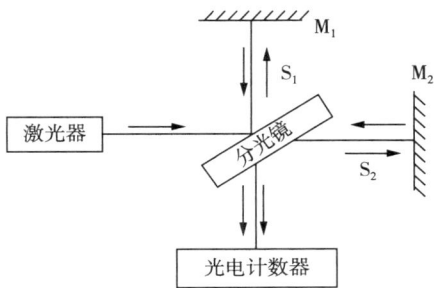

图 2-11　干涉测距法

(3)相位测距法

激光从发射到接收的时间为

$$t = \frac{\Delta\varphi}{\omega} = \frac{\Delta\varphi}{2\pi f} \tag{2-1}$$

式中,t 为激光从发射到接收的时间;$\Delta\varphi$ 为发射波和返回波之间的相位差;ω 为正弦波角频率;f 为正弦波频率。

图 2-12 为相位测距法原理,图中的待测距离为

$$L = \frac{1}{2}ct = \frac{c\Delta\varphi}{4\pi f} \tag{2-2}$$

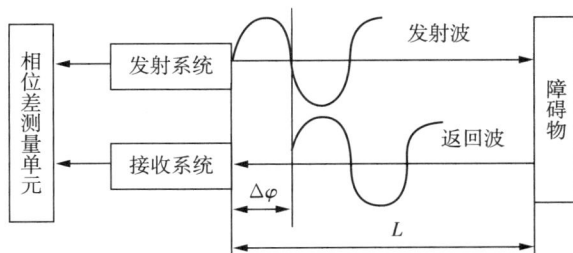

图 2-12　相位测距法

2.3.4　激光雷达的类型

(1)机械式激光雷达:带有控制激光发射角度的旋转部件,体积较大,价格昂贵,测量精

度较高,一般置于汽车顶部。该硬件内部的每一条线都由一对激光发射器和接收器组成,为保证精确测距,需保证激光在完成这 $100\sim200m$ 的路程后,刚好能让发射出去的激光可被成对的接收器收到,故批量生产难度大。

(2)固态激光雷达:依靠电子部件来控制激光发射角度,无须机械旋转部件,尺寸较小,可安装于车体内。同时由于扫描结构的微型化,提高了雷达的稳定性,成本也大为降低。

(3)混合固态激光雷达:没有大体积的旋转结构,采用固定激光光源,通过内部玻璃片旋转的方式改变激光光束方向,实现多角度检测的需要,采用嵌入式安装。

目前市场上的激光雷达产品包括单线束、4线束、8线束、16线束、32线束、64线束、128线束等。单线激光雷达只有一个激光发射束,因此结构简单,功耗低,且使用方便,被广泛应用在道路的检测与跟踪等方面。但由于只有一个激光发射束,且在工作时一般使用固定的水平角度分辨率,数据量比较少,如常见的德国 SICK 公司的单线束激光雷达 LMS511[图2-13(a)],由于它每帧只能固定获得 361 个数据点的信息,因此无法准确获得所检测目标的形状、大小等基本信息,且对于多目标下的遮挡问题显得无能为力。IBEO LUX(4线束)激光雷达是德国 IBEO 公司借助高分辨率激光雷达技术,推出的第一款多功能车载雷达。它具有 $110°$ 的宽视角,$0.3\sim200m$ 的探测距离,见图2-13(b)。图2-13(c)是 Quanergy 激光雷达公司生产的 8 线激光雷达。

（a）SICK LMS511　　　　（b）IBEO LUX　　　　（c）Quanergy M8

图2-13　低线束激光雷达

单线束激光雷达只能测量距离;而多线束激光雷达,如4线和8线的激光雷达是三维多层激光雷达,与单线激光雷达相比,线束增加,数据量也随之变大,但数据量仍然较少,对检测目标的形状、大小等信息仍无法准确获取。

32线和64线激光雷达由于其丰富的数据量而在近年来被越来越多的引入自动驾驶汽车的环境感知系统中,目的是让汽车能够真正满足变化环境的需求。其中,美国 Velodyne 公司的 32 线和 64 线激光雷达(如 Velodyne HDL-32E 和 Velodyne HDL-64E)最为常见,如图2-14(b)、(c)所示。虽然 32 线和 64 线激光雷达的探测空间范围比较广,所获得的数据量也比较大,但它的价格昂贵、体积和功耗大、数据处理速度相对较慢等缺点限制了在环境感知系统中的普及。16 线束激光雷达的数据量适中,能够满足自动驾驶汽车实时性的要求,可以获得目标的三维信息,价格远低于 32 线束和 64 线束激光雷达,非常适合用在自动驾驶汽车的环境感知中。

Velodyne VLP-16[图2-14(a)]可通过使用安装在紧凑型外壳中的 16 对激光/探测

器来创建 360°的 3D 图像,快速旋转以扫描周围环境。激光每秒发射数千次,实时提供丰富的 3D 点云。先进的数字信号处理和波形分析提供高精度、扩展的距离感测和校准的反射率数据。

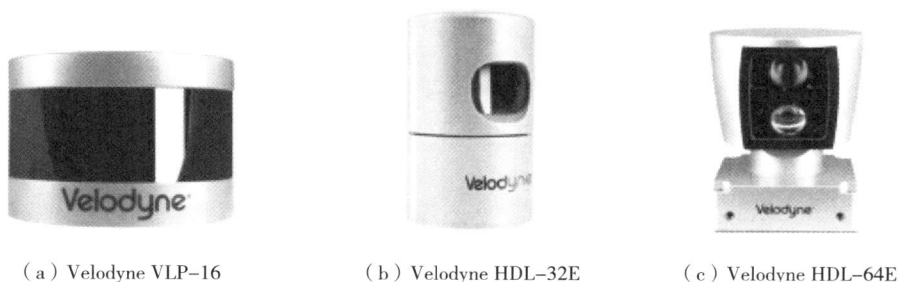

　　（a）Velodyne VLP-16　　　　　　（b）Velodyne HDL-32E　　　　　（c）Velodyne HDL-64E

图 2 - 14　Velodyne 系列激光雷达

　　图 2 - 15(a)为 Velodyne 公司的一款 32 线混合固态激光雷达产品,名字叫"混合固态超级冰球"(Solid - state Hybrid Ultra Puck Auto),它的外形尺寸与图 2 - 14(a)的机械式 VLP - 16基本一样(高为 72mm,底部直径为 103mm),体积小,质量轻,可以集成在汽车后视镜的位置。图 2 - 15(b)是它的工作原理。机械式激光雷达在工作时发射系统和接收系统会一直以 360°旋转,而混合固态激光雷达则是将机械旋转部件巧妙地隐藏在外壳中。这里采用了一种半导体微动器件——MEMS 扫描镜(代替宏观机械式扫描器)在微观尺度上实现激光雷达发射端的扫描方式,定义为"混合固态"。虽然 MEMS 扫描镜是一种硅基半导体元器件,属于一种固态电子元件,但它的内部集成了可动的微型镜面。显见,MEMS 扫描镜兼具"固态"和"运动"两种属性,故称为"混合固态"。图 2 - 16 为 VLP - 16 激光雷达三维成像系统工作原理和结构示意图。

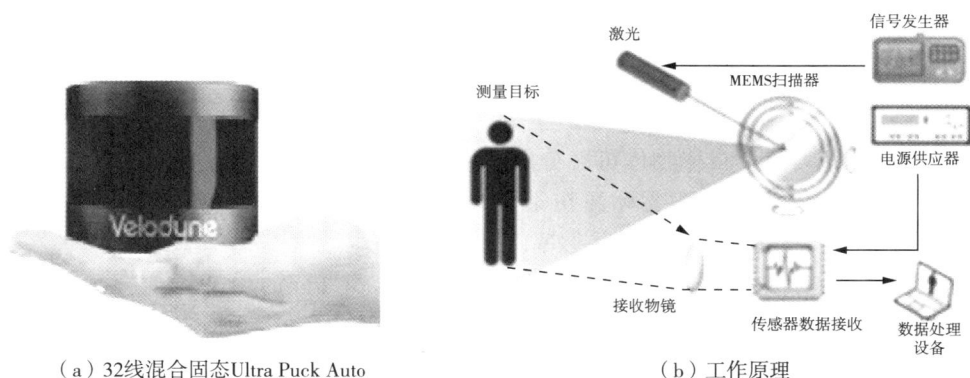

　　　（a）32线混合固态Ultra Puck Auto　　　　　　　　（b）工作原理

图 2 - 15　32 线混合固态激光雷达及原理图

　　图 2 - 17 为美国 Velodyne 公司开发的 128 线束激光雷达和 64 线束激光雷达的外形尺寸对比。前者的探测距离约是 HDL - 64E 的 3 倍,达到 300m,分辨率则是 10 倍,而尺寸缩小了 70%。该产品是为 L5 级别的无人驾驶而开发的。

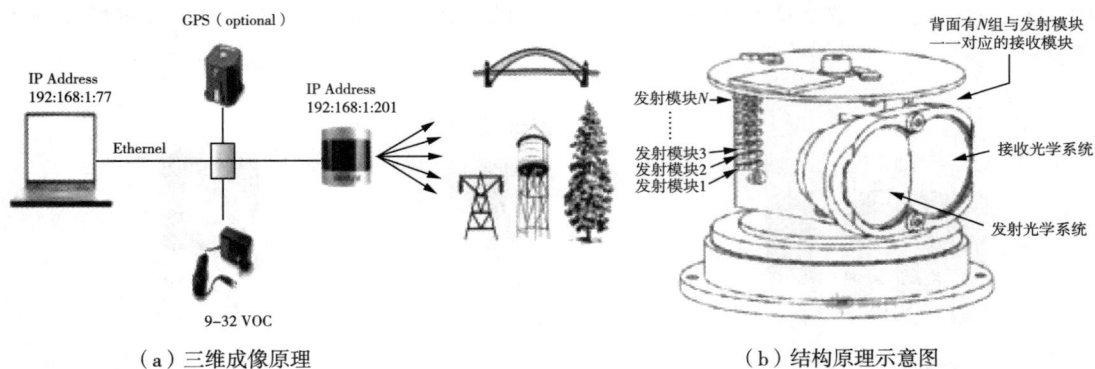

（a）三维成像原理　　　　　　　　　　　　　（b）结构原理示意图

图 2 - 16　VLP - 16 激光雷达

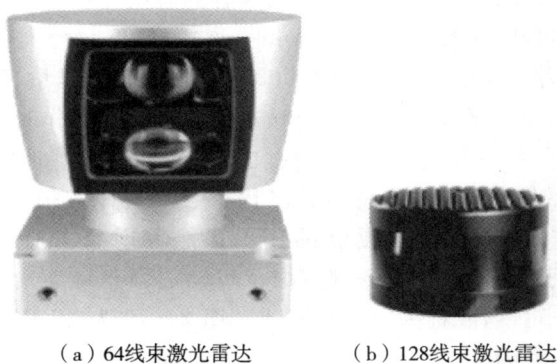

（a）64线束激光雷达　　　　　（b）128线束激光雷达

图 2 - 17　两种激光雷达的外形尺寸对比

2.3.5　激光雷达的主要技术指标

（1）距离分辨率：两个目标物体可区分的最小距离。

（2）最大探测距离：通常需要标注在某一个反射率下的测得值，如白色反射体大概是 70％反射率，黑色物体是 7％～20％反射率。

（3）测距精度：对同一目标进行重复测量得到的距离值之间的误差范围。

（4）测量帧频：与摄像头的帧频概念相同，刷新率越高，响应速度越快。

（5）数据采样率：每秒输出的数据点数，等于帧率乘以单幅图像的点云数目。

（6）角度分辨率：扫描的角度分辨率，等于视场角除以该方向所采集的点云数目。

（7）视场角：分为垂直视场角和水平视场角，是激光雷达的成像范围。

（8）波长：波长等于光速/频率，影响雷达的环境适应性和对人眼的安全性。

表 2 - 6 为美国 Velodyne 公司生产的几种常用的激光雷达主要指标。

表 2-6　美国 Velodyne 公司生产的激光雷达主要指标

指标	HDL-64	HDL-32	VLP-16
激光束	64	32	16
扫描距离	120m	100m	100m
精度	±2cm	±2cm	±3cm
数据类型	距离/密度	距离/校准发射率	距离/校准发射率
垂直扫描角度	26.8°	40°	30°
水平扫描角度	360°	360°	360°
功率	60W	12W	8W
体积	203mm×284mm	86mm×145mm	104mm×72mm
重量	15kg	1kg	0.83kg

2.3.6　激光雷达与毫米波雷达的对比

激光雷达和毫米波雷达的工作原理基本类似,都是利用回波成像来显示被探测物体的,就相当于人类用双眼探知而蝙蝠是依靠超声波探知的区别。不过激光雷达发射的电磁波是一条直线,主要以光粒子发射为主要方法,而毫米波雷达发射出去的电磁波是一个锥状的波束,这个波段的天线主要以电磁辐射为主。

从探测精度上来讲,激光雷达具有探测精度高、探测范围广及稳定性强等优点。在精确度方面,毫米波雷达的探测距离受到频段损耗的直接制约(想要探测的远,就必须使用高频段雷达),也无法感知行人,并且对周边所有障碍物无法进行精准的建模。这一点就大不如激光雷达。

从抗干扰能力上来讲,由于激光雷达通过发射光束进行探测,受环境影响较大,光束受遮挡后就不能正常使用,因此无法在雨雪雾霾天、沙尘暴等恶劣天气中开启,而毫米波导引头穿透雾、烟、灰尘的能力强,因此可以在糟糕的天气中探测,在这一点上毫米波雷达更胜一筹。

从价格上来讲,激光雷达比毫米波雷达在测距、识别障碍物方面更准确,但由于激光雷达获取的数据量远超毫米波雷达,所以需要更高性能的处理器来处理数据,成本高了,售价自然就更贵了。但是,激光雷达在准确性上可以得到更多的保证。

通过以上的对比,可以看到激光雷达和毫米波雷达各有优劣,谁也无法取代谁,两者正好起到一种相辅相成、取长补短的作用。

2.3.7　激光雷达的应用

(1)高精度电子地图和定位。

(2)障碍物检测与识别。

(3)环境空间检测。

(4)动态障碍物轨迹预测。

(5)行人保护:能检测 0.3～30m 视场范围内的所有行人。

(6)自适应巡航控制:可在 0～200km/h 的速度范围内实现自动行驶。

(7)车道偏离预警:可检测汽车行驶前方的车道线标识和潜在的障碍,也可以计算汽车在道路中的位置。

(8)自动紧急制动:实时检测汽车行驶前方的所有静态和动态的物体,判断它们的外形,当要发生危险时,自动启动紧急制动。

(9)预碰撞处理:分析所有的环境扫描数据,不管即将发生什么样的碰撞,会在碰撞前100ms 发出警告。

(10)交通拥堵辅助:消除频繁启停,实现低速下的自动跟车和车道保持。

2.4 视觉传感器

2.4.1 概述

自动驾驶汽车的视觉传感器相当于车子的眼睛,主要用于识别道路标识线、红绿信号灯及交通标志牌等。视觉传感器是无人驾驶技术非常重要的组成部分和发展重点,它具有其他传感器不能比拟的优点,如价格低易于产业化,体积小便于安装,容易获得视野内物体的距离、颜色、形状、纹理、深度等信息,且信息量丰富。尤其是在辅助驾驶系统(ADAS)中,由于可在视野范围内实现道路、汽车、行人、交通标志、交通信号灯等检测,更是得到了广泛的应用。视觉传感器通过接收目标物自身发出的视频信号来进行感知。该传感器多利用 CCD或 CMOS 等成像元件从不同角度采集汽车环境的感知数据。与毫米波雷达相比较,视觉传感器的价格低廉,一辆车上可以安装多处(前视、后视、侧视、内视等),监测范围更大,采集道路信息更加全面,如特斯拉 Autopilot 2.0 就包含了 8 个摄像头。

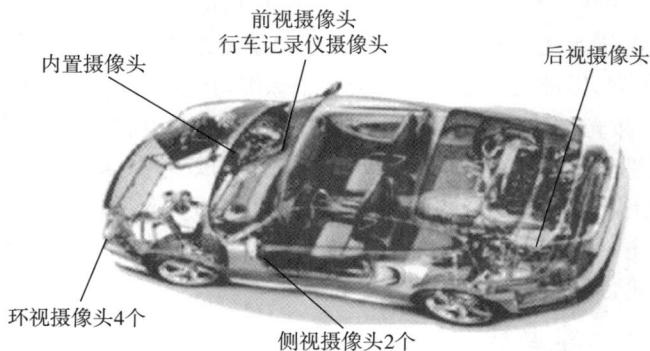

图 2-18 视觉传感器在车上的布置

图 2-18 为根据 ADAS 的功能需求,视觉传感器在车上的布置。根据不同的工作特点,对于摄像头的要求有所不同。其中,前视宽视野摄像头最大检测距离为 60m,前视主视野摄像头最大检测距离为 150m,前视窄视野摄像头最大检测距离为 250m,侧方后视摄像头最大检测距离为 100m,侧方前视摄像头最大检测距离为 80m,后视摄像头最大检测距离为 50m。

2.4.2　基本工作原理

视觉传感器主要由光源、镜头、图像传感器、模/数转换器、图像处理器、图像存储器等组成,其主要功能是获取足够的机器视觉系统要处理的原始图像。图 2-19 为视觉传感器的工作原理简图。

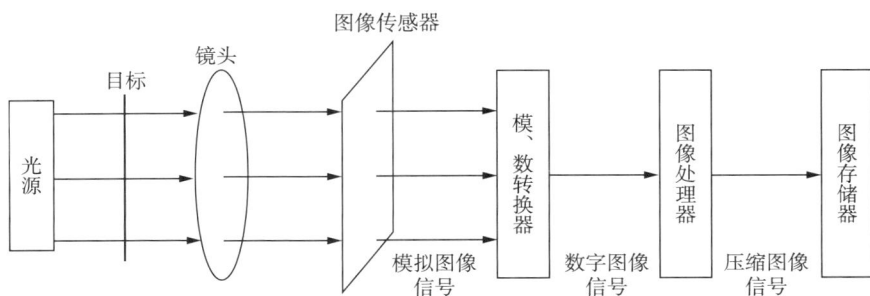

图 2-19　视觉传感器工作原理

2.4.3　视觉传感器的主要技术指标

(1)像素:像素越多,代表着它能够感测到更多的物体细节,图像越清晰。

(2)帧率:代表单位时间所记录或播放的图片的数量。

(3)靶面尺寸:代表图像传感器感光部分的大小。通常这个数据是指传感器的对角线长度,靶面越大,意味着通光量越好,而靶面越小则比较容易获得更大的景深。

(4)感光度:代表入射光线的强弱。感光度越高,感光面对光的敏感度就越强,快门速度就越高。

(5)信噪比:表示信号电压对于噪声电压的比值,信噪比越大说明对噪声的控制越好。

(6)电子快门:用来控制图像传感器的感光时间,电子快门越快,感光度越低,因此适合在强光下拍摄。

2.4.4　视觉传感器的主要性能要求

(1)高动态:在较暗环境和明暗差异较大下仍能识别。

(2)中低像素:为提高数据处理速度,摄像头的像素并不需要非常高,目前 30 万～120 万像素即可满足要求。

(3)角度要求:对于环视和后视摄像头,一般采用 135°以上的广角镜头;前置摄像头一般采用 55°的范围。

(4)安全性:车载摄像头比工业级和生活级摄像头的安全级别要求更高,尤其是前置摄像头。

(5)温度要求:车载摄像头的温度范围为 -40～80℃。

(6)高可靠性:汽车工作时会产生很高的电磁和振动现象,车载摄像头要有很高的防磁抗振性能,且工作寿命要长,具备极高的可靠性。

表 2-7 为视觉传感器在辅助驾驶系统 ADAS 中的部分应用情况。

表 2-7 视觉传感器在辅助驾驶中的应用

ADAS	使用的摄像头	具体功能介绍
车道偏离预警系统	前视	当前视摄像头检测到汽车即将偏离车道线时发出警报
盲区监测系统	侧视	利用侧视摄像头将后视镜盲区的影像显示在后视镜或驾驶舱内
自动泊车辅助系统	后视	利用后视摄像头将车尾影像显示在驾驶舱内
全景泊车系统	前、侧、后视	利用图像拼接技术将摄像头采集的影像组成周边的全景图
驾驶员疲劳预警系统	内置	利用内置摄像头检测驾驶员是否疲劳、闭眼等
行人碰撞预警系统	前视	当前视摄像头检测到汽车前方的行人可能与汽车发生碰撞时发出警报
车道保持辅助系统	前视	当前视摄像头检测到汽车即将偏离车道线时,通知控制系统发出指令,纠正行驶方向
交通标志识别系统	前视、侧视	利用前视、侧视摄像头识别前方和两侧的交通标志
前向碰撞预警系统	前视	当前视摄像头检测到与前车距离小于安全车距时发出警报

由表 2-7 可见,视觉传感器在人工智能等先进算法的帮助下,具备可识别汽车前方和周围可活动的空间,进行行驶轨迹规划的能力。该种传感器利用设计的算法可以跟踪行人、自行车和汽车等运动物体,可用于碰撞预警,可根据识别的物体大小来判断与前方汽车的距离,但其精度不如毫米波雷达和激光雷达。而且,视觉传感器容易受到环境的影响,如在大雾、强光照射和黑夜等恶劣环境下,效果较差。

2.4.5 视觉传感器的主要类型和技术特点

根据自动驾驶汽车的特点和车载摄像头模块的不同,目前使用的摄像头主要有单目、双目、三目、环视和红外摄像头等,如图 2-20 所示。

（a）单目

（b）双目

（c）三目　　　　　　　　　　　　　　　（d）环视

图 2-20　摄像头主要类型

1. 单目摄像头

自动驾驶汽车布置的前视摄像头多用单目摄像头,其工作原理是先通过图像匹配对图像进行识别,然后根据图像的大小和高度进一步估计障碍物和汽车移动的时间。目前自动驾驶汽车常用的单目摄像头可识别 40～120m 的距离,未来可达 200m 或更远。单目摄像头的视角越宽,可以检测到的精确距离越短;视角越窄,检测到的距离越长[图 2-20(a)]。

单一的摄像头由于镜头角度、探测范围和精度有所不同,在实际应用中也经常采用多种组合的单目摄像头来实现不同的环境检测:①长焦摄像头和短焦摄像头组合的方式,提供远距离精确探测和近距离大探测范围的综合检测;②4 个以上的鱼眼摄像头分别布置在车身的前后左右,通过图像拼接提供环视功能[图 2-21(b)]。例如,采用不同焦距和不同仰角的多个单目摄像头,可获得不同位置的交通要素标志的检测和识别能力。因此,多个单目视觉传感器的组合方案在自动驾驶汽车领域得到了广泛应用。

（a）单目摄像头　　　　　　　　　　　　（b）组合的单目摄像头

图 2-21　单目摄像头的应用

自动驾驶汽车的环境感知系统是一个多传感器的复杂系统。显然,使用单目摄像头简单、实用,但需大量的样本数据、特征提取过程难以观测和调整等,且检测精度远低于激光雷达、毫米波雷达等。在实际应用中,需结合雷达等其他传感器进行探测,以发挥各自最优性能,多传感器融合能够大大提高目标检测的精度。

2. 摄像机成像原理

人眼在比较图像中的亮度和色彩时,其感知是相对意义下的,而摄像机可以作为测量仪器提供绝对的量测值。摄像机获取图像是从现实中三维世界的图像映射到摄像机二维空间的几何变换过程,而从二维图像出发测算现实三维世界中的汽车距离,实际上是上述过程的一种逆变换。在已知摄像机参数的情况下,根据针孔成像原理建立现实三维空间与摄像机二维图像的透视关系,然后利用二维图像来计算现实三维世界中汽车的距离值。考虑单个薄透镜的摄像机情况(从几何光学的角度考虑),针孔模型是适合于很多计算机视觉应用的一个近似。针孔摄像机完成中心投影,其几何关系如图 2-22 所示。将图像平面在水平方向伸展,即可得到真实世界投影中的图像平面。

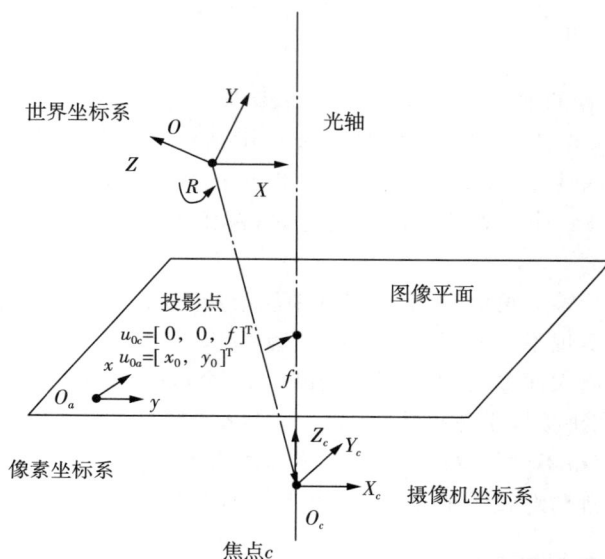

图 2-22 线性透视摄像机的几何关系

根据摄像机内部标定,式(2-3)表达了摄像机坐标系中点(X_c,Y_c,Z_c)和它的像素坐标表示的像点(x,y)的关系。

$$\lambda\begin{Bmatrix}y\\x\\1\end{Bmatrix}=K\begin{Bmatrix}X_c\\Y_c\\Z_c\end{Bmatrix}=\begin{pmatrix}f&0&y_0\\0&f&x_0\\0&0&1\end{pmatrix}\begin{Bmatrix}X_c\\Y_c\\Z_c\end{Bmatrix} \tag{2-3}$$

其中:$f=f_e$;

λ——常数因子;

K——摄像机内标定矩阵;

f——摄像机焦距;

(x_0,y_0)——图像物理坐标原点在像素坐标系下的坐标;

f_e——摄像机等效焦距。

　　摄像机安装在汽车前挡风玻璃后方向下倾斜,固定在车内侧挡风玻璃正中央。摄像头的安装高度必须在雨刮器的运动范围以内,光轴位于汽车的纵向对称面内,与水平面平行并朝向前方,如图 2-23 所示。摄像机标定过程中已获得摄像机的倾斜角 φ 和摄像机高度 H,由式(2-4)表达出世界坐标系与摄像机坐标系的关系如下

$$\begin{bmatrix} X_c \\ Y_c \\ Z_c \end{bmatrix} = \begin{bmatrix} 1 & 0 & 0 \\ 0 & \cos\varphi & -\sin\varphi \\ 0 & \sin\varphi & \cos\varphi \end{bmatrix} \begin{bmatrix} X \\ Y+H \\ Z \end{bmatrix} \tag{2-4}$$

联立式(2-3)和式(2-4),并消去 X_c、Y_c 和 Z_c,得到:

$$\begin{cases} x = f_e \dfrac{H\cos\varphi - Z\sin\varphi}{(H+Y)\sin\varphi + Z\cos\varphi} + x_0 \\ y = f_e \dfrac{X}{(H+Y)\sin\varphi + Z\cos\varphi} + y_0 \end{cases} \tag{2-5}$$

令 $Z \to \infty$ 时,x 的值为 x_d,即为路面的消失线方程:

$$x_d = \lim_{Z \to \infty} f_e \frac{H\cos\varphi - Z\sin\varphi}{(H+Y)\sin\varphi + Z\cos\varphi} + x_0 = -f_e\tan\varphi + x_0 \tag{2-6}$$

以消失线为界,图像中的道路区域即设定为感兴趣区域。

3. 双目摄像头

　　双目摄像头的工作原理是先对物体与本车的距离进行测量,然后再对物体进行识别。双目摄像头依靠两个平行布置的摄像头产生的视觉差,把同一个物体所有的点都找出来,依据精确的三角测距,算出摄像头与前方障碍物的距离,即可以在不识别目标的情况下

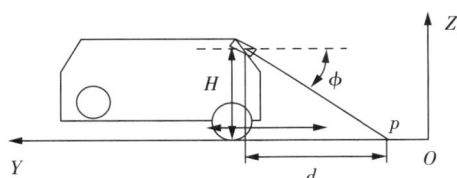

图 2-23　摄像机安装示意图

获得深度距离的数据。双目摄像头的测量误差可控制在 1% 以下,达到类似单目摄像头配置毫米波雷达等传感器的精度,可满足自动驾驶 L3 以下场景的功能需求,如可用于实现基于车距检测的自适应巡航(ACC)功能。双目立体视觉是机器视觉的一种重要形式,它是基于视差原理并由多幅图像获取物体三维几何信息的方法。双目立体视觉系统一般由双摄像机从不同角度同时获得被测物的两幅数字图像,或由单摄像机在不同时刻从不同角度获得被测物的两幅数字图像,并基于视差原理恢复出物体的三维几何信息,重建物体三维轮廓及位置。双目立体视觉系统在机器视觉领域有着广泛的应用前景。

　　20 世纪 80 年代美国麻省理工学院人工智能实验室的 Marr 提出了一种视觉计算理论并应用在双眼匹配上,使两张有视差的平面图产生有深度的立体图形,奠定了双目立体视觉发展的理论基础。相比其他类型的视觉方法,如透镜板三维成像、三维显示、全息照相术等,双目视觉直接模拟人类双眼处理景物的方式,更为可靠简便,在许多领域均具较大的应用价值,如微操作系统的位姿检测与控制机器人导航与航测,三维测量学及虚拟现实等。

　　双目立体视觉三维测量基于视差原理,图 2-24 所示为简单的平视双目立体成像原理

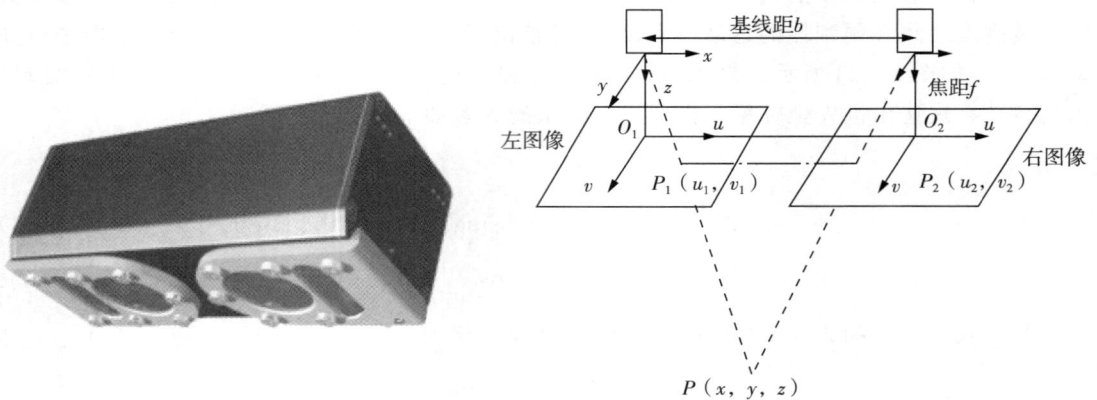

图 2-24 双目立体视觉原理

图,两摄像机的投影中心连线的距离,即基线距为 b。摄像机坐标系的原点在摄像机镜头的光心处,坐标系如图所示。由该图则可通过几何关系来推算出被测物体的实际距离。

双目视觉测量探头由 2 个摄像机和 1 个半导体激光器组成。半导体激光器作为光源,它发射出一个点光源射到一柱状透镜上后变成一条直线。该线激光投射到工件表面,作为测量标志线。激光波长为 650nm,其扫描激光线宽约为 1mm。2 个普通 CCD 摄像机呈一定角度放置,构成深度测量的传感器。镜头焦距长短会影响镜头光轴与线激光的夹角、探头与待测物体的距离以及测量景深。

视觉测量属于一种非接触式测量,它是基于激光三角法测量原理。激光器发出的光线经柱状透镜单方向扩展后变成一光条,投射在被测物体表面,由于物体表面曲度或深度的变化,使光条变形,由摄像机摄取此变形光条的图像,这样就可以由激光束的发射角和激光束在摄像机内成像位置,通过三角几何关系获得被测点的距离或位置等数据。

与人类使用双眼观察物体的远近相类似,双目视觉测量传感器是通过 2 个摄像机同时摄取一个光条的图像,再通过两幅图像的匹配,得到光条上所有像素点分别在两幅图像中的位置,利用视差,即可计算该点的位置以及深度信息。如果配合扫描机构得到的扫描线某一坐标值,可得到被扫描物体所有的轮廓信息(即三维坐标点)。

一般来说,双目传感器的视差(x_2-x_1)越大,则其测量精度越高。通过实验发现,增大基线长度可以提高视觉测量的精度。但对某一焦距的镜头,过大的基线长度会造成双目轴线夹角增大,使图像产生较大畸变,不利于 CCD 的标定及特征匹配,反而使测量精度下降。选择 2 个焦距为 8mm 的镜头,通过实验,找到与之相匹配的基线长度,可保证在镜头的景深范围内,双目视觉传感器有较高的测量精度。

4. 双目视觉的技术特点

关于双目立体视觉技术的实现,一般可分为以下步骤:图像获取、摄像机标定、特征提取、图像匹配和三维重建等。与单目相比,更为复杂,本书不再多述。

双目摄像头无需判断障碍物类型,无识别率的限制,通过对两幅图像视差的计算,直接对前方景物进行距离测量,精度比单目高,其难点在于计算量巨大,从而产品化、小型化难度大,且成本较单目高。目前豪华车如奔驰 S 级和 E 级,宝马 7 系和 5 系,雷克萨斯 LS 系列

(2018),路虎 Discovery,捷豹 XFL、XE 等,都安装有双目摄像头。

5. 双目视觉技术的发展方向

就双目立体视觉技术的发展现状而言,要构造出类似于人眼的通用双目立体视觉系统,还有很长的路要走,进一步的研究方向可归纳如下:

(1)如何建立更有效的双目立体视觉模型,能更充分地反映立体视觉不失去确定性的本质属性,为匹配提供更多的约束信息,降低立体匹配的难度。

(2)探索新的适用于全面立体视觉的计算理论和匹配,选择有效的匹配准则和算法结构,以解决存在灰度失真,几何畸变(透视、旋转、缩放等),噪声干扰,特殊结构(平坦区域、重复相似结构等)以及遮掩景物的匹配问题。

(3)算法向并行化发展,提高速度,减少运算量,增强系统的实用性。

(4)强调场景与任务的约束,针对不同的应用目的,建立有目的的面向任务的双目立体视觉系统。

6. 三目摄像头

三目摄像头可分为 25°、50°、150°视场。其中,25°视场用于检测前车道线、交通信号灯,50°视场负责一般的道路状态监测,150°视场用于检测平行车道、行人和非机动车行驶的状况。显然,仅仅通过环视或二维视觉很难满足自动驾驶 L3 以上的需求,故对多维立体视觉的需求将会越来越突出。

2.4.6　车载视觉传感器的安装位置

车载摄像头的安装位置不同,所实现的功能也不一样。安装位置主要有前视、后视、环视、侧视和内置式等。生产厂家可根据自动驾驶的功能及客户需求,选择在车上安装 4～8 个摄像头传感器。

前视摄像头一般安装在后视镜后面,采用探视角为 45°～55°的镜头,可实现辅助驾驶的主要功能,如基于车道线识别的车道偏离预警(LDW)、车道保持辅助(LKA)等,基于前方汽车和行人识别的前方碰撞预警(FCW)、自动紧急制动(AEB)、行人保护(PP)等,还有交通标志识别(TSR)和交通信号灯识别(TLR)等。

环视摄像头采用探视角为 135°的广角镜头,装于车身四周,再通过一定的算法,以实现全景图像,可用于全景泊车(SVC)、车道偏离预警(LDW)等。

侧视摄像头一般安装在左右后视镜处,采用 135°的广角镜头,主要实现盲区检测(BSD)。盲区检测主要使用超声波传感器或者毫米波雷达,但也可以使用侧视摄像头来替代或作为备用品,来实现盲点检测功能。今后汽车的后视镜可能会直接被侧视摄像头代替,后者可为驾驶员提供更为广阔的视野,同时提供后方汽车提醒等预警功能。

后视摄像头安装在汽车后方,采用广角镜头,可以实现自动泊车(AP)和后视泊车辅助等功能。内置摄像头安装在车内后视镜处,采用广角镜头,可以实现驾驶员的疲劳检测功能(DDD)。

2.4.7　红外夜视传感器

当汽车在夜间工作时,由于可见光成像的信噪比较低,从而导致夜间成像的难度增大,而红外系统在此时可发挥自身独特的优势。

红外夜视传感器是基于红外热成像原理,通过能够透过红外辐射的红外光学系统,把视场内景物的红外辐射聚焦到红外探测器上,再由红外探测器将强弱不等的辐射信号转换成相应的电信号,然后经过放大和视频处理,形成可供人眼观察的视频图像(图 2-25)。

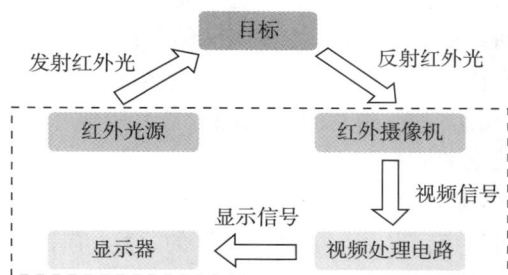

图 2-25　红外夜视技术原理

该种传感器是自动驾驶汽车车载视觉传感器的一个独特分支,图像处理算法在处理远红外夜视图像过程中依然能够发挥作用。因此,红外夜视传感器能够像可见光摄像头一样,获取周围环境中的目标大小和距离等信息,在光照不足条件下对基于可见光的视觉传感器的应用是一种有效的补充。安装这种夜视系统后,驾驶员可以像白天一样透过灯光显示系统看到道路的行驶条件。当两车相遇时,可大大减少对驾驶员的视力刺激,也可以提高驾驶员在雾中辨别的能力(图 2-26)。

图 2-26　红外夜视传感器在自动驾驶汽车上的应用

当前,通用、宝马、奥迪、奔驰和大众汽车等的驾驶员预警系统,其红外夜视传感器均得到了一定程度的应用。同时,还提供了一个软件开发工具包,用来构建和训练神经网络在防撞系统中的应用。

另外,驾驶室内置红外相机可以全天候捕获驾驶员面部信息,借助视觉算法可以实时检测驾驶员的驾驶状态(包括疲劳、疾病、醉驾等多种状态),提高驾车安全(图 2-27)。

图 2 - 27　驾驶员驾驶状态检测

2.5　车载超声波传感器

2.5.1　概述

声音以波的形式传播称为声波,其中频率大于 20kHz 的声波称为超声波,频率小于 20kHz 的声波称为次声波,频率为 20～20kHz 的声波就是人能够听见的声波。

超声波传感器通过发射超声波(频率大于 20kHz,主要的工作频段在 38～42kHz),并从目标物接收反射信号而进行感知。超声波传感器具有方向性好、穿透能力强、价格便宜、不受光线影响等优点;但它对目标物的分辨能力差、探测传输时间和处理数据时间较长,对松软目标物的探测易受影响。

超声波传感器主要用于短距离目标物的探测,其距离不超过 10m,最短的探测距离可以小到 3m,这是其他的车载传感器所没有的。在汽车后面安装多个超声波传感器,可以实现倒车提醒功能,故人们也称它为倒车雷达。如图 2 - 28 所示,若在车身周围安装多达 12 个超声波传感器,通过与车载影像系统的结合,不断探测周围障碍物,则可以实现自动泊车功能。

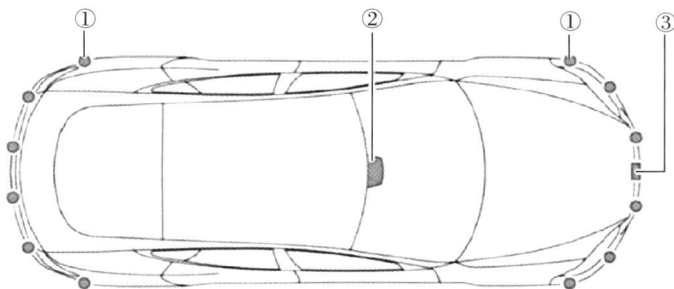

图 2 - 28　12 个超声波传感器在车身上的布置
①超声波传感器;②视觉传感器;③毫米波雷达

2.5.2 超声波传感器的特点

超声波传感器具有如下特点：
(1)探测距离短,有盲区;
(2)对色彩、光照度不敏感;
(3)对光线和电磁场不敏感;
(4)简单、体积小、成本低。

2.5.3 超声波传感器的主要技术参数

超声波传感器的主要技术参数如下:
(1)测量范围:15~500cm;
(2)测量精度:测量值与真实值的偏差;
(3)波束角:能量强度减小一半处的角度;
(4)工作频率:40kHz左右;
(5)抗干扰性能:噪声干扰反射回来的超声波。

2.5.4 超声波传感器的工作原理

超声波传感器外形及测距原理见图2-29。

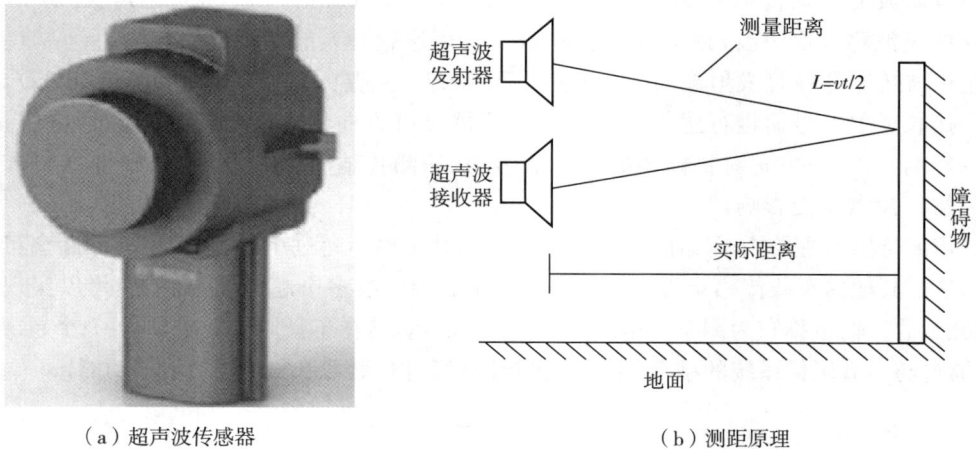

（a）超声波传感器　　　　　　　　　　　　（b）测距原理

图2-29 超声波传感器测距原理

超声波传感器可以用于盲区检测(BSD)和车道变换辅助(LCA)等辅助驾驶中,但是探测范围较小,分辨能力较差,探测时间长。因而,当前汽车上主要采用毫米波雷达或摄像头来实现盲区检测和车道变换辅助功能。

工作原理:目前汽车上较为常用的是压电式超声波传感器,这是一种可逆传感器,能够产生振动频率高于20kHz的机械波。它可以将电能转变成机械振荡而产生超声波,同时它接收到超声波时,也能转变成电能。超声波对液体、固体的穿透本领很大,尤其是在光线不透明的固体中。超声波碰到杂质或分界面会产生显著反射形成反射回波,碰到活动物体能产生多普勒效应。超声波传感器利用声波介质对被检测物体进行非接触式无磨损的检测。超声波传感器对透明或有色物体,金属或非金属物体,固体、液体、粉状物质等均能检测。其检测性能几乎不受任何环境条件的影响,包括烟尘环境和雨天。它的关键部件是塑料或金属外壳内的压电晶片,它和控制器之间有两根线连接,发射的电信号和返回的电信号都通过这两根导线传输给控制器。由于圆形压电晶片的结构特点,其发射出去的超声波具有一定的指向性,波束的截面类似椭圆形,所以探测的范围有一定限度,水平面的探测角度为120°,垂直面的探测角度为60°左右。

图 2-30 是用于自动泊车系统中的超声波传感器。由于该传感器自身的一些问题,多半是与毫米波雷达或摄像头组合来实现自动泊车的功能。

图 2-30　自动泊车系统

2.5.5　多传感器融合泊车检测系统

该系统主要由超声波传感器、摄像头、电控单元(ECU)和液晶显示屏等组成。超声波传感器一般安装了 4 个,布置在汽车尾部。摄像头一般安装在较高位置,可根据实际情况调校角度,以使探测到的视觉信息在合适的范围内,并减少侧面可能产生的盲点。

应用在实际汽车上时,当将音频线和视频线连接到车载显示屏时,其影像数据就会被显示;随着超声波传感器的移动,其显示屏上的距离数据也会不断变化,且用声音来提醒。

超声波传感器检测的距离信息和摄像头的视觉信息相融合,可选择简单有效的模糊推理算法,来识别泊车位。先将技术水平较高的驾驶员在识别不同类型泊车位时的动作,作为经验规则生成模糊规则库。以超声波传感器和视觉传感器为环境感知架构,以模糊推理为信息融合方法,用来识别泊车位。其中,距离传感器提供的距离信息包括汽车横向长度和纵向深度,用于检测泊车位空间大小,纵向深度由超声波传感器探测,横向长度由轮速传感器来探测;视觉传感器主要用于检测侧方位停靠汽车的轮毂,用于辅助判断侧方停靠汽车的姿态。

由图 2-31 可知,在寻找泊车位时,车位感知系统实时融合传感器的特征数据,获取泊车位周围的空间几何参数,并将其导入泊车位空间模型。然后,模糊推理模块以泊车位空间模型提取的车位特征参数为输入,输出车位类型辨识结果。最后,泊车路径规划模块根据车位类型进行泊车方案的匹配计算,如匹配成功,则进入自动泊车状态;如匹配不成功,则该车继续寻找泊车位。

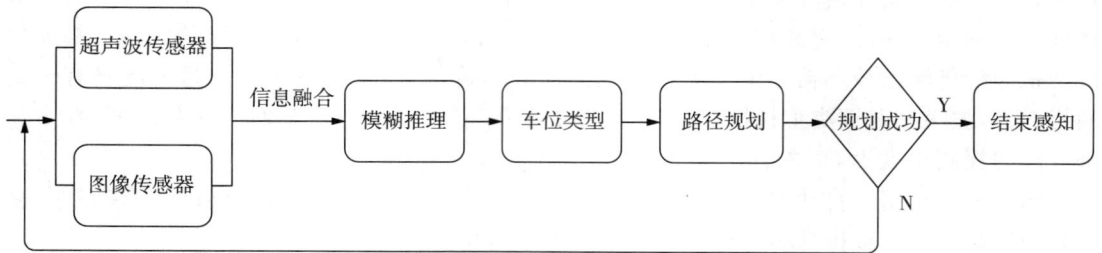

图 2-31　基于模糊推理的多传感器融合的泊车位检测

2.6　定位与导航系统的主要传感器

在任何驾驶条件下,自动驾驶汽车均需要依赖于两种信息:汽车位置和车速,收集这些信息需要融合多种复杂技术,其中全球导航卫星系统(Global Navigation Satellite System, GNSS)起着主要作用。GNSS作为传感器的一个分类,是定位与导航系统的核心部分。当自动驾驶汽车拥有高精度的位置信息之后,就可以与高精度地图进行匹配,从而具备了良好的定位与导航功能。同时,GNSS也能为车载传感器的时间同步或者安全行驶提供必要的时空信息。

汽车的定位与导航系统传感器主要有:全球卫星定位模块传感器、车速传感器、转向盘转角传感器、惯性传感器等。这些传感器可有助于汽车行驶过程中随时随地知晓自己的确切位置。汽车的卫星导航系统由两部分组成:一部分由安装在汽车里的接收装置和显示设备组成;另一部分由计算机控制中心组成,两部分通过定位卫星进行联系。计算机控制中心是由机动车管理部门授权和组建的,它负责随时观察辖区内指定监控的汽车的动态和交通情况,因此整个汽车导航系统具有两大功能:一个是汽车踪迹监控功能,只要将已编码的接收装置安装在汽车上,该汽车无论行驶到任何地方都可以通过计算机控制中心的电子地图上指示出它的所在方位;另一个是驾驶指南功能,车主可以将各个地区的交通线路电子图存储起来,使用时就会在显示屏上清晰显示出该车所在地区的位置及目前的交通状态。当输入要去的目的地,就可预先编制出最佳行驶路线,并接受计算机控制中心的指令,选择出汽车行驶的路线和方向。

目前世界上著名的卫星定位与导航系统有:美国的全球卫星定位系统(Global Positioning System,GPS),中国的北斗卫星导航系统(Beidou Navigation Satellite System, BDS),俄罗斯的卫星导航系统(Global Navigation Satellite System,GLONASS)和欧盟的伽利略卫星导航系统(Galileo satellite navigation system,GALILEO)。

1. GPS

GPS是为了满足军事部门对高精度导航和定位的要求而由美国国防部建立的,可提供具有全球覆盖、全天候、实时、连续性等特点的三维导航和定位服务,并可满足情报收集、监测和应急通信等军事要求。GPS 具有先进的测量、定位、导航和授时功能,除了应用在军事上以外,在国家安全、经济建设和民生发展的各个方面都起着举足轻重的作用。

GPS 由 3 部分组成,即空间卫星部分、地面监控部分和用户接收部分。空间卫星部分(空间段)是由 21 颗 GPS 工作卫星和 3 颗在轨备用卫星组成完整的"21＋3"形式的 GPS 卫星工作星座。这种星座构型能满足在地球上任何地点和时间均能观测到至少 4 颗几何关系较好的卫星来用于定位。地面监控部分(地面段)是由分布在全球的一个主控站、3 个注入站和若干个监测站组成。用户接收部分主要接收来自作为基础设施的空间段和地面段所提供的导航、定位和授时服务,现已广泛应用于各个领域。

2. BDS

BDS 是中国着眼于国家安全和经济社会发展需要,自主建设、独立运行的卫星导航系统,是为全球用户提供全天候、全天时、高精度的定位、导航和授时服务的国家重要空间基础设施。中国自 20 世纪 80 年代开始探索适合国情的卫星导航系统发展道路,形成了"三步走"发展战略。第一步,建设北斗一号系统。1994 年,启动北斗一号系统工程建设;2000 年,发射 2 颗地球静止轨道卫星,建成系统并投入使用,采用有源定位体制,为中国用户提供定位、授时、广域差分和短报文通信服务;2003 年发射第 3 颗地球静止轨道卫星,进一步增强系统性能。第二步,建设北斗二号系统。2004 年,启动北斗二号系统工程建设;2012 年年底,完成 14 颗卫星(5 颗地球静止轨道卫星、5 颗倾斜地球同步轨道卫星和 4 颗中圆地球轨道卫星)发射组网。北斗二号系统在兼容北斗一号系统技术体制基础上,增加无源定位体制,为亚太地区用户提供定位、测速、授时和短报文通信服务。第三步,建设北斗三号系统。2009 年,启动北斗三号系统建设;2018 年年底,完成 19 颗卫星发射组网,完成基本系统建设,向全球提供服务;2020 年年底前,完成 30 颗卫星发射组网,全面建成北斗三号系统。北斗三号系统继承北斗有源服务和无源服务两种技术体制,能够为全球用户提供基本导航(定位、测速、授时)、全球短报文通信、国际搜救服务,中国及周边地区用户还可享有区域短报文通信、星基增强、精密单点定位等服务。截至 2019 年 9 月,北斗卫星导航系统在轨卫星已达 39 颗。从 2017 年底开始,北斗三号系统建设进入了超高密度发射。2020 年 6 月 23 日,北斗三号最后一颗(第 55 颗)全球组网卫星在西昌卫星发射中心点火升空。2020 年 7 月 31 日上午 10时 30 分,北斗三号全球卫星导航系统建成暨开通仪式在人民大会堂举行,习近平总书记宣布北斗三号全球卫星导航系统正式开通。图 2 - 32 为北斗卫星导航系统示意图。

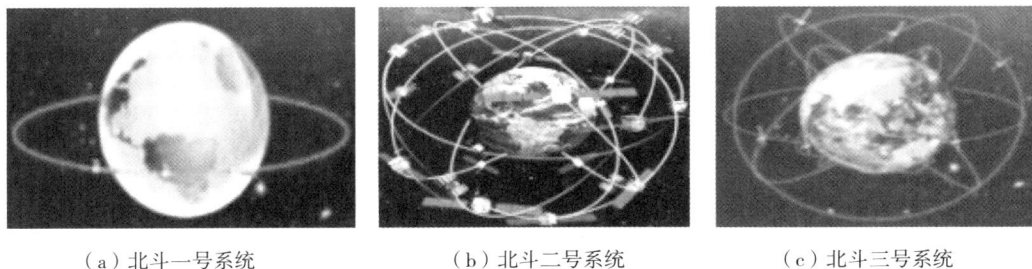

(a)北斗一号系统　　　　　　(b)北斗二号系统　　　　　　(c)北斗三号系统

图 2 - 32　北斗卫星导航系统示意图

3. GLONASS

GLONASS 是苏联建设的导航系统,同样能够为陆海空的民用和军用提供全球范围内实时、全天候的三维连续导航、定位和授时服务。GLONASS 也是由空间段、地面段、用户段三部分组成。其中,空间段由 24 颗卫星组成,有 21 颗正常工作卫星,3 颗备份卫星。如果 GLONASS 星座完整,则可以满足在地球上的任何地方和时候都能收到来自至少 4 颗卫星的信号,从而获取可靠的导航定位信息。地面段包含系统控制中心和跟踪控制站网,这些跟踪控制站网分散在俄罗斯所有领土上。用户段接收卫星发射的导航信号,从而获取需要的位置、速度和时间信息。

4. GALILEO

GALILEO 卫星系统是一个还在建设中的全球卫星导航系统,其目的是摆脱欧洲对美国全球定位系统的依赖。GALILEO 同样分为空间段、地面段、用户段三部分。空间段是由分布在 3 个轨道上的 30 颗 MEO 卫星组成,其中包括 27 颗工作星和 3 颗备用星。卫星高度为 24126 公里,位于 3 个倾角为 56 度的轨道平面内。地面段由两个地面操控站、29 个传感器达到站、5 个 S 波段上行站和 10 个 C 波段上行站组成,传感器达到站及上行站均分布于全球。用户段可提供独立于其他卫星导航系统的多种基本服务。它是专门为民用目的设计的全球性导航定位系统。

除了这 4 个全球卫星导航系统外,还有一些别的已完成或正在建设中的区域性卫星导航系统,如日本的 QZSS、印度的 IRNSS 等。

5. 惯性传感器

全球导航卫星系统能提供全球性、全天候的定位、授时信息,具有长期精度高、误差不随时间累计的优点;但在复杂的动态环境中,尤其在大城市中,卫星信号容易受到高楼、高架桥、隧道等建筑物的遮挡和严重的多路径效应干扰,而且汽车的行驶速度较快,常使卫星定位导航信息出现较大误差,单纯依赖卫星导航定位信息容易产生交通事故。

目前,自动驾驶领域的定位导航主流方案是将卫星导航信息与惯性传感器信息结合起来使用。理论上是先用卫星信号对汽车进行大致定位,再由惯性传感器组成的不受外界干扰的自主导航系统对汽车进行精确校正,以提高系统精度,增强系统抗干扰能力,扩充导航信息。作为自动驾驶的最后一道定位门槛,也是最重要的门槛,惯性传感器的安全性和稳定性的重要程度不言而喻。惯性传感器的优点是不依赖外界信息、抗干扰能力强、数据更新频率高、短期精度高、能输出运动姿态信息等,但其误差会随着导航时间延长而迅速积累;卫星系统具有定位精度高、误差无积累等特点,故结合惯性传感器的自主性和实时性的优点,可实现这两种导航设备的优势互补。

惯性传感器通常包括加速度传感器、角速度传感器(陀螺仪)和磁力计,以及它们的单、双、三轴组合的惯性测量单元(IMU)。加速度传感器可以判断物体的运动距离,陀螺仪计算物体转动多少角度,磁力计分辨物体的方位。在实际应用中,加速度传感器、陀螺仪及磁力计是组合起来使用的,最常用的 6 轴传感器是 3 轴加速度传感器和 3 轴陀螺仪,这些统称为惯性测量单元(IMU)(图 2-33)。9 轴传感器通常是指 3 轴加速度传感器、3 轴陀螺仪和 3 轴磁力计,也有 6 轴加速度传感器和 3 轴陀螺仪,或者是 3 轴加速度传感器和 6 轴陀螺仪。

图 2-33　惯性传感器

2.7　自动驾驶汽车的典型代表

本章最后,介绍 2017 年在西班牙巴塞罗那举行的奥迪全球品牌峰会上,正式发布的全球首款搭载 L3 级别自动驾驶技术的量产车——奥迪 A8。该车型有 3 项技术首次亮相:①奥迪人工智能交通拥堵导航系统(traffic jam pilot);②奥迪人工智能远程停车导航系统(Audi AI remote parking pilot);③奥迪人工智能远程车库导航系统(Audi AI remote garage pilot)。

图 2-34 为奥迪 A8 配备了较多的环境感知传感器。汽车前部、车侧和后部配置了 12

图 2-34　奥迪 A8 配备的自动驾驶系统环境感知传感器

个超声波传感器;汽车前部、后部及外部后视镜配备了 4 个 360°全景摄像头;在风挡的上边缘配置了 1 款前置摄像头;汽车的各角配置了 4 个中程雷达;汽车前部配置了 1 个远程雷达、1 个红外摄像头和 1 个激光雷达;在驾驶员座椅底部配备了中央驾驶辅助系统控制单元。

从感知层面来说,使用常用的摄像头+雷达的感测设备,直接用于探测外界环境的就有 22 个传感器,正是依赖大量多余信息行驶的,借助于多传感器的数据融合和冗余设计,即使多个信息源的数据缺失或者无效,汽车可以照常自动行驶。如雨雾天下摄像头不清晰,部分雷达出现故障等情况下,汽车仍然可以行驶。决策层面是由中央驾驶辅助系统控制单元控制。拥有足够多的传感器硬件仅仅是第一步,核心技术还是控制算法,借助于各种控制算法来实现智能驾驶。

表 2-8 给出了自动驾驶汽车所用的环境感知传感器的特征及应用情况。

表 2-8 环境感知传感器的特征

传感器类型	超声波传感器	毫米波雷达	激光雷达	视觉传感器
远距离探测	弱	强	强	较强
探测角度	120°	10°～70°	15°～360°	30°
夜间环境	强	强	强	弱
全天候	弱	强	强	弱
不良天气环境	一般	强	弱	弱
温度稳定性	弱	强	强	强
车速测量能力	一般	弱	强	弱
路标识别	×	×	×	√
主要应用	泊车辅助	自适应巡航控制系统、主动制动辅助系统	实时建立汽车周边环境的三维模型	车道偏离预警、车道保持、盲区监测、前车防撞预警、交通标志及信号灯识别、全景泊车
成本	低	适中	高	适中

参考文献

[1] 陈慧岩,熊光明,龚建伟,等. 无人驾驶汽车概论[M]. 北京:北京理工大学出版社,2014.

[2] 杨世春. 自动驾驶汽车决策与控制[M]. 北京:清华大学出版社,2019.

[3] 毕欣. 自主无人系统的智能环境感知技术[M]. 武汉:华中科技大学出版社,2019.

[4] 甄先通. 自动驾驶汽车环境感知[M]. 北京:清华大学出版社,2020.

[5] 向敬成,张明友. 毫米波雷达及其应用[M]. 北京:国防工业出版社,2005.

[6] 黎滨洪,周希朗. 毫米波技术及其应用[M]. 上海:上海交通大学出版社,1990.

[7] 谢宏全,李明巨,吕志慧,等. 车载激光雷达技术与工程应用实践[M]. 武汉:武汉

大学出版社,2016.

　　[8] 王晏民,黄明,王国利. 地面激光雷达与摄影测量三维重建[M]. 北京:科学出版社,2018.

　　[9] 孙志国. 无人驾驶汽车环境感知技术综述[J]. 南方农机,2019,50(3):23.

　　[10] 丁鹭飞,耿富禄,陈建春. 雷达原理[M]. 北京:电子工业出版社,2020.

　　[11] 崔胜民,卞合善. 智能网联汽车环境感知技术[M]. 北京:人民邮电出版社,2020.

　　[12] 刘煜,张政,赖世明,等. 阵列相机成像技术与应用[M]. 北京:国防科技大学出版社,2018.

　　[13] 邵欣,马晓明,徐红英. 机器视觉与传感器技术[M]. 北京:北京航空航天大学出版社 2017.

　　[14] 孙玉娟,基于光学图像的三维重建理论与技术[M]. 北京:清华大学出版社,2017.

　　[15] 顾里,张鹏,殷坚,等. 基于 CCD 摄像机光学成像原理的车辆速度测算[J]. 中国交通信息化,2017(S1):167-170+173.

　　[16] 宋丽梅,朱新军. 机器视觉与机器学习[M]. 北京:机械工业出版社,2020.

　　[17] 张颖江,潘尧,吴聪. 基于车载系统双目 CCD 相机测距[J]. 信息安全与技术,2016,7(1):57-62.

　　[18] 陈颖,丁尧,王玲. 基于线性阵列的多目全景成像系统研究[J]. 电工技术,2019(24):153-156+172.

　　[19] 王红培,栾光琦,田超等. 天气条件对车载红外辅助驾驶性能的影响[J]. 红外与激光工程,2020,49(7):84-90.

　　[20] 黄胜,许超然. 基于红外图像的夜间驾驶员疲劳检测系统设计[J]. 汽车实用技术,2018(14):145-146.

　　[21] 徐春广,李卫彬. 超声波检测基础[M]. 北京:北京理工大学出版社,2020.

　　[22] 江浩斌,叶浩,马世典,等. 基于多传感器数据融合的自动泊车系统高精度辨识车位的方法[J]. 重庆理工大学学报(自然科学),2019,33(4):1-10.

　　[23] 徐绍铨. GPS 测量原理及应用[M]. 武汉:武汉大学出版社,2017.

　　[24] (中国)中国卫星导航定位协会. 2019 卫星导航定位与北斗系统应用北斗服务全球融合创新应用[M]. 北京:测绘出版社,2019.

第3章 环境感知与检测技术

3.1 道路检测

真实的道路可通过激光雷达转换成汽车认识的道路,供自动驾驶汽车行驶;或者通过视觉传感器识别出车道线,提供汽车在当前车道中的位置,帮助自动驾驶汽车提高行驶的安全性。

3.1.1 道路检测的定义和分类

1. 定义

道路检测的主要任务是提取车道的几何结构,如车道宽度、车道线的曲率等;确定汽车在车道中的位置、方向;提取出汽车可行驶的区域。

2. 分类

依据道路类型的不同,道路可分为结构化和非结构化道路,见表 3-1。结构化道路的形状多由圆弧、直线、曲线等构成。为防止曲线突变,一般由不同曲率(如螺旋曲线)的圆弧连接过渡段,而车道与道路汽车的几何模型元素包括车道曲率、弧长、偏航角等。

表 3-1 道路类型

道路类型	结构化道路	非结构化道路
典型道路	高速公路	乡村道路、越野道路
主要特点	结构明确,形状相对规整,有明显的标志线或边界,环境相对稳定	道路形状不规整,没有明确的边缘,光照、景物、天气多变

3.1.2 道路图像的特点

道路环境十分复杂,采集的道路图像中常包括树木、汽车、建筑物、天气、光照等干扰信息,如图 3-1 所示。

目前常见的道路检测方案是基于摄像头及机器视觉的检测,主要有基于道路特征、基于道路模型、基于区域分割、基于道路特征与道路模型相结合的检测方法等。基于道路特征的检测方法主要是利用车道线与道路之间的物理结构差异对图像进行后续的分割和处理,突出道路特征,实现车道线识别;基于道路模型的检测方法主要利用不同的道路图像模型(直线、抛物线、复合型曲线等),对模型中的参数进行估计与确定,最终与车道线进行拟合。

基于道路特征的检测方法根据提取特征的不同,可分为基于颜色特征、纹理特征和多特

（a）阴影

（b）弱光照射

（c）车道线模糊

（d）雨天条件

（e）大雾天气

（f）大曲率道路

（g）复杂弯曲道路

图 3-1　道路图像的特点

征融合的检测方法,而基于颜色特征的检测方法是一种常用而简单有效的方法。

　　颜色特征提取又分为基于灰度和基于色彩特征的提取方法。基于灰度特征的检测方法主要通过提取图像的灰度特征来检测道路边界和道路标志,既可以通过直接采集灰度图进行处理,也可以通过图像转换将原始图像转为灰度图。在车道图像中,路面与车道线交汇处的灰度值变化较为剧烈,可以利用边缘增强算子突出图像中目标的局部边缘的像素强度,并通过设置阈值的方法来提取边缘点。

　　这种基于特征提取进行车道线检测的方法结构简单,应用广泛。不足之处是当光照强烈或过弱、道路结构复杂、车道线不清晰时,检测效果会受到较大影响。该法的基本流程如下:①采集原始图像;②图像灰度化;③图像滤波;④图像二值化;⑤车道线提取(图3-2)。

（a）原始图像采集　　　　　　　　　　（b）图像灰度化

（c）图像滤波　　　　　　　　　　（d）图像二值化

（e）车道线提取

图3-2　道路检测流程

3.2　结构化道路的车道线检测

3.2.1　直道检测

结构化道路是指具有清晰车道标志线和道路边界等的标准化道路,其道路检测即是通过结构化道路的相关信息来准确获得本车相对于车道的位置和方向。

（1）假设道路形状为回旋曲线、抛物线、直线或其他特殊形状等，可采用简化的道路模型。

（2）假设道路宽度固定或变化较为缓慢，可认为道路检测中道路的两个边缘是平行的。

（3）假设汽车前方的道路是平坦的，就可利用已知的摄像机标定信息进行逆透视变换。这样，在视觉检测系统获得图像的特征（道路边缘线、障碍物）后，可将坐标从图像平面坐标系转换到汽车行驶的世界坐标系，以便精确地控制汽车。

（4）假设图像中的路面区域具有一致性的特征，如灰度特征、颜色特征、纹理特征等，而非道路区域则没有这样的特征。这样，就可采用聚类的方法检测道路区域。

（5）假设感兴趣区域，即考虑到道路跟踪的实时处理运算量非常大，需加以简化，可在感兴趣区域进行分析并寻找期望特征，而不需要对整幅图像进行分析，其前提是已在前一帧图像中将道路区域检测出来。

结构化道路的轮廓较为规范，道路区域和非道路区域有明显的车道线的边缘，而且规定车速为 120km/h 时的极限转弯半径为 650m，一般的最小转弯半径为 1000m，近视野内车道线完全可以近似为直线。

视觉系统一般采用车道线信息进行道路区域与非道路区域的划分，从而完成道路检测。道路边缘检测主要包括图像预处理、边缘提取和二值化。预处理一般先选定图像的感兴趣区域，然后用中值滤波、均值滤波、高斯滤波等消除噪声，再进行边缘增强。在边缘提取的过程中，常用的边缘检测包括 Sobel、Prewitt、Canny、Gauss、Laplacian 等算子。边缘算子的选取主要根据算法执行时间和边缘检测结果来综合考虑。下面为具体的直线道检测识别算法流程。

3.2.2　车道线检测算法流程

车道线检测技术作为自动驾驶系统中的关键技术之一，能有效减少因汽车偏离车道而发生的横向碰撞事故。实时性和复杂情况下（如阴影干扰、标志线模糊等）的可靠性是车道识别技术的难点和关键，近年来涌现出多种先进有效的算法。如基于车道线宽度和边缘点数量统计的边缘检测算法和基于车道模型的消失点投票定位检测方法，就是可实现车道线的快速检测的有效常用方法。这里介绍一种简单有效的车道线检测算法。

车道线检测算法的基本流程如图 3-3 所示。整个车道线检测算法分为车道线图像预提取和车道线跟踪两部分。在车道线预提取阶段，初步获得可能存在车道线的区域，处理分为高斯平滑滤波、边缘检测、消失点检测、直线检测和模型匹配等多个过程，为车道线识别界定感兴趣区域（ROI），提高算法实时性。

若车道线预提取成功，表明道路可能存在车道线，进入车道线跟踪阶段，否则重新对下一帧图片进行车道线预提取。车道线跟踪阶段，在 ROI 内进行滤波、分方向边缘检测、局部消失点重定位、直线提取、标志线特征确认、模型匹配和参数寻优等处理过程。若标志线确认成功，则进行车道模型匹配，否则转入第一阶段对下一帧进行车道线预提取；若标志线被确认，同时车道模型匹配成功，则对车道线参数进行寻优，否则转入第一阶段对下一帧图像进行车道线预提取。如此反复循环，完成车道线识别。

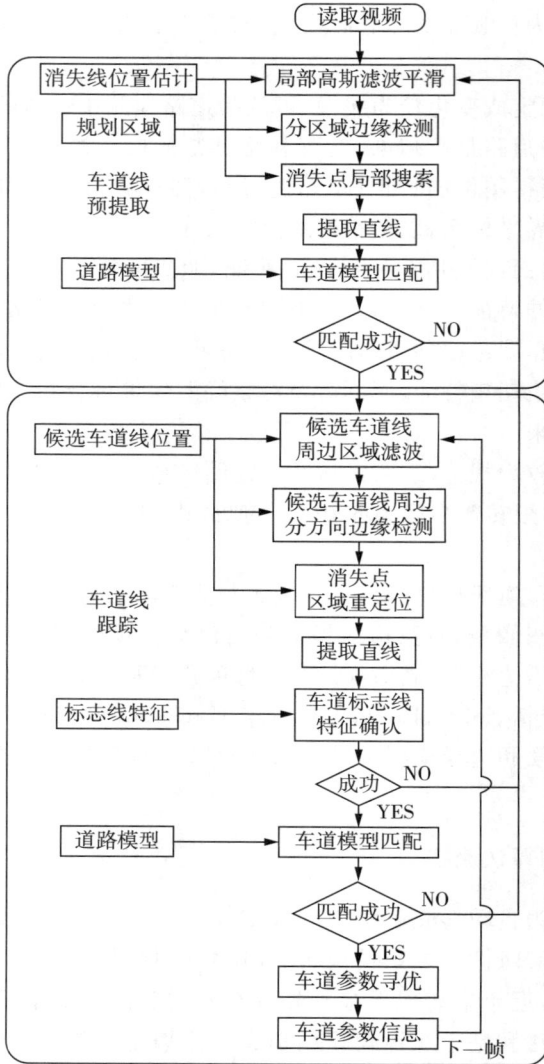

图 3-3 车道线检测算法基本流程框图

3.2.3 车道线图像预处理

由相机采集的道路图像会受到环境因素（如光照变化）、传输设备等的影响，往往伴随着噪声的干扰，这些噪声在显示器上常以单独的像素点或像素块呈现出来，影响成像质量。为减少无关信息的干扰，同时为后续算法提取目标特征提供保障，需要进行图像预处理。图像预处理算法旨在提高算法的鲁棒性、实时性和准确性，主要包括：感兴趣区域（ROI）划分、图像灰度化、滤波处理以及边缘检测等。

1. 感兴趣区域选取

由于车道线等地面信息都位于消失线以下，因此，将消失线以下设为感兴趣区域，能够减少算法整体运算量,同时也能避免无关信息对算法的干扰,提高算法的有效性(图3-4)。

(a)消失线近似 (b)ROI生成

图 3-4 消失线和 ROI 生成

2. 图像灰度化

一般由视觉相机获取的原始图像大都为彩色图像,直接处理运算量过大而且有很多的计算冗余,因此需要将彩色图像灰度化。RGB(红绿蓝)图像模型为最常见的色彩空间,其图像中每个像素颜色由 R、G、B 各个分量共同决定,且各分量取值范围为 0 到 255(图 3-5),因此单个像素点有 1600 多万种颜色在变化。对这样一幅彩色图来说,其对应的灰度图则是只有 8 位的图像深度(可认为它是 RGB 三个分量相等),这也说明了灰度图的图像处理所需的计算量确实要少。不过需要注意的是,虽然丢失了一些颜色等级,但是从整幅图像的整体和局部的色彩以及亮度等级分布特征来看,灰度图描述与彩色图的描述是一致的。因此将原始色彩图像转化成灰度图像,可减少车道线识别算法的计算量,提高运算速度。

对于 RGB 图像进行灰度化,通俗点说就是对图像的 RGB 三个分量进行加权平均得到最终的灰度值。最常见的加权方法如下:

(1)$Gray=B$;$Gray=G$;$Gray=R$

(2)$Gray=\max(B+G+R)$

(3)$Gray=(B+G+R)/3$

(4)$Gray=0.072169B+0.715160G+0.212671R$

(5)$Gray=0.11B+0.59G+0.3R$

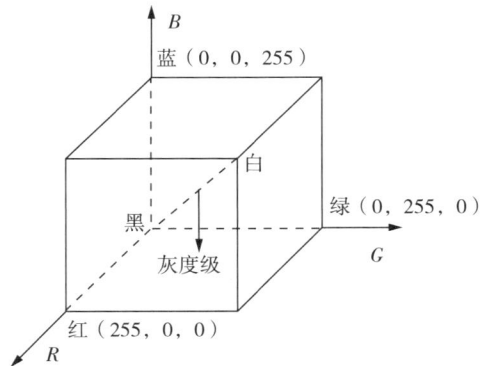

图 3-5 色彩空间模型

这几种方法中,第 1 种为分量法,即用 RGB 三个分量的某一个分量作为该点的灰度值;第 2 种方法为最大值法,将彩色图像中的三分量亮度的最大值作为灰度图的灰度值。第 3 种方法将彩色图像中的三分量亮度求平均得到一个灰度图;后两种都是属于加权平均法,其中第 4 种是 OpenCV 开放库所采用的灰度权值,第 5 种为从人体生理学角度所提出的一种权值(人眼对绿色的敏感度最高,对蓝色的敏感度最低)。其中采用分量亮度求平均的方法,来进行图像灰度化处理是常用的方法。

3. 图像二值化

在 RGB 模型中,如果 $R=G=B$ 时,则彩色表示一种灰度颜色,其中 $R=G=B$ 的值叫灰度值,因此,灰度图像每个像素只需一个字节存放灰度值(又称强度值、亮度值),灰度范围为 $0\sim255$。一般常用的是用加权平均法来获取每个像素点的灰度值。图像的二值化,就是将图像上像素点的灰度值设置为 0 或 255,也就是将整个图像呈现出明显的只有黑和白的视觉效果。

4. 滤波处理

滤波处理是图像预处理中不可或缺的一步,在尽可能地保留图像边缘等特征的前提下,达到降低噪声干扰的目的。常用的滤波可分为线性滤波和非线性滤波两种,线性滤波包括方框滤波、均值滤波、高斯滤波等;非线性滤波包括中值滤波、双边滤波等。

(1)线性滤波

这几种线性滤波原理:每个像素的输出值是输入像素的加权和,其处理方式都是将图像像素与相应的核进行卷积,核即是权重,其作用是将原图像素按权重进行分配。简单来讲,卷积就是选取原图像与核相同大小的部分,然后与核对应相乘相加,所得的值赋给原图中的锚点。这三种滤波方式的区别在于卷积核的不同。

(2)非线性滤波

① 中值滤波

基本思想:用像素点邻域灰度值的中值来代替该像素点的灰度值。如图 3-6 所示,将中心点周围被称为邻域的像素点(包括自身)进行排序,取排序后 9 个像素值中间值作为当前新的像素值。

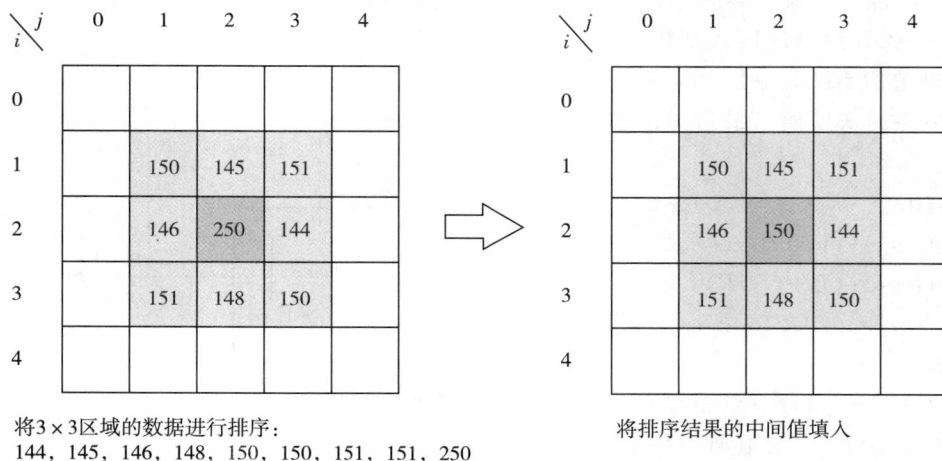

将3×3区域的数据进行排序:
144,145,146,148,150,150,151,151,250

将排序结果的中间值填入

图 3-6 中值滤波

② 双边滤波

基于空间分布的高斯滤波函数,其核为一个与空间距离相关的高斯函数与一个灰度距离相关的高斯函数相乘所得。在高斯滤波中,只有关于空间距离的权重,离中心点越远,权重越小,而双边滤波在此基础上添加了关于灰度距离的权重,邻域中的像素灰度值越接近中心点灰度值,权重越大。

在车道线预提取过程中,先对车道图像进行平滑滤波处理,减少噪声点的影响,并通过边缘检测突出道路边缘,被检测出的直线进行车道模型匹配,搜索出可能存在的车道线,为车道跟踪阶段的车道线感兴趣区域提取参考输入。

这里以高斯滤波为例。将下述二维高斯型函数与原图像 $f(x,y)$ 进行卷积,以得到模糊化的图像 $I(x,y)$,图像的模糊程度由 σ 值决定。

$$G(x,y)=\frac{1}{2\pi\sigma^2}\exp\left(-\frac{x^2+y^2}{2\sigma^2}\right) \qquad (3-1)$$

$G(x,y)$ 的梯度为

$$\nabla G(x,y)=\left[\frac{G(x,y)}{\partial x},\frac{G(x,y)}{\partial y}\right]^{\mathrm{T}} \qquad (3-2)$$

高斯模糊化的图像输出为

$$I(x,y)=\nabla G(x,y)f(x,y) \qquad (3-3)$$

式中,(x,y) 为摄像机的像素坐标。

模糊化的图像部分为车道消失线以下部分,消失线在像素坐标系中的位置从摄像机外部参数标定中估计得到。图 3-7 为模糊化的图像,滤波过程使得在后续边缘检测过程中能大大减少噪声。

图 3-7　模糊化的图像

5. 边缘检测

不同图像灰度不同,边界处一般会有明显的边缘,利用此特征可以分割图像。图像分割中,往往只用到一阶和二阶导数,虽然原理上可以用更高阶的导数,但因为噪声的影响,在纯粹二阶的导数操作中就会出现对噪声的敏感现象,三阶以上的导数信息往往失去了应用价值。二阶导数还可以说明灰度突变的类型。在有些情况下,如灰度变化均匀的图像,只利用一阶导数可能找不到边界,此时二阶导数就能提供很有用的信息。二阶导数对噪声也比较敏感,解决的方法是先对图像进行平滑滤波,消除部分噪声,再进行边缘检测。

各种算子的存在就是对这种导数分割原理进行的实例化计算,是为了在计算过程中直接使用的一种计算单位。下面介绍几种常用的算子。

(1)Sobel 算子。这是典型的基于一阶导数的边缘检测算子,用来运算图像亮度函数的梯度近似值。由于该算子中引入了类似局部平均的运算,因此对噪声具有平滑作用,能很好地消除噪声的影响。Sobel 算子对于像素的位置的影响做了加权,其效果较好。

（2）Laplacian 算子。它是一种各向同性算子,二阶微分算子,在只关心边缘的位置而不考虑其周围的像素灰度差值时比较合适。Laplacian 算子对孤立像素的响应要比对边缘或线的响应要更强烈,因此只适用于无噪声图像。当存在噪声情况下检测边缘之前,需先进行低通滤波。所以,通常的分割算法都是把 Laplacian 算子和平滑算子结合起来生成一个新的模板。

（3）Canny 算子。该算子功能比前面几种都要好,但是它实现起来较为麻烦,Canny 算子是一个具有滤波、增强、检测的多阶段的优化算子。在进行处理前,Canny 算子先利用高斯平滑滤波器来平滑图像以除去噪声,Canny 分割算法采用一阶偏导的有限差分来计算梯度幅值和方向,在处理过程中,Canny 算子还将经过一个非极大值抑制的过程,最后 Canny 算子还采用两个阈值来连接边缘。

此外,Isotropic Sobel 算子、Roberts 算子、Prewitt 算子等也有一定的应用。

车道线具有一定的宽度范围,且宽度大小沿着图像 x 轴正方向逐渐增加,其最大宽度不会超过一个最大值。车道线边缘灰度值分别存在 x 和 y 方向上的灰度跃变性能,因而车道线边缘点与同一行或列上的其他车道线点仍然构成灰度跃变特性,并且这样的点数在 y 方向上一般不少于车道线的宽度,即车道线的像素个数大致相等。根据这一特点,边缘检测时若灰度跃变图像像素个数不符合标志线宽度条件,则将其剔除,以减少非车道线的边缘噪声影响[图 3-8(a)]。

当标志线边缘由于磨损等变得模糊时,车道线边缘形成一个梯度很小的斜坡数字边缘模型[图 3-8(b)]。由于边缘是亮度函数发生急剧变化的位置,边缘检测算子是一组用于在连续函数中定位变化的局部图像与处理方法。常见的几种边缘检测算子由于梯度阈值的限制,使其很难检测出模糊车道线边缘。采用 Laplacian 算子虽然可以准确定位边缘,但对噪声极其敏感,一般不作为原始边缘检测,采用 Canny 算子则耗时较多。仔细分析可以发现,虽然模糊车道线边缘 y 轴上前后像素的对比度小,但是当两像素 y 轴位置较远时二者之间的对比度仍然较大,这是因为即便斜坡梯度小,但二者的 y 轴坐标之差较大从而使得对比度增加。因此,可通过计算 y 轴坐标相邻较远的两像素灰度值之差来计算梯度值,检测出较为模糊的车道线边缘。

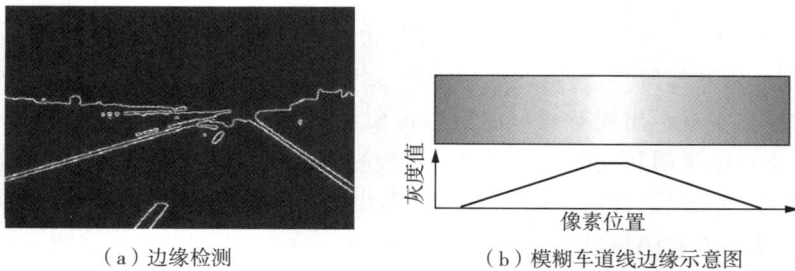

（a）边缘检测　　　　　　　　　　　（b）模糊车道线边缘示意图

图 3-8　图像边缘检测

当汽车在道路上正常行驶时,越靠近汽车纵轴方向,即图像的中心处的车道标志线与 y 轴的夹角则趋近于垂直,而越远离图像中心的车道线与 x 轴的夹角趋近于垂直,因而这里在图像的近景处和远景处分别采用 y 轴方向扫描和 x 轴方向扫描获得边缘点。

6. 消失点检测

由于摄像机具有明显的透视效果,使得图像中的车道线呈现明显的汇聚趋势,两侧的车道线将相交于一点。利用两侧车道线的边缘点数汇集之和总是最大的特性检测消失点,可有效提高算法的准确性与实时性。得到消失点的水平坐标后,只需求出纵坐标即可。

消失点的检测对于整个车道识别过程尤为重要,消失点不仅代表道路的延伸方向还为各车道线提供参数信息。为提高实时性,这里不采用常见的 Hough 变换检测直线后再根据直线检测消失点的方法,而是采用边缘点对未知消失点进行投票选择的方式进行消失点定位。为提高实时性和可靠性,这里将消失点的位置选定在消失线上,而消失线的 x 轴坐标可以根据 CCD 相机安装参数经过坐标变换得到。式(3-4)表示的是边缘点对候选消失点的投票函数。

$$\mathrm{vote}(x_d, y_j) = \begin{cases} 1 & \text{if } |\alpha_D(x, y) - \alpha_A(x_d, y_j)| \leqslant \tau; j \in (0, N) \\ 0 & \text{if } |\alpha_D(x, y) - \alpha_A(x_d, y_j)| > \tau; j \in (0, N) \end{cases} \quad (3-4)$$

式中,x_d 代表消失点的 x 轴坐标,$\alpha_D(x, y)$ 代表边缘点坐标为 (x, y) 处的方向角,$\alpha_A(x_d, y_j)$ 代表坐标为 (x_d, y_j) 的候选消失点与边缘点之间连接线的方向,τ 为方向角度偏差的阈值。经过边缘点对候选消失点投票选择后,消失点的位置坐标 vp 为得票最多的候选消失点坐标,其表达式如式(3-5)所示。

$$vp = \max(\mathrm{vote}(x_d, y_j); j \in (0, N)) \quad (3-5)$$

消失点检测结果如图 3-9 所示。可以看出,不同工况下的消失点定位准确性高。

（a）车道线模糊

（b）汽车遮挡

（c）阴影干扰

（d）夜晚

（e）雨天

（f）大雾

（g）道路有标识符

（h）大曲率道路

图 3-9 不同环境下的车道消失点定位

7. 直线检测

在检测到消失点后,通过投票,对消失点的边缘点进行分类和统计,减小车道识别算法执行时间。当边缘点对候选消失点投票有效时,候选消失点记录下边缘点的方向角,并对当前方向角进行统计。当遍历完所有边缘点后,所有候选消失点均已记录下不同方向角的边缘点数量,这时若对聚类于消失的不同方向边缘点数量进行统计排序,则可获得聚焦于消失点的不同方向上直线的参数信息。不同环境下聚焦于消失点的直线检测如图 3-10 所示,车道线提取效果见图 3-11。可以看出检测的直线准确性高,漏检的直线较少,有效减少了不聚焦于消失点的非车道线带来的干扰。

（a）车道线模糊

（b）汽车遮挡

（c）阴影干扰　　　　　　　　　　　　　（d）夜晚

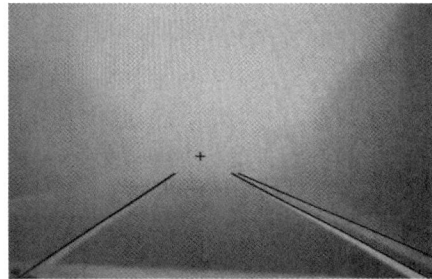

（e）雨天　　　　　　　　　　　　　　（f）大雾

（g）道路有标识符　　　　　　　　　　（h）大曲率道路

图 3-10　不同环境下的直线检测

（a）消失点提取　　　　　　　　　　　（b）车道线提取

图 3-11　车道线提取效果

3.2.4　车道线跟踪

若车道线预选取成功,则在下一帧图片处理时以第一帧图片中车道线的位置为跟踪模型的参考输入,对下一帧车道图片上的车道线位置进行预测,在车道线预测的基础上建立感兴趣区域,并针对感兴趣区域进行预处理及车道线检测等,以提高车道识别的鲁棒性和实时性。

1. 卡尔曼滤波跟踪预测

卡尔曼滤波(Kalman Filter,KF)可利用目标的动态信息,设法去掉噪声的影响并得到一个关于目标位置较好的估计。这个估计可以是对当前目标位置的估计(滤波),也可以是对于将来位置的估计(预测),也可以是对过去位置的估计(插值或平滑)。一般来说,根据观测数据对随机量进行定量推断就是估计问题,特别是对动态行为的状态估计,它能实现实时运行状态的估计和预测功能。卡尔曼滤波本质是实现预测校正估计的一种方法,它在最小均方差(Minimum Mean Square Error,MMSE)上是最优的。卡尔曼滤波仅需根据上一时刻状态估计值和当前测量值对当前时刻的值进行估计,递推的计算方法使其计算速度快且适合现代计算机的处理要求。

在得到消失点位置和车道线斜率的卡尔曼滤波最优估计参数后,可根据需求参数建立局部的感兴趣区域以对车道消失点及车道边缘点进行检测,提高车道识别的实时性和可靠性。

2. 预处理

车道线跟踪阶段的预处理包含局部区域平滑滤波、基于车道线方向的边缘检测两部分。平滑滤波的局部区域如图 3-12 中箭头指向的内部区域所示。显然滤波的区域较小,而对应的边缘检测区域也相应缩小。

边缘检测的方向如图 3-12 所示。在当前车道左右两侧的直线周围采用 y 轴双方向扫描方式检测车道线边缘点,在左车道左侧和右车道右侧分别进行 x 轴的正方向扫描,这是因为当前车道两侧车道线与 y 轴趋近于垂直而左车道的左侧车道线与右车道的右侧车道线与 x 轴趋近于垂直。相应的平滑滤波算法和边缘检测算法在车道线预提取阶段相同。图 3-12 为跟踪阶段的边缘检测结果,可以看出,跟踪阶段的边缘检测能检测到当前车道两侧车道线的双边缘,避免了其他非车道边缘检测带来的噪声干扰。

图 3-12　车道跟踪阶段的感兴趣区域及边缘检测方向

3. 消失点重定位与直线检测

消失点的重定位方法和直线预提取相同,只是投票的候选点区域发生了变化。预提取直线候选点的区域为消失线,考虑到汽车在行驶过程中会发生上下颠簸或者道路上下坡等情况,道路消失点在图像坐标系中会发生微小变化,因此这里将消失点的候选点区域设定为

预测消失点周围的矩形框内,如图 3 - 13
所示。同理,在消失点检测的基础上对汇
聚于消失点的边缘点进行分类统计,即可
检测出不同方向的直线,如图 3 - 13 所
示。由图可以看出,当前车道的左右侧边
缘均被检测为直线。

4．车道标志线确认及模型匹配

根据投影可知,两条平行的车道线边
缘到像素坐标系中会相交,车道左侧边缘
直线的方向角要比右侧的小,且二者的差
值范围可根据车道标志线的宽度及相机

图 3 - 13　车道跟踪阶段的直线检测结果

标定后估计得到。根据这一特征,可排除阴影边缘直线对车道检测的影响,提高车道标志线
检测的准确性。若车道标志线确认成功,则对检测直线进行车道模型的匹配,匹配的算法和
前面类似。车道跟踪阶段的车道线检测结果如图 3 - 14 所示。

图 3 - 14　车道跟踪阶段的车道线检测结果

5．车道参数寻优

若车道线匹配成功,则对车道线进行参数寻优。当车道为曲线型车道时,需在直线型车
道的基础上对车道的曲率等参数进行寻优,以使得车道线上分布的边缘点在满足方向角度
条件下最多,并保证非边缘点被剔除。车道线分布如图 3 - 15 所示。

图 3 - 15　车道参数寻优过程

3.3 基于激光雷达的车道线检测

由于传统视觉的方法存在诸多缺点,首先视觉系统对背景光线很敏感,诸如阳光强烈的林荫道,车道线被光线分割成碎片,致使无法提取出车道线。其次,视觉系统需要车道线的标识完整,有些年久失修的道路,车道线标记不明显、不完整,有些刚开通几年的道路也是如此。再次,视觉系统需要车道线的格式统一,这对按照模型库识别车道线的系统尤其重要。有些车道线格式很奇特,比如蓝颜色的车道线,很窄的车道线,模型库必须走遍全国将这些奇特的车道线一一收录,才能保证顺利检测。还有,视觉系统无法对应低照度环境,尤其是没有路灯的黑夜。最后,如果车道线表面被水覆盖,视觉系统会完全无效。激光雷达可以解决上述所有问题,其唯一的缺点就是成本太高,而视觉系统最大的优点就是成本低。

早期激光雷达检测车道线,主要是采用雷达扫描点密度的检测方法。该方法通过获取雷达扫描点的坐标并转换成栅格图,用原始数据映射栅格图,可以是直接坐标栅格图也可以是极坐标栅格图。按照后期处理的需要来进行选择,极坐标栅格图被直接用于车道线识别,即有多个点映射的栅格就被认为是车道线点。该识别方法对特征提取的要求很高,且受距离影响严重,因为极坐标栅格距离越近栅格精度越高,车道线识别的精度越高,距离越远,栅格精度越低,导致识别车道线的精度就越低。然后,利用栅格图中点的密度来提取车道线。

该方法只获取了扫描点的位置信息,对于激光雷达反馈的其他信息都没有进一步分析,容易把一些与车道线扫描点密度类似的道路信息混进车道线检测结果中;或者在车道线与其他障碍物靠近或重合时,无法区分出障碍物和车道线,它们只能被当作一个整体保留或剔除。此外,该方法的抗干扰能力差,容易出现误检。

目前激光雷达检测车道主要有如下 4 种方法:

(1)基于激光雷达回波宽度。

(2)基于激光雷达反射强度信息形成的灰度图,或者根据强度信息与高程信息配合,过滤出无效信息。

(3)激光雷达 SLAM(同时定位与地图构建)与高精度地图配合,不仅检测车道线还进行自车定位。

(4)利用激光雷达能够获取路沿高度信息或物理反射信息不同的特性,先检测出路沿,因为道路宽度是已知,根据距离再推算出车道线位置。对于某些路沿与路面高度相差低于3cm 的道路,这种方法无法使用。

后 3 种方法需要 16 线以上的多线激光雷达,最少也是 16 线激光雷达,而前者可以使用4 线或单线激光雷达。当然,这 4 种方法也可以混合使用。

车道线检测基本分两部分进行:提取几何或物理特征,利用离散数据拟合成车道线。无论是视觉还是激光雷达,通常都是用最小二乘法来拟合车道线。

德国 Ibeo 公司的激光雷达是适合第 1 种方法的激光雷达。该激光雷达具有三次回波技术。每点激光返回三个回波,返回信息能够更加可靠地还原被测物体,同时也能够精确分析相关物体数据,并能识别雨、雾、雪等不相关物体的数据。

不同颜色、密度的物体的反射率都有一定的差异,物体反射率决定 Ibeo 回波脉冲宽度特性,路面和车道线有着明显的差异,所以可以利用回波脉冲宽度的差异对目标进行区分。由图 3-16 可以明显看出,路面的回波宽度在 2m 左右,车道线的回波宽度在 4m 左右。

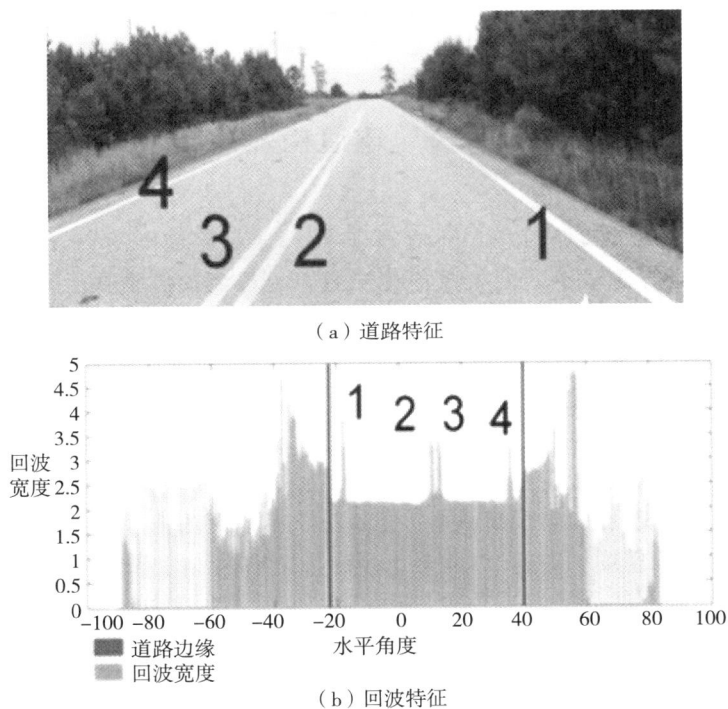

(a)道路特征

(b)回波特征

图 3-16　激光雷达检测车道线

Ibeo 雷达在垂直方向的扫描角度为 3.2°,分 4 层扫描,每层 0.8°。在 Ibeo 雷达水平安装的情况下,下面两层(1、2 层)主要返回道路表面的信息(路面、车道线、少量障碍物和边界数据),而上面两层(3、4 层)主要返回有一定高度的道路信息(道路边界、障碍物和少量路表信息)。在特征点提取阶段需要重点分析 1、2 层的雷达数据,这部分数据中对于车道线检测最大的干扰在于路面,提取车道线特征点的重点其实就是分离车道线特征与路面特征。

通过回波脉冲宽度,利用最小类内方差算法建模来分割车道线特征与路面特征,剔除车道线特征提取的最大干扰。对回波脉冲宽度进行统计分析,并划分脉冲宽度级别,因为直接使用脉冲宽度值,其分布不利于统计,采用对脉冲宽度平均区域划分即脉冲宽度级,统计各级内的点数,从而得到回波脉冲宽度分布直方图,再利用诸如模糊聚类分析方法来剔除干扰值。

根据反射强度值进行的车道线检测,在车载激光雷达获取的道路周围环境点云数据中,可以轻松区分出道路与车道线。具体到车载激光雷达获取的道路周围环境三维点云数据中,可以看作一个局部均值变点模型,每一激光层采集的可行驶区域内回波强度值就是一组输出序列,其回波强度值变化的点就是所要求的车道标线点集。现在,只需在每一激光层采集的可行驶区域内的回波强度值输出序列中,检测是否有变化点,若存在则标记并提取这些变点。在车载雷达获取的自动驾驶汽车感兴趣区域内,海量点云数据中的坐标值有一定的高程特点来进行滤波,确定可行驶区域,进而剔除与车道标线回波强度值相近的障碍物。由于车载激光雷达获取的道路周围环境点云数据是分层存储的,不同激光层获取的道路周围环境点云数据的相邻两点间距与到雷达坐标系原点的距离有关。

3.4 弯道检测

弯道图像包含丰富的道路信息和环境信息,解释了道路周围的场景。弯道检测是从道路图像中检测出弯曲车道线的边界。弯道检测与直道检测的区别在于,弯道检测不仅要识别出道路边界线,还需判断出道路弯曲的方向,确定弯道的曲率半径,这就是弯道检测的难点。如何选择一个好的曲线模型来描述弯曲车道线,并由图像数据拟合出可靠的曲线方程参数,是弯道检测的关键技术。

由于车载摄像机安装角度的关系,原始图像中车道线所呈现的轨迹并不是规则的曲线,因而难以建立数学方程,一般需要用其他近似的曲线来进行拟合。从俯视的角度来看,道路平面的线形多分为直线、圆弧与回旋线等,故多选择在俯视图中进行拟合;但由于逆投影变换后,俯视图中图像的精度相对较低,故这也是进行弯道检测时需考虑的问题。

当前关于弯道检测的研究成果很多,应用方法也是多种多样。常用的弯道检测方法可分为两大类:基于道路特征的方法和基于道路模型的方法。基于道路特征的方法在道路标记明显和完整的条件下才会有较好的检测效果,而基于道路模型的方法可以克服此弊端。国内外弯道检测的所用方法主要是基于道路模型的方法,即将弯道检测转化为各种曲线模型中数学参数的求解问题,一般可分为建立弯道模型、提取车道线像素点、拟合车道线模型等步骤。

1. 建立弯道模型

弯道模型是对道路形状的假设。一般来说,简单模型的鲁棒性强,但不能准确地表达复杂形状的道路;复杂模型较为灵活,但对噪声敏感。常用的弯道模型有同心圆曲线模型、二次曲线模型、三次曲线模型、双曲线模型、直线—抛物线模型、线性双曲线模型、回旋曲线模型、样条曲线模型、圆锥曲线模型和分段曲率模型等。其中回旋曲线模型、样条曲线模型和三次曲线模型使用最为广泛,应用效果也比较好。

2. 提取车道线像素点

提取车道线像素点的目的是将目标像素点,即属于每一条车道线的像素点从前景像素点集中提取出来,作为拟合车道线模型的依据。

在车道线像素点提取的方法上,弯道检测与直道检测并没有太大的差别,也主要采用边缘检测的方法。此外,车道线像素点提取的方法还有模板匹配、像素扫描和自适应随机

Hough 变换等。模板匹配根据车道线可能的方向和位置建立模板库,然后将处理后的弯道图像和预先定义好的车道线模板一一匹配。由于不同模板代表不同的弯道类型,因此达到最佳匹配效果的模板所蕴含的数据就表示了图像中的弯道信息。像素扫描是车道线像素点提取技术中最普遍的一种,即在二值图中以某一步长沿某一方向扫描,当搜索到前景像素点时,按照预先设定的判别准则进行判断,由此确定该像素点是不是真正的车道线像素点。自适应随机 Hough 变换是从图像中提取曲线的一种很普遍的方法。

3. 拟合车道线模型

所谓车道线模型拟合,就是根据检测到的车道线像素点来确定弯道数学模型的最优参数,主要有直接拟合法、似然函数法、随机 Hough 法等。

直接拟合法主要有最小二乘法、插值法、Catmull - Rom 样条函数法、B - 样条函数法和分段归类拟合法等。最小二乘法拟合可通过计算样本像素与拟合曲线方向的偏差累计值,并使其达到最小,以求得曲线模型的参数。它的优点是拟合速度非常快,只要遍历一次就可计算出拟合曲线的参数,但对噪声较为敏感。

似然函数法先根据弯道模型及其投影模型建立弯道形状参数集合,用以描述在道路图像中弯道边缘所有可能出现的方式;然后通过定义一个似然函数,使该函数的值正比于特定图像中像素数据与特定弯道参数集合的匹配程度;最后通过求这个似然函数的极大值来确定最优弯道形状参数,来检测出弯道。

要指出的是,仅用一种曲线模型很难普遍适用于多种不同形状的弯道,而且曲线识别的模式复杂,情况多样,道路模型难以统一,且由于算法的复杂性,难以满足准确性和实时性的要求。此外,还可采用其他方法来检测车道线,如通过分析道路图像的纹理特征来预测道路走向的方法来检测弯道车道线;也可以通过模板匹配的方法,用多种方向的车道线来与图像进行匹配,然后选用最优数据作为检测结果;还可以先采用 Hough 变换求出车道线直线方程,确定对应直线段上的最低点和最高点,然后根据相应准则判断出曲线道路的弯曲方向,从而进一步确定曲线段上的特征点,最后分段拟合车道线的直线段和曲线段,实现车道线的二维模型重建。

3.5　非结构化道路检测

非结构化道路一般指结构化程度较低的道路,如乡村公路、土路等,在结构上符合道路的特征,但由于缺少车道线等道路标志,故无法采用检测车道线的方法进行识别。对于这一类道路,常采用基于机器学习的道路检测算法。图 3 - 17 是非结构化道路车道检测流程。

1. 自监督样本获取模块

自监督样本获取模块由两个子模块组成。第一个子模块包括先验知识库和先验知识提取两个部分。先验知识库中存放了离线标定的数据,而由于这些数据不会随着自动驾驶汽车的行驶环境变化而发生改变,因此被称作先验知识。先验知识提取部分主要是通过对先验知识的量化计算,提取一些具有高概率服从某一类别属性的样本点作为训练样本。第二个子模块包括训练样本获取和训练样本标记两个部分,主要负责将每个训练样本赋予不同

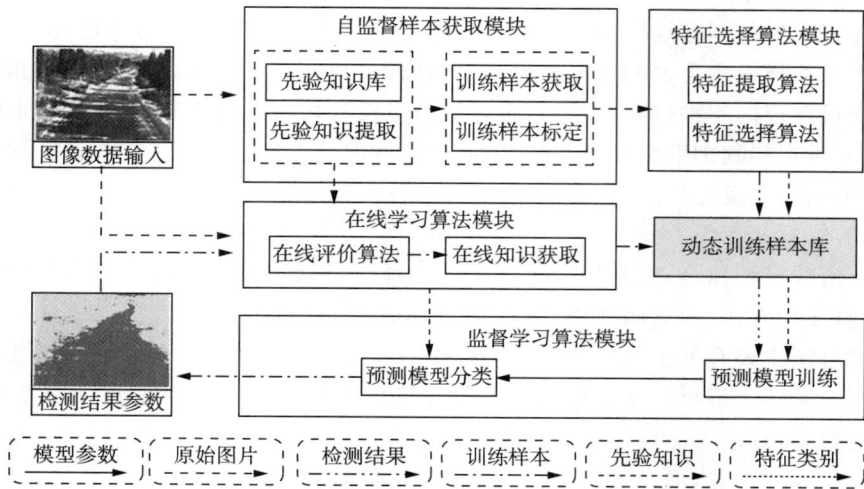

图 3-17 基于机器学习算法的非结构化道路车道检测方法

的类别属性,同时根据其所属某一类别的概率值,赋予不同的权重系数,然后将这些训练样本和相应的权重系数送入特征选择算法模块进行特征提取和特征选择操作。

2. 特征选择算法模块

特征选择算法模块主要包括两个算法部分:①特征提取算法。通过图像处理技术,从图像中提取每个训练样本点的纹理特征以及颜色特征等。②特征选择算法。选择出具有较强分类能力的图像特征后,将这些训练样本和选择出的图像特征输出到动态训练样本库中。

3. 监督学习算法模块

监督学习算法模块主要包括两部分:①预测模型训练部分。通过动态样本库中给出的训练样本和特征类别,训练出一个预测模型。训练的方法通常有神经网络、支持向量机等。②预测模型分类部分。主要负责对整幅图片进行分类,通过学习到的模型,对图片中的每个像素进行类别划分(道路点和非道路点)。

4. 在线学习算法模块

在线学习算法模块的作用是通过在线的方式对预测模型进行补充和修正,使其能够适应环境变化所造成的分类决策面的偏移,它是通过在线评价算法和在线知识获取两个部分来完成的。在线评价算法利用先验知识对检测结果进行在线评价,而其评价结果反映了预测模型的性能可否适应当前的环境。如果评价结果不满足一定的条件,则激活在线知识获取模块,在线获取那些对预测模型性能的修复和提高有重要作用的样本点,输入到动态训练样本库中,参与模型的在线训练。

5. 动态训练样本库

动态训练样本库连接了 3 个主要的算法模块,其作用是装载监督学习算法所需要的训练样本。当系统初始化时,由自监督学习算法模块提供初始的训练样本;当系统在线运行时,由在线学习算法模块动态实时地对样本库中现有的样本进行更新,由在线评价函数决定监督学习算法是否需要重新训练和更新预测模型。

3.6　交通信号灯和交通标志检测

3.6.1　交通信号灯检测

1. 常用方法

交通信号灯的几种主要识别方法如下。

（1）基于色彩特征的交通信号灯识别方法：选取某个色彩空间对交通信号灯的红、黄、绿颜色进行描述，可在背景环境相对简单的情况下，有效地检测和识别出交通信号灯。但该种识别方法容易出现虚警现象。

（2）基于形状特征的识别方法：基于交通信号灯和它的相关支撑物之间的几何信息，可有效地减少基于色彩特征识别出现的虚警，但需要建立形状特征规则。

（3）基于模板匹配的识别方法：需建立不同样式的交通信号灯模板，或建立多级的交通信号灯模板，以实现对不同样式的交通信号灯的识别。

图 3 - 18 所示为城市道路中常见的信号灯识别。

图 3 - 18　交通信号灯识别

2. 检测识别系统

交通信号灯的检测识别系统主要由这几个模块所构成：①图像采集模块；②图像预处理模块；③检测模块；④识别模块；⑤跟踪模块；⑥通信模块（图 3 - 19）。

图像采集模块 → 图像预处理模块 → 检测模块 → 识别模块 → 跟踪模块 → 通信模块

图 3 - 19　信号灯检测识别系统组成结构

一般情况下：

（1）图像采集模块：摄像机的镜头焦距、曝光时间、增益、白平衡等参数的选择对摄像机成像效果和后续处理均有重要影响。

(2)图像预处理模块:对采集的图像进行灰度化、滤波去噪、划分感兴趣区域等。

(3)检测模块:根据待识别目标的空间位置和几何形状,来进行定位检测。

(4)识别模块:包括信号灯的颜色识别和判断,可根据不同颜色信号灯的色域范围,结合图像预处理结果,对检测定位的目标进行通道分离,统计各通道的颜色像素成分,再判断颜色类型,最终完成其识别功能。

(5)跟踪模块:通过识别模块得到的结果可以得到跟踪目标,利用基于色彩的跟踪算法可以对目标进行跟踪,有效提高目标识别的实时性和稳定性。

(6)通信模块:包括传输设备、传输介质和接收设备。发送设备将原始信号源转换成适合在给定传输介质上传输的信号,包括调制、频率转换、功率放大等。传输介质是电磁波。接收设备将接收的载波信号,通过放大、频率转换、解调等恢复原始信息,完成无线通信。

具体执行步骤:

(1)读取图像。

(2)将原始图像从 RGB 空间转化为 HSV(Hue,Saturation,Value,即色度、饱和度、明亮度)空间,并输出 HSV 图像。

(3)绘制出原始图的图像直方图。

(4)分别统计识别图中的红绿黄像素点。在 Matlab 环境中将图像转换为 HSV 图像后,分别统计图像中的红绿黄像素点的个数。

(5)输出红绿黄像素点的个数并进行比较。

(6)输出识别结果。通过比较图像中红绿黄像素点个数的多少,来判断当前的信号灯,像素点多的即为当前信号灯。

这里 HSV 是根据颜色的直观特性而创建的一种颜色空间,也称颜色模型或六角锥体模型(Hexcone Model)。这个模型中颜色的参数分别是色度(H)、饱和度(S)和明亮度(V)。

需注意:

(1)在自动驾驶汽车上应用时,摄像机为车载安装,背景图像为动态变化,与在智能交通监控应用中的摄像机固定安装方式所采用的算法会有所不同。

(2)摄像机镜头的焦距决定交通信号灯在图像中的成像大小。

(3)需要设计适应性、灵活性和扩展性都比较好的分类器。

(4)不同大小的交叉路口,其交通信号灯的安装方式也有所不一样。

(5)当完成交通信号灯识别后,需要对其进行跟踪,以有效缩短系统处理的时间,提高系统的实时性。

(6)对于交通信号灯的灯色变化,可以根据交通信号灯灯色转换的时序进行灯色转变的跟踪。

3.6.2　交通标志识别

交通标志的颜色与形状之间有着一定的关系。

首先使用车载摄像机获取目标图像,然后进行图像分割和特征提取,通过与交通标志标准特征库的比较来进行交通标志识别,见图 3-20。

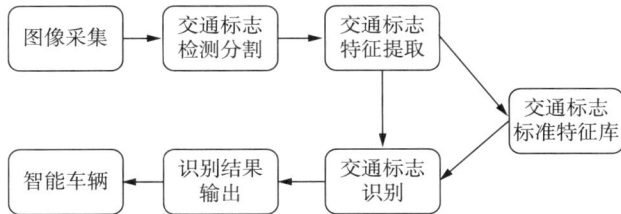

图 3-20　交通标志识别系统

交通标志识别系统主要包含 3 个方面内容:色彩分割、形状检测和验证,象形识别。

(1)色彩分割:当光照条件良好时,HSV 色彩空间的色度和饱和度信息能够有效地过滤掉大部分与交通标志色彩信息迥异的颜色,而其阈值的选取是通过从大量的室外环境中进行图像采样得到的。为简化形状检测,准确的分割是必要的。假设交通标志的颜色数据和负样本数据在 RGB 色彩空间线性分离,则可以找到每个目标颜色划分的超平面。这是一个典型的线性回归问题,这里不多述。而对于每一种目标颜色,都以采样图像中获取的交通标志的颜色作为正样本训练数据,负样本则通过图像中不含有交通标志的那部分来随机选取颜色。

(2)形状检测和验证:Hough 直线变换能够有效地在边缘图像中检测到直线,尤其是对于从色彩空间处理后得到的精确分割图像。被检测直线可以作为三角形或者矩形图像的一部分。封闭的分割直线被认为是定位候选区的线段组合。之后将所有检测到的直线从边缘图像中去除,进行下一步的检测,以减少时间损耗。

对于交通标志的检测,首先将不是交通标志的候选区清除,之后计算每个检测区域的属性,包括区域的长宽比例及边界范围。然后应用模板匹配原理对检测的形状进行验证,并完成大致的分类。

色彩分割后的图像 I_C 位于候选区域中,从 I_C 中提取出来的图像 I_{CE} 被归一化为 48×48 像素的图像,然后应用相关性匹配算法来计算归一化后的二值图像与模板图像的相关性。

(3)象形识别:将提取出的 I_{CE} 图像归一化为 48×48 像素的标准格式,然后对其进行识别。对于每一类交通标志,都需要分别设计分类器。由于大部分交通标志图案无法填充整个候选区域块,因而分割结果极易受到背景图案的影响。为解决这个问题,可将每一种图形设计不同的模板,如红色禁止标志的模板、黄色警告标志的模板、蓝色圆形标志的模板。

然后在给定的模板下进行特征提取,以消除背景的干扰。在提取特征后,可选取多层感知器来实现识别内核的设计。最简单的感知器包括多个输入和多个输出,即只包含输入层和输出层。多层感知器通过增加一个或者多个隐含层来增强感知能力,其输入层与输出层不再直接关联。

图 3-21 为道路上的限速标志。交通标志分为警告标志、禁止标志、指示标志(图 3-22)。分类识别方法主要包括:基于不同距离的模板匹配识别方法、大量数据样本的机器学习识别方法、粒子群优化和遗传算法等智能算法的识别方法等。根据交通标志颜色和形状的确定,可以进一步对三种不同的交通标志进行分类,并将颜色形状分类的结果作为交通标志检测和识别的先验知识。

图 3-21 道路上的限速标志

禁止行为	禁止驶入	禁止所有机动车通行	禁止小型客车通行	禁止某两种车通行
禁止向左转弯	禁止向右转弯	禁止直行	禁止向左向右转弯	禁止直行向左转弯
禁止直行向右转弯	禁止掉头	禁止超车	解除禁止超车	禁止车辆临时或长时间停放
禁止车辆长时停放	禁止鸣笛	限制宽度	限制高度	限制质量
限制重量	限制速度	解除限制	停车检查	停车让行
减速让行	会车让行			

（a）禁止标志

（b）警告标志

环岛行驶	单行路（向左或向右）	单行路（直行）	步行	鸣喇叭
最低限速	干路先行	会车先行	人行横道	右转车道
直行车道	直行和右转合用车道	分向行驶车道	允许掉头	公交路线专用车道
机动车行驶	机动车车道	非机动车行驶	非机动车车道	

（c）指示标志

图 3-22　交通标志

3.7　车辆与行人识别

3.7.1　车牌识别

车牌识别技术就是利用摄像头对监控路面过往车辆的特征图像和车辆全景图像进行实时拍摄,然后进行图像处理,提取出车牌区域,进而对车牌区域进行字符分割和识别,确定出车牌号、颜色等信息,实现对车辆的动态管理。目前的技术水平为字母和数字的识别率可达到 99.7%,汉字的识别率可达到 99%。图 3-23 为车牌识别系统示意图。

一个完整的车牌识别系统包括车辆检测、图像采集、车牌识别等几部分(图 3-23)。当车辆检测部分检测到车辆到达时触发图像采集单元,采集当前的视频图像。车牌识别单元对图像进行处理,定位出牌照位置,再将牌照中的字符分割出来进行识别,然后组成牌照号码输出。

车牌识别一般要执行以下几个基本步骤:

(1)牌照定位

在自然环境下,汽车图像背景复杂、光照不均匀,如何在自然背景中准确地确定牌照区

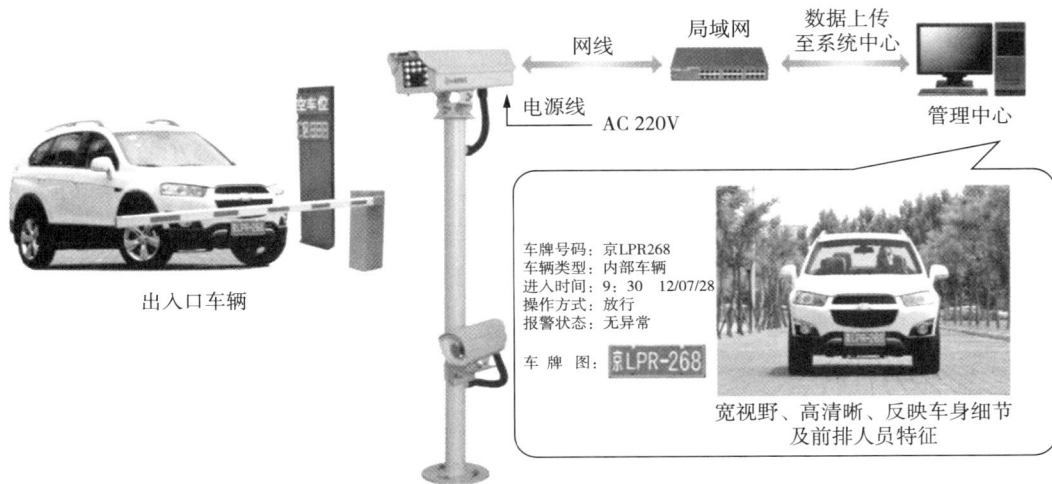

车牌号码：京LPR268
车辆类型：内部车辆
进入时间：9：30　12/07/28
操作方式：放行
报警状态：无异常

车 牌 图：京LPR-268

宽视野、高清晰、反映车身细节
及前排人员特征

出入口车辆

网线　局域网　数据上传至系统中心

电源线　AC 220V

管理中心

图 3 - 23　车牌识别系统

域是整个识别过程的关键。首先对采集到的视频图像进行大范围相关搜索,找到符合汽车牌照特征的若干区域作为候选区,然后对这些候选区域做进一步分析、评判,最后选定一个最佳的区域作为牌照区域,并将其从图像中分离出来。

（2）牌照字符分割

完成牌照区域的定位后,再将牌照区域分割成单个字符,然后进行识别。字符分割一般采用垂直投影法。由于字符在垂直方向上的投影必然在字符间或字符内的间隙处取得局部最小值的附近,并且这个位置应满足牌照的字符书写格式、字符、尺寸限制和一些其他条件。利用垂直投影法对复杂环境下的汽车图像中的字符进行分割,一般有较好的效果。

（3）牌照字符识别算法

主要有基于模板匹配算法和基于人工神经网络算法。基于模板匹配算法:首先将分割后的字符二值化,并将其尺寸大小缩放为字符数据库中模板的大小,然后与所有的模板进行匹配,选择最佳匹配作为结果。基于人工神经网络的算法有两种:一种是先对字符进行特征提取,然后用所获得特征来训练神经网络分配器;另一种方法是直接把图像输入网络,由网络自动实现特征提取直至识别出结果。

此外,应用较多的方法还有基于边缘检测和水平灰度变化特征的方法,而基于颜色相似度及彩色边缘的算法一般不单独使用。

技术指标:从技术上评价一个车牌识别系统,有三个指标,即识别率、识别速度和后台管理系统。其前提是系统能够稳定可靠的运行。

在实际应用中,车牌识别系统的识别率还与牌照质量和拍摄质量密切相关。牌照质量一般受到各种因素的影响,如生锈、污损、油漆剥落、字体褪色、牌照被遮挡、牌照倾斜、高亮反光、多牌照、假牌照等等;实际拍摄过程也会受到环境亮度、拍摄方式、车辆速度等等因素的影响。这些影响因素不同程度上降低了车牌识别的识别率,这也正是车牌识别系统的困难和挑战所在。为了提高识别率,除了不断地完善识别算法还应想法克服各种光照条件,使采集到的图像最利于识别。

系统软硬件配置：一个车牌识别系统的基本硬件配置是由摄像机、主控机、采集卡、照明装置等组成；软件是由一个具有车牌识别功能的图像分析和处理软件，以及一个满足具体应用需求的后台管理系统软件所组成。

车牌识别系统有两种产品形式，一种是软硬件一体，或者用硬件实现识别功能模块，形成一个全硬件的车牌识别器。另外一种形式是开放式的软、硬件体系，即硬件采用标准工业产品，软件作为嵌入式软件。两种产品形式各有优缺点。开放式体系的优点是由于硬件采用标准工业产品，运行维护容易掌握，备品备件采购可以从任何一家生产商获得，不用担心因为一家生产商倒闭或供货不足而出现产品永久失效或采购困难。而软硬件一体式产品，对于使用者操作产品时更易操作及控制，对于后期的维护调试也更易于掌握。

3.7.2 车辆检测

1. 基于视觉的车辆检测

基于单目视觉的车辆检测方法可分为基于外观（Appearance）的方法和基于运动（Motion）的方法。前者直接从单帧图像中检测车辆，而后者则使用连续帧图像进行检测。

近年来研究人员采用更通用并具有鲁棒性的特征。这里的鲁棒性就是指系统在不确定性的扰动下，具有保持某种性能不变的能力。例如，可采用 HOG 特征、Haar-like 特征等来对车辆进行检测。HOG 特征即为方向梯度直方图（Histogram of Oriented Gradient，HOG），是一种在计算机视觉和图像处理中用来进行物体检测的特征描述子，也是一种解释型（Descriptive）的图像特征，可用来确定车辆的姿态，其主要缺点是计算速度慢。Haar-like 也是一种非常经典的特征提取算法，多采用基于知识的检测方法或基于统计的检测方法。此外，还有研究人员用加速鲁棒特征（Speeded-Up Robust Features，SURF）和边缘特征的方法来检测盲区中的车辆。

在多目立体视觉方法中，更常使用的是基于运动的方法，且多目几何可以测量深度信息。利用立体视觉获取 3D 坐标，可以区分静态物体和动态物体。与单目方法依赖外观特征和机器学习方法不同，立体视觉方法更依赖于运动特征、跟踪和滤波。

2. 视觉传感器与激光雷达信息融合的车辆检测

激光雷达能够快速地获取扫描平面中的距离信息，并获得障碍物在扫描平面中的外轮廓，同时不受光照条件的影响，但障碍物的形状、纹理信息等特征无法获得；机器视觉可以提供更加丰富的平面信息，但容易受光照条件的影响。这两种环境感知传感器可以实现功能上的互补，通过建立激光雷达、摄像机和车体之间的坐标转换模型，将激光雷达数据与图像像素数据统一到同一坐标系中进行识别处理。

结合激光雷达的数据特点选取合适的聚类方法，对聚类后的激光雷达进行形状匹配和模板匹配，确定感兴趣区域；通过类 Haar 特征结合 AdaBoost 算法，在感兴趣的区域进行车辆检测，然后通过车辆在激光雷达中的数据特征实现 Kalman 预估跟踪。

利用激光雷达对障碍物数据点实现聚类分割后，不同的障碍物类成为候选区域。通过对图片样本的统计学习，生成由多个不同的弱分类特征组成的分类器，并利用该分类器完成对候选区域的检验，最终与激光雷达聚类分割后，提取到的障碍物参数进行特征融合，输出目标属性参数。

基于统计学习的目标检测方法主要包括两个模块,分类器学习和目标位置的搜索。其中,分类器学习主要包括 3 个模块:训练数据采集、特征提取和分类器训练。训练数据包括正样本和负样本,在采集样本时通过手工标定的方式获得正样本,并对其进行归一化处理。

特征提取的目的是将训练样本映射到某个特征空间,缩小同类的特征距离,增大不同类间的特征距离,从而通过简单的分类器进行分类。

在待检测图像中,目标可能出现在图像的任意位置,而且呈随机变化。因此,在检测过程中需不断搜索,进行特征计算,最终完成目标的检测与识别。

完成样本归一化后,就可以对正、负样本进行训练。基本训练流程为通过对特征选择,设置训练参数,载入正、负样本,穷尽搜索样本矩形特征,统计出具有统计特性的矩形特征,组成一个强分类器。

在完成车辆识别后,往往需要利用跟踪算法对识别出来的车辆进行跟踪处理,以缩小后续帧的图像数据搜索区域,使系统具有更高的处理速度。这对于车辆跟踪来说,就是不断地更新车辆目标特征属性的过程。

图 3 - 24 为视觉传感器和激光雷达融合后的车辆识别效果。

图 3 - 24　视觉传感器和激光雷达融合的车辆识别

3.7.3　行人检测

行人检测就是利用安装在车辆前方的视觉传感器采集前方场景的图像信息,通过一系列复杂的算法来处理这些图像信息,来实现对行人的识别(图 3 - 25)。

1. 基本类型

可见光行人的检测:采用的视觉传感器为普通的光学摄像头,非常符合人的正常视觉习惯,且硬件成本十分低廉。但是受到光照条件的限制,该法只能应用在白天,在光照条件很差的阴雨天或夜间则无法使用。

图 3-25 行人检测

红外线行人的检测:采用红外热成像摄像头,利用物体发出的热红外线进行成像,不依赖于光照,具有很好的夜视功能,在白天和晚上都适用,尤其是在夜间以及光线较差的阴雨天具有无可替代的优势。

2. 行人检测系统的组成

如图 3-26 所示,主要由 3 个功能模块组成。①预处理模块。可通过传感器来获得行人图像信息,进行预处理,如降噪、增强等。②分类检测模块。采用图像分割、模型提取等一些图像处理技术,在图像中选取一些感兴趣的区域,即行人的候选区域,用分类等技术方法来判断候选区域中是否包含行人。③决策报警模块。跟踪行人运动轨迹,对可能发生碰撞的情况进行报警或其他避免碰撞的操作。

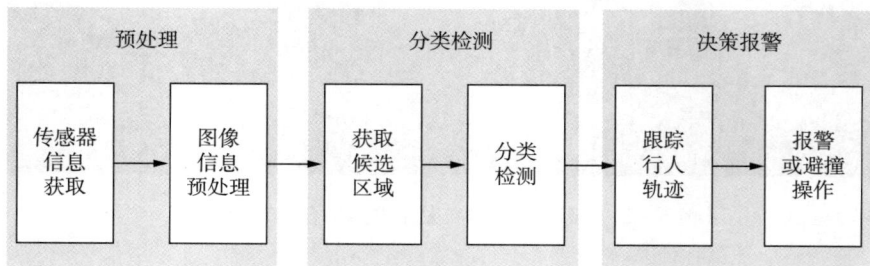

图 3-26 行人检测系统的组成

3. 常用的行人检测算法

由于行人兼具刚性和柔性物体的特性,外观易受穿着、尺度、遮挡、姿态和视角等影响,使得行人检测成为计算机视觉领域中一个既具有研究价值同时又极具挑战性的热门课题。现有行人检测算法主要有基于全局特征的方法、基于人体部位的方法、基于立体视觉的方法等。

（1）基于全局特征的方法

该类方法是较为主流的行人检测方法，主要采用边缘特征、形状特征、统计特征或者变换特征等图像的各类静态特征来描述行人，其中代表性的特征包括 Haar 小波特征、HOG 特征、Edgelet 特征、Shapelet 特征和轮廓模板特征等。此外，还有基于运动特征的方法，可与静态特征相结合来检测行人。如针对摄像机静止的情况而采用在不同图像上计算 Haar-like 特征，然后将运动信息与图像的灰度信息相结合来构建行人检测系统；针对摄像机运动的情况，采用将基于外观的梯度描述子和基于运动的差分光流描述子相结合来构建行人检测器，但该方法只对单个窗口的检测比较有效，对于整幅图像检测效果则很差。

（2）基于人体部位的方法

该类方法的基本思想是把人体分成几个组成部分，然后对图像中每部分分别检测，最后将检测结果按照一定的约束关系进行整合，最终判断是否存在行人。

（3）基于立体视觉的方法

该类方法是指通过两个或两个以上的摄像机进行图像采集，然后分析图像中目标的三维信息以识别出行人。

4. 行人检测分类器

行人检测算法中主要用到的分类器有支持向量机（SVM）、Adaboost 分类器和神经网络分类器等，这里予以简单介绍。

（1）SVM 分类器：支持向量机（Support Vector Machine，SVM）是近年来具有完善理论基础的分类器之一。SVM 分类器是基于结构风险最小化规范的统计学习方法，根据所采用核函数的不同，可分为线性 SVM 和非线性 SVM 两种。

（2）神经网络分类器：应用最为广泛的是单隐藏层后向传播网络，即单层感知器。神经网络通过学习的方式，将模式的特征隐藏在一些事先设定好的网络参数中，通过这种方式用以描述比较复杂的特征。

（3）Adaboost 分类器：是一种自适应的 boosting 方式分类器，其中使用了指数损失函数，采用了基于贪心策略的前向分布搜索方式，并进行加法建模。通过 Adaboost 得到的分类器广泛应用于模式识别和计算机视觉领域。

5. 基于激光雷达与视觉数据融合的行人检测

视觉技术虽然可以提供丰富的图像信息，但由于室外场景中的光照变化、遮挡、阴影等影响，导致视觉算法在复杂交通环境中的鲁棒性较低。由于激光雷达可以获得移动目标在二维平面内的位置、形状等状态估计，因此可以有效地实现移动目标的状态跟踪。通过融合激光雷达与视觉图像数据，可以对目标进行较为准确的检测。利用激光雷达数据抽取出感兴趣区域，再利用视觉图像来识别该目标的属性，就可以有效地实现不同传感器的互补，提高检测性能。

采用激光雷达与视觉数据融合的方法检测车辆周边环境中的行人，一般来说是先对激光雷达数据进行聚类、分类处理，将处于激光有效范围外的激光点以及可认为是建筑物、车辆、灌木丛等反射的激光点排除，得到疑似行人反射的激光点。将聚类、分类过程中属于同一物体的激光点用一个方框代替。然后准备图像数据，进行基于图像的行人检测算法的训练。最后，用训练好的分类器，在感兴趣区域进行行人检测，见图 3-27。

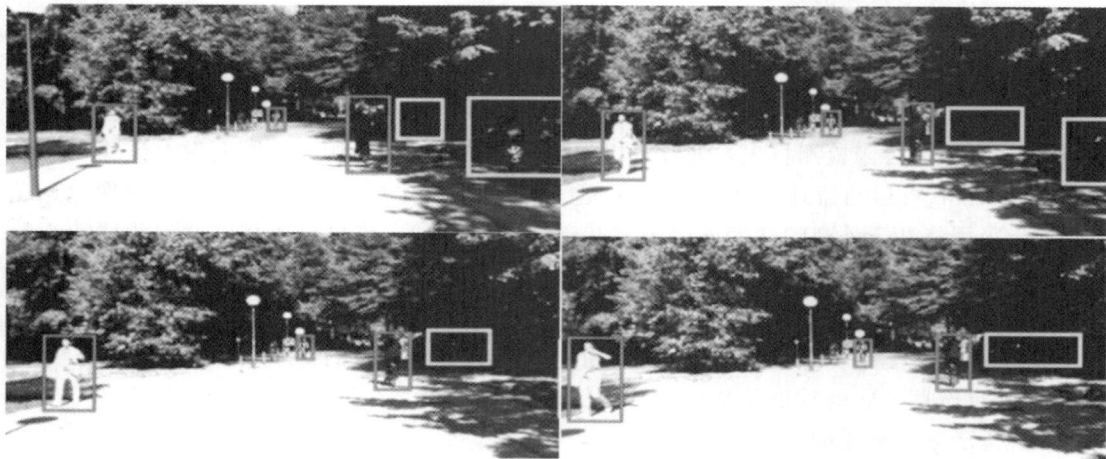

图 3 - 27　基于激光雷达与视觉数据融合的行人检测

参考文献

[1] 张浩,武芳,张俊涛,等.顾及形态特征和语义信息的双线道路识别方法[J].测绘科学技术学报,2016,33(3):301 - 305＋312.

[2] 石跃祥,蔡自兴,Benhabib B.基于图像语义模型识别的道路汽车跟踪[J].计算机工程与应用,2005(33):24 - 27.

[3] 王建华,骆岩红,文茜.彩色图像区域生长算法的道路分割识别[J].自动化与仪器仪表,2014(5):158 - 159＋166.

[4] 孙觉非.基于多源信息融合的试验场道路识别系统研究[D].南京:东南大学,2016.

[5] 马仲林.基于数字形态学的图像边缘检测算法研究[D].兰州:兰州交通大学,2020.

[6] 徐棒棒.车道线识别技术研究[D].成都:电子科技大学,2020.

[7] 王乃汉.智能车辆视觉系统中车道线与车辆识别技术研究[D].合肥:合肥工业大学,2018.

[8] 倪臣敏.数字图像滤波算法的研究及应用[M].北京:电子工业出版社,2020.

[9] 张亭.数字图像边缘检测算法研究与实现[D].成都:电子科技大学,2010.

[10] 张镕.对数域梯度与形态学增强的边缘检测算法研究[D].赣州:江西理工大学,2019.

[11] 王其东,魏振亚,王乃汉,等.基于投影统计与双曲线拟合的车道识别算法[J].中国机械工程,2019,30(4):393 - 399.

[12] 胡延平,王乃汉,魏振亚,等.一种基于卡方统计的弯道识别算法[J].汽车工程学报,2018,8(6):446 - 452.

[13] 吴毅华,梁华为,王智灵,等.基于激光雷达回波信号的自适应阈值车道线检测

[J]. 机器人,2015,37(4):451-458.

[14] 潘磊成. 基于机器视觉的车道线检测及跟踪方法研究[D]. 哈尔滨:哈尔滨工程大学,2018.

[15] 钟鹏飞. 基于机器视觉的非结构化道路识别与障碍物检测研究[D]. 广州:华南农业大学,2016.

[16] 李娜,宋婀娜,房俊杰,等. 基于色彩恒常性算法的交通标志检测[J]. 机电一体化,2013,19(12):58-60.

[17] 李金樽,罗山. 基于深度学习的交通标志识别[J]. 山西电子技术,2020,5:21-23.

[18] 郝芳芳,王震洲. 模板匹配下的限速交通标志识别算法研究[J]. 科技风,2018,21:245-246.

[19] 彭岳军. 道路交通标志检测与识别技术研究[D]. 广州:华南理工大学,2013.

[20] 闫毫云. 基于特征融合的端到端车牌检测和识别算法研究[D]. 南昌:江西财经大学,2020.

[21] 王剑. 城市街景影像中行人车辆检测实现[D]. 北京:北京建筑大学,2020.

[22] 凌翼飞. 基于多传感器信息融合的车辆检测与定位技术研究[D]. 长沙:湖南大学,2019.

[23] 叶钰,王正,梁超,等. 多源数据行人重识别研究综述[J]. 自动化学报,2020,46(9):1869-1884.

[24] 仇春春,杨星红,程海粟,等. 基于特征表示的行人再识别技术综述[J]. 信息技术,2016,7:195-198.

[25] 张袅娜,鲍旋旋,李昊林. 基于激光雷达和摄像机融合的智能车障碍物识别方法[J]. 科学技术与工程,2020,20(4):1461-1466.

第4章 定位与导航技术

4.1 定位与导航技术的背景

近年来,随着城市人口的增多和汽车的增加,城市交通问题日益突出。在许多大中城市,由于过量的汽车,导致交通阻塞,交通事故频繁,大气遭到污染等,人们已经逐渐认识到单纯依靠增加道路基础设施,是不可能从根本上解决车辆数量的快速增长与交通设施滞后之间的突出矛盾。只有在计算机、信息和通信技术等高科技手段的辅助下,充分利用现有的道路基础设施,才是正确可行的方法。

智能网联交通系统是一个复杂的巨大系统,它包含众多的子系统,其中车载导航系统是最为重要的子系统之一。车载导航系统的研制与开发可以划分为相互耦合的多个技术模块,而其中路径规划是其他功能模块运行的基础,包含了车载导航系统中的多个关键技术。智能交通系统的研究目标是应用先进的技术,使交通在减少拥挤、污染和对环境影响的同时更安全有效地运行。在交通、计算机、信息、通信和系统科学与工程应用领域中,智能交通系统的理论和实际应用是人们目前较为集中、深入研究的领域,具有光明的发展前景,最终将影响世界上的每一个人。

4.2 全球定位系统

4.2.1 GPS系统

全球定位系统(Global Positioning System,GPS),又称为NAVSTAR导航星系统,目前美国军方的卫星导航系统正处于其发展的第二阶段(GPSII)。GPS起源于1958年美国军方的一个军事项目,在1964年投入使用。在20世纪70年代,美国陆海空三军联合研制了新一代卫星定位系统GPS,其研制的主要目的是为陆海空三大领域提供实时、全天候和全球性的导航服务,同时用于情报搜集、核爆监测和应急通信等军事目的,经过20余年的持续不断的研究与实验,耗资300多亿美元,到1994年,全球覆盖率高达98%的24颗GPS卫星星座已经布设完成。

4.2.2 GPS系统构成

GPS的原理是利用卫星发射无线电信号进行导航定位,具有全球、全天候、高精度、快速实时的三维导航、定位、测速和授时功能。它主要由 GPS 卫星星座(空间部分)、地面监控部分、用户接收处理部分组成,其结构如图 4 - 1 所示。

GPS 的基本工作原理是测量出已知位置的卫星到用户接收机之间的距离,然后综合多颗卫星的数据就可知道接收机的具体位置。要达到这一目的,卫星的位置可以根据星载时钟所记录的时间在卫星星历中查出;而用户到卫星的距离则通过记录卫星信号传播到用户所经历的时间,再将其乘以光速得到。由于大气层中电离层的干扰,这一距离并不是用户与卫星之间的真实距离,而是伪距(PR);当 GPS 卫星正常工作时,会不断地用 1 和 0 二进制码元组成的伪随机码(简称伪码)发射导航电文。GPS 系统使用的伪码一共有两种,分别是民用的 C/A 码和军用的 P(Y)码。C/A 码频率 1.023MHz,重复周期一毫秒,码间距 1μs,相当于 300m;P 码频率 10.23MHz,重复周期 266.4 天,码间距 0.1μs,相当于 30m;而 Y 码是在 P 码的基础上形成的,保密性能更佳。

导航电文包括卫星星历、工作状况、时钟改正、电离层时延修正、大气折射修正等信息。它是从卫星信号中解调出来,以 50b/s 调制在载频上发射的。导航电文每个主帧中包含 5 个子帧。前三帧各 10 个字码;每三十秒重复一次,每小时更新一次。后两帧共 15000b。导航电文中的内容主要有遥测码、转换码、第 1、2、3 数据块,其中最重要的则为星历数据。当用户接收到导航电文时,提取出卫星时间并将其与自己的时钟作对比,便可得知卫星与用户的距离;再利用导航电文中的卫星星历数据推算出卫星发射电文时所处位置,用户在 WGS - 84 大地坐标系中的位置速度等信息便可得知。

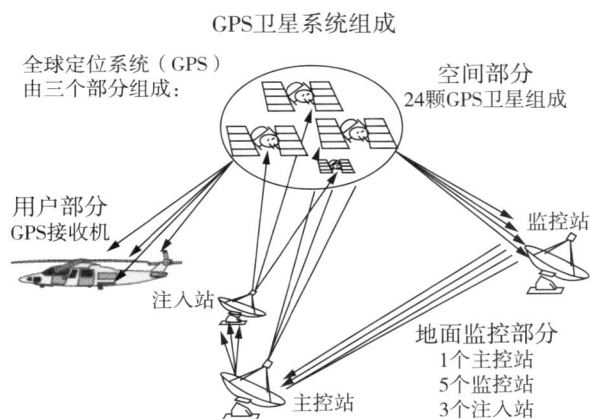

GPS卫星系统组成

全球定位系统(GPS)
由三个部分组成:

空间部分
24颗GPS卫星组成

用户部分
GPS接收机

监控站

注入站

地面监控部分
1个主控站
5个监控站
3个注入站

主控站

图 4 - 1 GPS 构成示意图

1. 空间部分

GPS 的空间部分是由 24 颗卫星组成,其中 21 颗工作卫星,3 颗备用卫星,位于距地表 20200km 的上空,运行周期为 12 小时。卫星均匀分布在 6 个轨道面上,每个轨道面有 4 颗卫星,轨道倾角为 55°,各个轨道平面之间差 60°,轨道的升交点赤经各相差 60°。每个轨道平面内各颗卫星之间的升交角距相差 90°,任一轨道平面上的卫星比西边相邻轨道平面上的相应卫星超前 30°。在这样分布条件下,在全球任何地方、任何时间都可以同时观测到 4 颗以上的卫星,并能在卫星中预存导航信息。当然,GPS 的卫星因为大气摩擦等问题,随着时间的推移,导航精度会逐渐降低。GPS卫星星座如图4-2所示。

当地球对恒星来说自转一周时,位于两万公里高空的 GPS 卫星绕地球运行两周,绕地球一周的时间为 12 恒星时,大约为 11 时 58 分。对于地面观测者来说,每天都将提前 4 分钟见到同一颗 GPS 卫星,位于地平线以上的卫星颗数将随着时间和地点的不同而不同,最少可同时见到 4 颗,最多可见到 11 颗。在利用 GPS 信号导航定位时,为了计算观测站的三维坐标,必须观测 4 颗 GPS 卫星,这些卫星称为定位星座。这 4 颗卫星在观测过程中的几何位置分布对于定位精度有一定的影响。对于地球的某地某时段,不能测得精确的点位坐

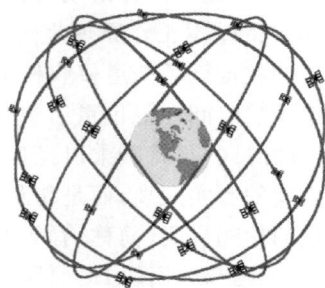

图4-2 GPS卫星星座

标,这种时间段称为"间隙段"。这种时间间隙段十分的短暂,不影响全球绝大部分区域的全天候、高精度、连续实时性的导航定位。

2. 地面监控

对于导航定位而言,GPS 卫星是一动态已知点。卫星的位置是根据卫星发射的星历,即描述卫星运动及其轨道的参数计算得到的。每颗 GPS 卫星所播发的星历都由地面监控系统提供。卫星上的各种设备工作是否正常,以及卫星是否沿着预定轨道运行,都是由地面监测设备进行监测和控制的。地面监控系统的另一重要工作是保持每颗卫星处于同一时间标准条件下,这就要求地面监测站监测每颗卫星的时间,求出卫星之间的时钟差,然后由地面注入站发给卫星,卫星再用导航电文发给用户设备,地面监控部分组成图如图4-3所示。

图4-3 地面监控部分组成图

GPS 的地面监控部分由分布在全球的若干个跟踪站组成的监控系统所构成,根据跟踪站在监控系统中的地位和作用的不同,这些跟踪站又分为主控站、监控站和注入站。主控站只有一个,它位于美国科罗拉多(Colorado)的法尔孔(Falcon)空军基地,其主要的作用是根据各监控站观测得到的 GPS 数据,计算出卫星的星历和卫星钟的修正参数等,并将这些数据通过注入站注入卫星,同时对卫星发布控制指令。特别是当工作卫星出现故障时,主控站调度备用卫星,代替失效的工作卫星工作。当然主控站也具备监控站的功能。

监控站有 5 个,除了主控站外,其他 4 个分别位于夏威夷(Hawaii)、迭戈加西亚(Diego

Garcia)、卡瓦加兰(Kwajalein)和阿松森群岛(Ascencion),监控站的主要作用是接收卫星信号,监测卫星的工作状态;注入站有 3 个,它们分别位于阿松桑群岛、迭戈加西亚、卡瓦加兰。注入站的作用是将主控站计算出的卫星星历和卫星时钟改正参数等注入卫星中,地面监控站分布图如图 4-4 所示。

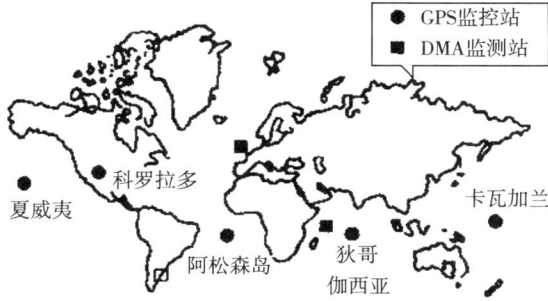

图 4-4　地面监控部分分布图

3. 用户接收处理

GPS 的用户部分主要由 GPS 接收机、数据处理软件、用户计算机和其他设备等组成。GPS 接收机由天线单元和接收单元两部分组成。对于测地型接收机来说,两个单元分为两个相对独立的部件,观测时将天线单元安置在观测站上,接收单元安置在观测站附近的其他地方,再用电缆线将两者连接成一个整体。也有产品将天线单元和接收单元制成一个整体,安置在观测站上。

GPS 接收机能够捕获待测卫星的信号,同时跟踪这些卫星的运行,对接收到的 GPS 信号进行变换、放大和处理,计算出 GPS 信号从卫星到接收机天线的传播时间长度,解析出 GPS 卫星所发送的导航电文,实时计算出观测站的三维位置及三维速度和时间。

在静态定位中,GPS 接收机在捕获和跟踪 GPS 卫星的过程中固定不变,接收机能够高精度地测量 GPS 信号,计算信号的传播时间,再根据 GPS 卫星在轨的已知位置,计算出接收机天线所在位置的三维坐标。而动态定位,则是利用 GPS 接收机测定一个运动物体的运行轨迹。GPS 信号接收机安装在载体上,即运动物体,比如:运动的车辆,航行中的船舰和空中的飞机等。载体上的 GPS 接收机天线在跟踪 GPS 卫星的过程中相对地球运动,接收机用 GPS 信号可以实时地测得运动载体瞬间三维位置和三维速度等状态参数。GPS 接收设备及导航仪如图 4-5 所示。

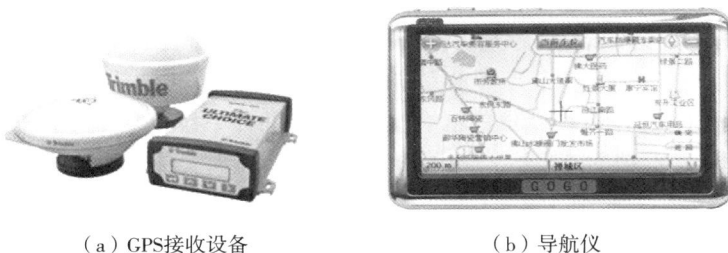

（a）GPS接收设备　　　　（b）导航仪

图 4-5　GPS 接收设备及导航仪

4.3 北斗卫星导航系统

中国北斗卫星导航系统(BeiDou Navigation Satellite System,BDS)是中国自行研制的全球卫星导航系统。自20世纪80年代,我国开始探索适合国情的卫星导航系统发展道路,形成了"三步走"发展战略:建设了北斗一、二号系统,2020年6月23日,北斗三号全球卫星导航系统(简称:北斗三号系统)最后一颗全球组网卫星在西昌卫星发射中心点火升空。北斗系统已成为继美国全球定位系统(GPS)、俄罗斯格洛纳斯卫星导航系统(GLONASS)之后第三个成熟的卫星导航系统。

北斗三号卫星导航系统提供两种服务方式,即开放服务和授权服务。开放服务是在服务区中免费提供定位、测速和授时服务,定位精度为10m,授时精度为50ns,测速精度0.2m/s。授权服务是向授权用户提供更安全的定位、测速、授时和通信服务以及系统完好性信息。

4.3.1 系统构成

北斗卫星导航系统由空间部分、地面中心控制系统和用户终端三部分组成,可在全球范围内全天候、全天时为各类用户提供高精度、高可靠定位、导航、授时服务,并且具有短报文通信能力,定位精度为分米、厘米级别,测速精度0.2m/s,授时精度10ns。

1.空间部分

北斗三号全球卫星导航系统由24颗地球中圆轨道卫星(MEO)、3颗倾斜地球同步轨道卫星(IGSO)和3颗地球静止轨道卫星(GEO)共30颗卫星组成,构成了北斗三号星座大家族。

其中每种类型的卫星都有其独特功用,根据各自运行轨道特点和承载功能,各司其职,优势互补,共同为全球用户提供高质量的定位导航授时服务。

地球静止轨道卫星(GEO)位于距地球约3.6万km、与赤道平行且倾角为0°的轨道。理论上,星下点轨迹(即卫星运行轨迹在地球上的投影)是一个点,始终随着地球自转而动。

倾斜地球同步轨道卫星(IGSO)运行周期与地球自转周期相同,星下点轨迹呈现"8"字形。单星覆盖区域较大,3颗卫星即可覆盖亚太大部分地区。作为高轨道卫星,信号抗遮挡能力强,尤其在低纬度地区,其性能特点更为明显。

地球中圆轨道卫星(MEO)运行在约2万公里高度的轨道,作为北斗全球组网的主要成员,其星下点轨迹不停地画着波浪线,以便覆盖到全球更广阔的区域。MEO卫星因其全球运行、全球覆盖的特点,是全球卫星导航系统中实现全球服务的最佳选择。

GEO、IGSO和MEO三种轨道的混合星座构型,北斗系统集成了不同轨道的优势,实现了覆盖全球、突出区域,功能丰富、效费比高,循序渐进、分步实施的设计目标。

2.地面中心控制系统

地面中心控制是北斗导航系统的中枢,配备1个电子高程图的地面中心站、地面网管中心、测轨站、测高站,以及数十个分布在全国各地的地面参考标校站,用于对卫星定位、测轨,调整卫星运行轨道、姿态,控制卫星的工作,测量和收集校正导航定位参量,以便形成用户定位修正数据,同时对用户进行精确定位。北斗卫星星座图如图 4-6 所示。

3. 用户终端

用户终端为带有定向天线的收发器,用于接收中心站通过卫星转发来的信号和向中心站发射通信请求,不具备定位解算处理功能。根据应用环境和功能的不同,北斗用户机分为普通型、通信型、授时型、指挥型和多模型用户机 5 种,其中,指挥型用户机又可分为一级、二级、三级 3 个等级。北斗系统接收机如图 4-7 所示。

图 4-6　北斗卫星星座图

图 4-7　北斗系统接收机

4.3.2　定位原理

每个太空卫星在运行时,任一时刻都有一个坐标值来代表其位置所在(已知值),接收机所在的位置坐标为未知值,而太空卫星的信息在传送过程中,所需耗费的时间,可经由比对卫星时钟与接收机内的时钟计算出来,将此时间差值乘以电波传送速度(一般定为光速),就可计算出太空卫星与使用者接收机间的距离,如此就可依三角向量关系来列出一个相关的方程式。每接收到一颗卫星信息,就列出一个相关的方程式,因此在至少收到三颗卫星的信息后,即可计算出平面坐标(经纬度)值,收到四颗则加上高程值,五颗以上更可提高准确度。卫星与接收机之间坐标关系如图 4-8 所示。

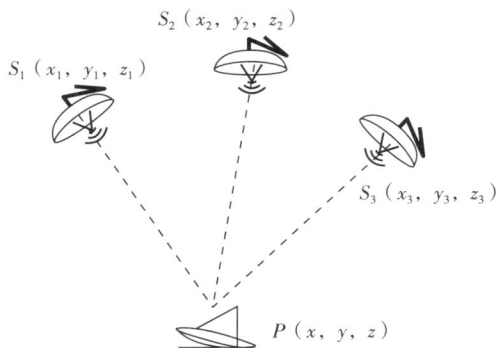

图 4-8　卫星与接收机之间坐标关系图

用距离交会法求解 P 点的三维坐标 (x, y, z) 的观测方程为式(4-1),式(4-2):

$$\rho_i = [(x_1 - x)^2 + (y_1 - y)^2 + (z_1 - z)^2]^{1/2} \qquad (4-1)$$

(含有各种误差)

$$\rho' = c \times \Delta t \qquad (4-2)$$

理想状态下：

$$[(x_1-x)^2+(y_1-y)^2+(z_1-z)^2]^{1/2}=c(t_1-t)=\rho_1 \qquad (4-3)$$

$$[(x_2-x)^2+(y_2-y)^2+(z_2-z)^2]^{1/2}=c(t_2-t)=\rho_2 \qquad (4-4)$$

$$[(x_3-x)^2+(y_3-y)^2+(z_3-z)^2]^{1/2}=c(t_3-t)=\rho_3 \qquad (4-5)$$

$$[(x_4-x)^2+(y_4-y)^2+(z_4-z)^2]^{1/2}=c(t_4-t)=\rho_4 \qquad (4-6)$$

4.3.3 系统功能

1. 基本功能

北斗导航定位系统提供 4 种基本的定位和通信服务。

(1)基本导航服务：为全球用户提供服务，空间信号精度将优于 0.5m；全球定位精度将优于 10m，测速精度优于 0.2m/s，授时精度优于 20ns；亚太地区定位精度将优于 5m，测速精度优于 0.1m/s，授时精度优于 10ns，整体性能大幅提升。

(2)星基增强服务：按照国际民航组织标准，服务中国及周边地区用户，支持单频及双频多星座两种增强服务模式，满足国际民航组织相关性能要求。

(3)国际搜救服务：按照国际海事组织及国际搜索和救援卫星系统标准，服务全球用户。与其他卫星导航系统共同组成全球中轨搜救系统，同时提供返向链路，极大提升搜救效率和能力。

(4)精密单点定位服务：服务中国及周边地区用户，具备动态分米级、静态厘米级的精密定位服务能力。

(5)短报文通信服务：中国及周边地区短报文通信服务，服务容量提高 10 倍，用户机发射功率降低到原来的 1/10，单次通信能力 1000 汉字(14000 比特)；全球短报文通信服务，单次通信能力 40 汉字(560 比特)。

2. 民用功能

北斗导航定位系统应用在个人位置服务、道路交通管理、气象应用、铁路智能交通、航空运输、海运和水运、应急救援和精准农业等方面。

3. 军事功能

北斗卫星导航定位系统的军事功能与 GLONASS 和 GPS 相类似，可以实现对运动目标的定位导航、武器发射位置的快速定位、人员搜救、水上排雷定位等。同时高层指挥部也可随时通过北斗系统掌握部队位置，传递命令，有益于任务的执行。

4.4 惯性导航系统

惯性导航系统(Inertial Navigation System，INS)发展于 20 世纪初，也称作惯性参考系统，是一种不依赖于外部信息、也不向外部辐射能量(如无线电导航)的自主式导航系统。其工作环境不仅包括空中、地面，还可以在水下。惯性导航的基本工作原理是以牛顿力学定律为基础,通过惯性元件(加速度计)来测量载体在惯性参考系中的加速度,将它对时间进行积分,并且把它变换到导航坐标系中,就能够得到在导航坐标系中的速度、偏航角和位置等信息,达到对运载体导航定位的目的。

惯性导航系统属于一种推算导航方式,从一个已知点的位置,根据连续测得的运载体航向角和速度来推算出其下一个点的位置,因而可连续测出运动体的当前位置。惯性导航系统中的陀螺仪用来形成一个导航坐标系,使加速度计的测量轴稳定在该坐标系中并给出航向和姿态角。加速度计用来测量运动体的加速度,经过对时间的一次积分得到速度,然后再经过对时间的一次积分即可得到距离。

惯性导航系统主要有计算机、惯性测量装置、显示器等组成。惯性测量装置(IMU)包含有陀螺仪和加速度计。3 自由度陀螺仪用来测量运载体的 3 个转动运动;3 个加速度计是测量运载体的 3 个平移运动的加速度。根据测得的加速度信号,计算机计算出运载体的当前速度和位置数据。根据惯性测量装置在运载体上的安装方式的不同,分为平台式惯性导航系统(将惯性测量装置安装在惯性平台的台体上)和捷联式惯性导航系统(将惯性测量单元直接安装在运载体上)两类。

平台式系统,惯性元件被安装在一个物理平台上,利用陀螺仪,结合伺服电机和驱动稳定平台,使其始终跟踪一个空间角坐标系(导航坐标系)。由于敏感轴始终位于该系三轴方向上的三个加速度计上,即可实时测出三轴方向上的运动加速度值。

捷联式惯性导航系统(Strap - down Inertial Navigation System,SINS),则不含有实体平台,加速度计和陀螺仪直接就安装在载体上。国内较为普遍使用的惯性导航设备是 SPAN - CPT,如图 4 - 9 所示。SPAN - CPT 是结构紧凑、一体式封装的 GPS＋INS 系统,采用 NovAtelOEMV 高精度接收机,能够获得厘米级的水平定位精度,用户可以根据自己的需要来选择不同的定位模式,从而保证获得最佳的定位精度。该系统支持包括 SBAS(Satellite - Based Augmentation System,星基增强系统)、广域差分 GPS(Omnistar)、普通差分 GPS(CDGPS) 和 RTK 载波相位差分

图 4 - 9　诺瓦泰(NovAtel)SPAN - CPT 一体式光纤惯性组合

(Real - time kinematic)等多种方式。IMU 组件封装在 SPAN - CPT 中,由光纤陀螺(FOG)和微机电系统(MEMS)加速度计等组成,是性价比非常高的产品。光纤陀螺与其他陀螺技术相比,具有更长的使用寿命和更稳定的性能。通过 GPS＋INS 紧耦合方式提供高精度的、连续的导航信息。SPAN - CPT 中包括了所有组件的 GPS/INS 组合导航系统,可以保存系统的原始数据。在运动过程中,陀螺仪测量载体相对于惯性参照系的运动角速度,并由此计算出载体坐标系至导航坐标系的坐标变换矩阵。通过该矩阵,把加速度数据信息变换至导航坐标系,进行导航计算,最终计算出所需的导航参数。

北京北斗星通导航技术公司与加拿大诺瓦泰(NovAtel)公司紧密合作,致力于卫星定位与惯性导航产品及技术在中国的推广和应用。图 4 - 9 即为该公司的产品。

4.5 组合导航

卫星导航系统已经在车辆、航运、航空等领域获得了较为广泛的应用。卫星导航系统具有高精度、全天候导航等优点,但是卫星导航极易受到周围环境的影响,在树木、高楼、高架桥下,以及隧道和地下停车场等场景中,容易引起多路径效应,使得定位精度降低甚至丢失。惯性导航定位技术具有完全自主式、保密性强等诸多优点,但是也存在着误差随时间迅速积累增大的缺点。所以,需要寻求外部辅助手段,使得导航系统的误差不随时间累积。

将 INS 和 GPS 综合起来,取长补短,这样的组合导航系统可以把 INS 的成本低、自主性好、抗干扰性强、可靠性高和短时间高精度等优点,与 GPS 的误差与时间不相关、长时间的适中精度等优点结合起来,克服 INS 惯导系统的误差随时间积累的缺点,同时也弥补了 GPS 易受大气层无线电干扰、依赖外部信息和数据输出率低的不足。因此,采用基于 GPS 卫星导航系统和 INS 惯性导航系统的组合导航方式是当前智能车辆领域研究的热点,航位推算定位原理如图 4 - 10 所示。

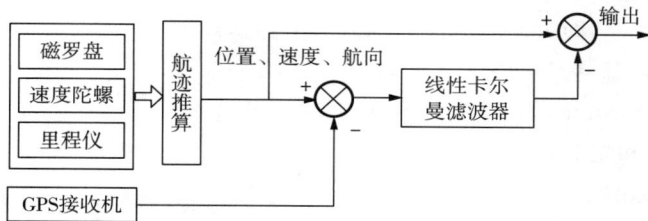

图 4 - 10 航位推算定位原理

在 GPS/INS 组合导航技术的实际应用中,涉及将 GPS 的定位数据与 INS 的定位数据进行融合的问题。因此,数据融合成为解决组合导航实时性及高精度、高可靠性的关键技术。

数据融合技术是利用计算机对按时序获得的若干观测信息,在一定准则下加以自动分析、综合,以完成所需的决策和评估任务而进行的信息处理技术。利用该技术可以实现多种定位传感器的组合,将离散或连续的量测参数进行滤波估计,提高定位的可靠性,还能满足时间和空间的可用性,不受地理环境的影响。

目前在数据融合的滤波算法中,Kalman(卡尔曼)滤波是广泛应用的一种滤波算法,是时域递推算法,具有两个特点,即状态空间的系统描述和循环递推计算。但是也存在一些缺陷,在高维系统计算时,计算量增大,影响了系统的实时性,同时系统的噪声模型必须是已知的。

在设计组合导航系统的 Kalman 滤波器时,必须列出描述系统动态特性的系统方程和反映观测量与系统状态关系的量测方程。如果直接以导航系统输出的导航参数(位置,速度等)作为状态,则称实现组合导航的滤波处理为直接法滤波;如果以各导航子系统的误差量作为状态,即以导航参数的误差量作为估计对象,则称实现组合导航的滤波处理为间接法滤波。

在直接法滤波中,Kalman 滤波器接收各导航子系统的导航参数,经滤波计算,得到导航参数的最优估计,直接法滤波结构框图如图 4-11 所示。

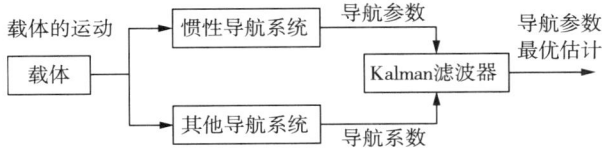

图 4-11　直接滤波

在间接法滤波中,Kalman 滤波器接收两个导航子系统对同一导航参数输出值的差值,经过滤波处理,估算出各个参数的误差量,用惯性导航系统误差的估计值去校正惯性导航系统输出的导航参数,得到导航参数的最优估计;或者用惯性导航系统误差的估计值去校正惯性导航系统中相应导航参数,即将误差估计值反馈到惯性导航系统的内部,如图 4-12 所示。前者称为输出校正,后者称为反馈校正。

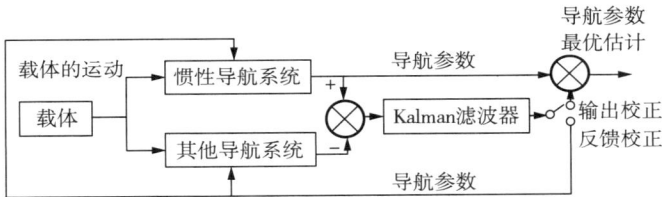

图 4-12　间接法滤波框图

4.6　航位推算(DR)定位技术

航位推算(Dead Reckoning,DR)是一种自主式车辆定位技术,称为估计推算法(Deduced Reckoning),亦有学者称为推测航位法。这种推算技术是利用车辆航向、速度和里程计等传感器的信息,自主地推算出车辆相对于起始点的位置,可依靠载体自身设备来独立进行定位,并在短时间内能够保持较高的定位精度,以及较强的抗干扰性。但是由于传感器本身存在随机漂移和误差,在推算过程中定位误差将随时间而累积。

4.6.1　航位推算系统的组成

航位推算系统主要由测量航向角的传感器和测量距离的传感器构成。常用的航向传感器有磁罗盘、差分里程计和角速率陀螺仪。磁罗盘是通过感应地磁的变化,直接测量出地磁北向与车辆间的夹角,即方位角,但是磁罗盘易受到车体磁化程度以及道路磁场环境的影响,造成误差;差分里程计是将两个里程计分别安装在车辆平行相对的两个车轮上,当车辆转弯时,两个里程计感应到行驶速率的不同,计算出车子相对转角,但差分里程计计算的航向误差也较大。陀螺仪根据其输出物理量的不同可分为角速率陀螺和角位移陀螺,按工作原理的不同可分为旋转型、光学型和振动型。

航位推算系统的传感器主要有加速度计、里程仪和多普勒雷达。加速度计是较为常见的车辆加速度测量仪,对加速度积分可以得到速度,其特点是可以避免里程仪工作时受到车辆自身和外界路况造成的误差与影响,但是积分过程会带来累积误差。里程仪的成本较低,是测量车辆速率的一个较为合适的仪器,而且车辆一般都安装了里程仪,可以直接使用。多普勒雷达因为其成本太高,在车辆定位导航系统中应用较少。

4.6.2 航位推算

航位推算是一种典型的独立定位方法,其定位原理是以地球表面某一点作为当地坐标系原点,利用航向传感器和距离传感器(或速度传感器)测得车辆的行驶航向变化量和距离,然后推算出车辆的当前相对位置,基本原理如图 4-13 所示。

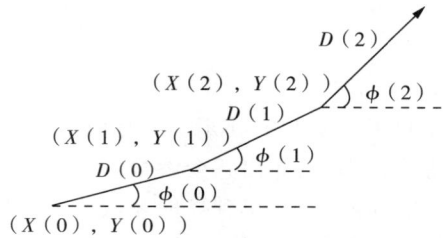

图 4-13 航位推算定位原理

将车辆的运动看成平面二维运动,已知车辆起始点的位置和方向角,根据行驶的距离及角度变化就可以推算出下一点的位置。假设车辆的起始位置为 (x_0, y_0)、初始方位角 θ_0 已知,通过实时测量车辆行驶的距离 S 和方位角的变化量 $\Delta\theta_0$,则可推算出车辆在下一时刻的位置。具体算法如公式(4-7):

$$\begin{cases} x(k) = x(k-1) + \dfrac{S_R(k-1)+S_L(k-1)}{2}\times\cos[\varphi(k-1)] \\ y(k) = y(k-1) + \dfrac{S_R(k-1)+S_L(k-1)}{2}\times\sin[\varphi(k-1)] \\ \varphi(k) = \varphi(k-1) + \dfrac{S_R(k-1)+S_L(k-1)}{b} \end{cases} \quad (4-7)$$

其中:$x(k), y(k), \varphi(k)$ 为车辆在 k 时刻的位置以及方向,$S_R(k-1), S_L(k-1)$ 分别为车辆右轮和左轮在 $k-1$ 时刻到 k 时刻时间间隔所走过的距离,b 为车辆的轮距。因为用陀螺仪可以测出转过的角度,可以用上式可修正陀螺仪测出的角度值。

4.7 视觉定位技术

视觉定位技术就是将图像信息运用在车辆定位中,利用车载相机提取当前环境一致性信息,从而估算出当前车辆位姿。视觉定位是一种重要的定位方式,要求对各种道路场景进行快速识别和理解,确定可行驶道路区域。相对于其他的方法,视觉是一种被动式的测量方法,其本身不发出光以及其他辐射源,具有隐蔽性较好,测量快速和准确等优点。因此,视觉定位是智能车辆研究的一个重要内容,也是最具挑战性的一项关键技术。

视觉定位分为单目视觉和多目视觉。单目视觉可以获得车辆姿态角变化和位移方向,但无法获得场景中物体实际尺寸大小。双目和多目视觉,称为立体视觉,在物理结构安装时,需要确保两个或多个相机光心不重合,通过分析其重合视野信息,重建三维场景并计算出 6 个自由度的位姿增量。因此,通过相机实时获取当前环境信息引导车辆自动驾驶是视觉导航的核心方法,具有很高的灵活性。

4.7.1　视觉定位方法

视觉定位主要分为全局定位、同时定位与地图构建和视觉里程计 3 种方式。全局定位就是事先采集道路场景图像,建立具有位姿信息的全局地图或路标的数据库,当车辆在某区域道路上行驶时,将实时获取的位置图像在全局地图或路标数据库中查找与匹配,根据当前位置图像与对应路标之间的相对位姿差,计算出瞬时定位信息,局部定位信息累积之后就能获得全局位姿信息。

同时定位与地图构建(Simultaneous Localization and Mapping,SLAM)可以描述为车辆在未知环境中,从一个未知位置开始移动,在移动过程中根据位置估计和地图进行自身定位,同时在自身定位的基础上建造增量式地图,实现车辆的自主定位和导航。SLAM 最早出现在 1986 年 ICRA 国际会议上,分为滤波和非滤波两种方法,滤波方法是将所有图像信息用概率分布融合表达,非滤波方法是利用全局光束平差对关键帧进行优化。

视觉里程计(Visual Odometry,VO)是基于局部运动估计,通过车载摄像头或移动车辆运动所引起的图像变化,达到逐步估计车辆姿态的目的。

在建立路标数据库进行全局定位时,根据路标的稀疏程度一般分为稀疏路标和稠密路标。稠密路标是指采集了所有道路环境中车辆瞬时位姿信息,当车辆在道路上行驶时,将采集的当前位置图像在路标数据库中匹配,确定车辆当前的姿态。但是,如果路标数据库太大,就会增加匹配时间,也耗费大量的存储资源,实时定位时效果受限。因此,通过利用一些筛选策略,在满足定位的前提下,减少路标数量可以加快数据库匹配速度。路标的减少会造成车辆无法获得持续的定位信息,稀疏路标需要与其他局部定位方法结合使用。

回路闭合(Loop Closure,LC)是指车辆是否与之前访问过的区域有重合,当车辆检测到 LC 时,当前获取的一致性信息可以修正车辆路径和路标地图中的累计误差。在对稀疏路标配合的局部定位方法研究中,SLAM 算法跟踪环境地图,会随着全局地图尺度的增大而影响算法效率。VO 算法通过相邻图像中的一致信息来计算车辆位姿变化,忽略全局一致性影响,将局部运动估计信息累积到车辆轨迹中,以保持算法效率;还可以通过类似基于滑动窗口 SBA 算法,优化相邻几帧图像,提高局部定位精度。视觉里程计定位误差在没有全局信息的校正下会随时间的增长而累积,可通过融合了惯导数据的滤波器先过滤,再优化车辆的姿态角和俯仰角,以减少这类误差。

定位模块是智能车辆的基础模块,在车辆行驶过程中需要频繁调用。如果定位算法不合理会造成明显的时延,增大车辆定位时的时间开销,降低智能车辆整体的工作性能,不利于系统的实时性。定位信息反馈延时还可能影响智能车辆导航控制模块和动态路径规划,影响系统安全。

在定位精度上,基于视觉定位方法的定位精度取决于图像序列一致性信息运动估计算法性能和匹配策略,三种视觉定位方法各自侧重点不同,没有好坏之分。

总之,基于全局定位方法具有最小的全局误差,基本不存在累计误差影响。VO 是通过图像序列帧间一致性信息估计运动,具有很高的精度。SLAM 算法性能则介于两者之间,SLAM 需要更新全局地图来保证实时性。在实时更新地图时,会应用多特征信息进行运动估计,这会增大全局地图,而减少特征信息进行运动估计则会降低局部定位精度。与全局定位时使用相对稀疏路标库类似,路标位姿与车辆当前位姿过大的差异,则会带来更多的定位误差。视觉里程计可利用大量图像帧间的一致信息来估计运动参数以得到位姿增量,则不必维护全局地图。在环境适应性上,全局定位算法需要建立路标库。依靠道路环境的先验知识,路标库匹配程度的高低直接影响着定位精度,如果当前车辆姿态没有相应匹配路标信息,车辆无法定位,环境适应性较差。及时的定位及地图构建和视觉里程计不需要事先获取环境先验知识,它们是通过获取每帧图像的一致信息来得到相机位姿信息,对环境适应性较好。但是 SLAM 需要检测 LC,如果车辆行驶过程中没有检测到 LC,但是却发生了 LC,这就造成了资源浪费,随着时间的增长则影响计算成本。路标库和道路环境先验知识限制了全局定位方法的应用范围,SLAM 和全局定位都无法适应大尺度环境下,智能车辆的实时高精度定位需求。视觉里程计无需环境先验知识,可依靠实时图像相邻帧间的一致性信息,来获取连续精确的局部运动参数,具有很好的环境适应性。

4.7.2 GNSS/INS/视觉的多源信息融合

GNSS 是全球导航卫星系统(Global Navigation Satellite System),泛指所有的卫星导航系统,包括全球的、区域的和增强的,如美国的 GPS、中国的北斗、俄罗斯的 Glonass、美国的 WAAS(广域增强系统)、日本的 MSAS(多功能运输卫星增强系统)等,还涵盖在建和以后要建设的其他卫星导航系统。GNSS、INS、视觉传感器等相互之间具有较强的互补性。GNSS 建立了一个全球范围内统一的时间和空间基准,所有的信息都将在同一个绝对的时空基准下进行交互融合,并且唯一具备全球、全天候高精度绝对定位的系统。惯性传感器(INS)通过感知刚体平动和转动,由加速度和角速度进行航位推算获得智能车辆的导航信息,包括位置、速度、姿态、加速度、角速度等,因而可作为主滤波器,融合任何其他定位定姿传感器的信息,其优势是独立自主,不与外界发生联系,不受平台、环境的干扰影响,采样率高、故障率低,从而具备用途广,可靠性高的优点。视觉传感器通过对环境特征信息的测量与匹配,可以实现与 INS 一样的航位推算,若能够获得先验地图支持时,也可以实现和 GNSS 一样的绝对定位。它的缺点是探测距离短,弱纹理、低光照、强曝光和运动模糊等,因而影响了特征匹配。但是,它很少受环境遮挡干扰的影响,且误差发散与行车距离成线性关系,其性能介于 GNSS 和 INS 之间,是 GNSS/INS 组合系统的最佳补充。GNSS/INS/视觉传感器互补性强,高度关联,是未来多源信息融合的一个重要方向,也是国内外智能车辆领域学者研究的热点。

4.8　车用电子地图

车用电子地图(Electronic Map)又称数字地图,是随着计算机技术的发展,将传统地图技术和地理信息系统(Geographic Information System,GIS)集合在一起而构成的一种新型地图,是以一种符号化的表现形式来表示地理信息,并拥有过程的交互特性,可以在智能终端或 PC 端快速的存取和显示,用户只需要在自己的 PC 端地图上或是手机上的地图 App 进行导航就可以较为准确地找到目的地的位置,规划自己的出行路线。

根据电子地图的存储结构,可以将其分为矢量、栅格以及矢量栅格一体化这几种类型。矢量数据结构是采用几何学中的点、线、面来描述地理实体的空间分布信息的一种数据表示方法,它表示地理数据的精度高,数据量小且存储冗余度低。但是该数据结构本身的数据结构复杂,空间分析以及数学模拟相对较难,软件的实现技术要求较高。栅格数据结构是基于栅格模型的数据结构,将空间环境分割成栅格单元,在各个栅格单元上给出对应的属性值来表示地理实体位置信息,栅格单元的大小会影响电子地图的显示与分析效果。栅格数据结构简单,易于空间分析和地表模拟,以及空间数据的叠合和组合。与矢量数据结构相比,数据量较大,存储冗余度较高,定位精度也较低。

电子地图的特点有如下 6 个:

(1)快速存取显示。

(2)将地图要素分层显示。

(3)自动测量图上的长度、角度、面积等参数。

(4)利用数据传输技术,将电子地图传输到其他地方。

(5)利用虚拟现实技术将地图立体化、动态化,用户有身临其境之感。

(6)实现动画。

4.8.1　电子地图数据模型

依据电子地图的数据模型种类,可分为关系型数据模型、面向对象数据模型、时空数据模型和超媒体数据模型。

1. 关系型数据模型

关系型数据模型是将数据的逻辑结构转化为满足某些条件的二维表格。数据记录长度都是固定的,满足第一范式的结构化要求,不允许嵌套。一般地图属性数据是定长的,空间对象的数据长度则是变化的,这样在存储地图空间数据时易造成数据冗余。为此,为了处理地图空间数据,先按一定规则将地图坐标值序列化,再用数据库中提供的二进制类型来存储。如果要对这些数据进行操作,就需要先将读取出来的序列坐标串解析成坐标集合。

2. 面向对象数据模型

面向对象数据模型就是以面向对象的技术把数据和操作封装起来。具体应用时,它将地图抽象为具有属性和空间特征的实体对象,用识别号(ID)来标识,再把它封装起来。面向对象的数据模型不但解决了关系型数据模型中,存储可变长度的空间对象字段带来的数据冗余问题,而且还可以支持复杂对象存储、嵌套以及信息的继承等。当然,该模型也有不足的一面,比如没有数据库的基本特性,缺少兼容结构化查询语言(Structured Query Language, SQL)的查询功能,还有在并发处理、安全和完整性等方面没有关系型数据模型优秀。

3. 时空数据模型

电子地图的表达对象都包含空间特征和时间特征,并且在大多数应用领域需要表达的地理现象是时变的。时空数据模型支持动态数据的更新和分析预测,可以表达地理信息随时间变化的动态特性。就时空数据模型而言,当前有两种常见模型,一种是在关系型数据模型中加入时间维度,同时扩充查询语言和关系代数,以利于时空数据的存储、表示和处理。通过关系型数据模型扩展的时空数据模型来进行存储时会出现数据冗余,以及降低查询的效率等问题。为了克服这些问题,可以将时变的数据和没有时变的数据分开存储。另一种是在面向对象数据模型封装地图对象时,加入时变特征,使之能够描述随时间变化的地图对象的空间数据和非空间数据。这种模型的灵活性更强,可维护性和可扩展性更好。

4. 超媒体数据模型

超媒体数据模型就是将超媒体技术融入电子地图模型,是一种扩展数据模型,可以解决地理信息关联上的问题。该种模型主要由结点、链和网络等组成。结点是描述信息的基本单位,链是超媒体数据模型的本质,结点和链构成了一个有向信息网。超媒体数据模型解决了重复存储的问题,而且使用户浏览的自由度更高。

4.8.2 图层结构

电子地图大都以图层方式来组织数据。图层是将在一定的空间内具有相同的属性、特征以及具有一定拓扑关系的地理实体集合在一起,即相同种类的地理实体数据都单独组成一个图层。电子地图的图层结构如图 4-14 所示,由该图可知电子地图是通过叠加图层来进行信息表达,当地图有不同的应用时,图层叠加的内容也不相同。

由上文可知,矢量类型和栅格类型都是在电子地图中对现实世界进行模拟的数据结构类型,其中矢量类型是把交通环境中的实体通过点、线、面来表达;栅格类型也称为瓦片模型,是用栅格单元来模拟实体。当前互联网地图服务和多数的移动端 App 都是基于栅格模型,对某一区域的表达可能通过 10 多层甚至 20 多层不同分辨率的图片组成。当用户进行地图级别的缩放时,就会从服务器端下载瓦片在浏览器端显示。

在矢量模型的电子地图中,数据是以矢量的方式存储,所有的空间地理位置信息都可以根据需要进行分类,分成不同的图层,也可以根据特性分成不同的图层。针对栅格模型的电子地图,由于这种地图是由多张栅格图片拼接而成,每张栅格图所包含的元素信息在制作时是已经完全确定的。因此存在一个底图

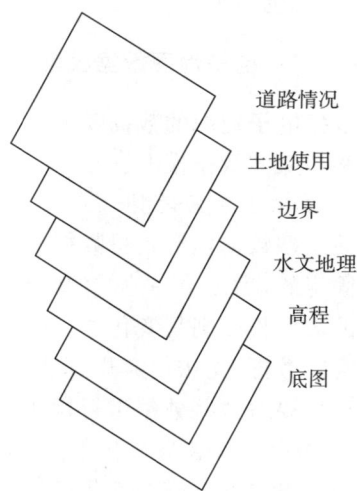

图 4-14 电子地图图层结构

的概念,也就是一张包含路网、河流、草地、地物轮廓等空间信息的地图数据。在底图的基础上,就可以叠加其他图层,比如路网图层、卫星图层和实时交通图层等。图 4-15 为某区域道路图层,图 4-16 为影像图,图 4-17 为叠加路网混合图。

电子地图主要由道路形状数据、背景数据、拓扑数据和属性数据等构成,它们之间紧密衔接,共同为车辆导航应用提供服务。例如,图 4-18 为车道模型,图 4-19 为路口模型,图 4-20 为导航用电子地图。

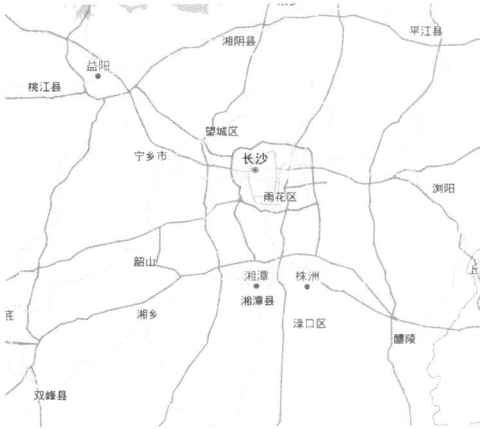

图 4 - 15　道路图层

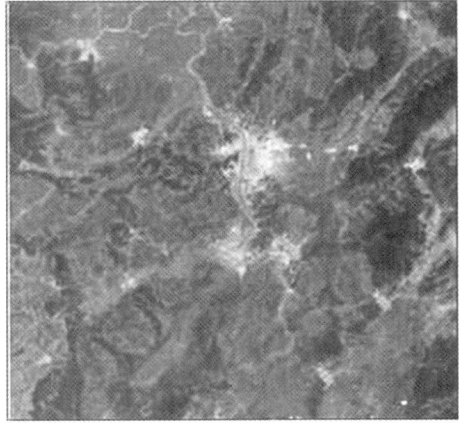

图 4 - 16　影像图

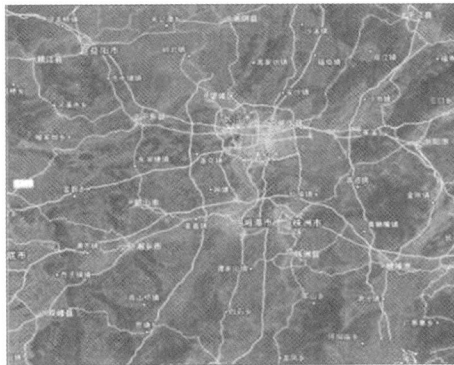

图 4 - 17　叠加路网混合图

图 4 - 18　车道模型

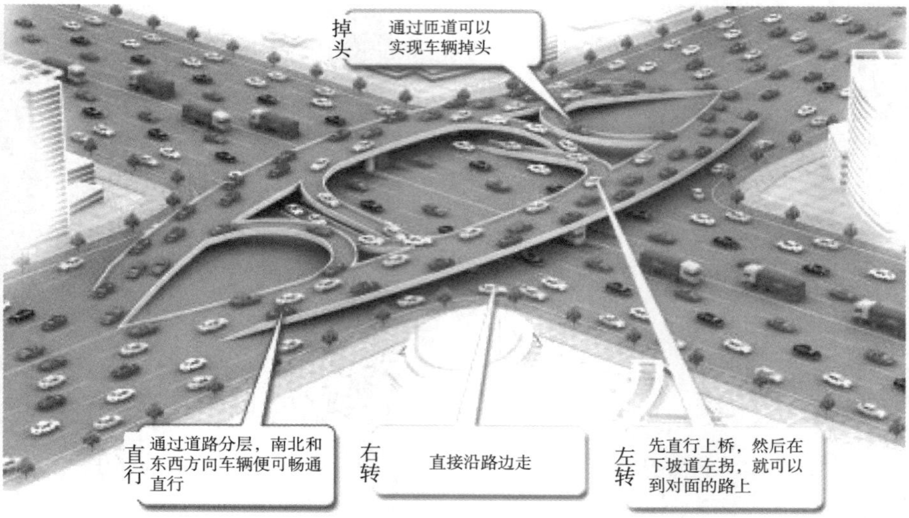

图 4-19 路口模型

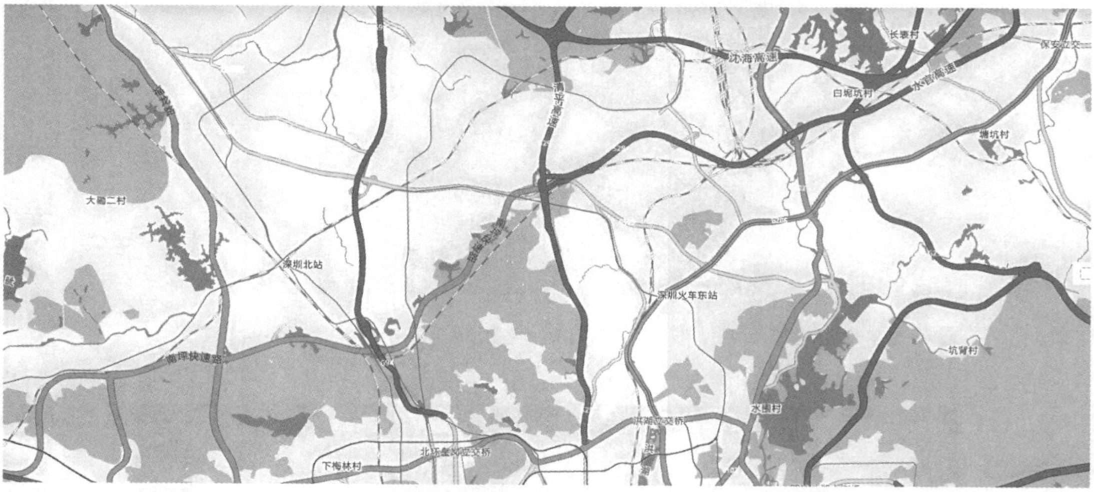

图 4-20 导航用电子地图

导航用电子地图中主要包括这些数据类型:

(1)道路形状数据:准确如实地反映真实世界的具体情况,记录与道路相关的精确地理位置、路面形状、道路隔离带、相应的附属设施等,为其他类型的数据提供空间数据基础,是电子地图与客观世界和各种导航应用功能相联系的纽带。

(2)背景数据:既有植被、水系、行政区划、面状公共场所等现实意义上的背景信息,又有各类与智能导航相关的实时交通信息。背景信息提供优化了的地图信息,满足了实时网络路径分析的需要。

(3)拓扑数据:定义了电子地图中各种地物间的相互关系,包括拓扑联接、拓扑相邻、拓扑包含等。拓扑数据的定义使电子地图中的各类数据在内涵上有了很大的关联,使地图数据在语义和概念上更加完整,符合客观现实,为电子地图数据自身完备性检查、网络路径分析和实现交通信息处理提供了便利。

(4)属性数据:记录各类地物除位置信息以外的数据。根据地物不同,属性数据的组织结构也不相同。例如,信息点(Point of Information,POI)的属性中包括名称、地址、电话、网址等,而针对道路的属性数据则要记录道路名称、路面宽度、车道数据、通行级别等。随着导航应用需求的不断扩展,对属性数据完备性的要求也在不断提高,属性数据中包括的信息量及其准确度是评价当今业界领先的导航电子地图质量的重要依据之一。

4.8.3　电子地图的技术要求

对于车辆导航用电子地图来说,必须同时具备地理位置数据的精确性和实际地物信息的准确性。同时电子地图中各要素之间必须具有正确的拓扑关系和整体的联通性,各地物在逻辑上和语义上能够正确地映射现实世界。这些条件是确保电子地图实际可用性的客观基础。

其次,导航电子地图必须能够提供地物属性信息,以满足在电子地图上进行查询、智能交通分析和导航应用的客观需要。例如,在地图数据中需要有表达禁止交通的信息,哪些路口禁止右转、左转和直行等,哪些路段在特定的时间段内不许机动车通行,或只许单行等,还需要具有表达道路收费情况、允许哪些车辆类型通行等信息。这些属性信息都与导航应用密切相关。

再次,在许多车载系统和手持式设备等环境条件下,对导航电子地图的要求更加苛刻。电子地图数据在保证精度和信息量的情况下必须尽可能的精炼,同时数据结构和算法也必须符合嵌入式设备显示、运算和分析的要求。

最后,由于导航电子地图使用场合的特殊性,通常会配置便捷高效的图形用户界面,以保证信息的快速获取和用户的安全,其中语音、触摸屏、针对强光源的特殊着色等常用技术,配合视频、动画等相关数据来展现丰富的电子地图应用。

4.8.4　高精度车用电子地图

高精度车用电子地图就是把相关路段的环境数字化,成为计算机读得懂的数字地图。理论上高速公路上的基建环境是相对固定的,所以高精度车用电子地图只要辅以差分 GPS,就能让计算机识别道路实现自动驾驶。至于路上的车流,可以通过车载摄像头和车载雷达来实现自动避让。

高精度车用电子地图只有在达到厘米级精度时,才能保证车辆的行驶安全,这是自动驾驶的核心技术之一。高精度车用电子地图对车辆定位、导航与控制以及安全来说,是至关重要的。马路上的车道线的宽度大约在 10cm 左右,如果让行驶的车辆在完全自动驾驶的情况下,同时避免压线,就需要地图的定位精准度到 10cm 以内。其次,高精度车用电子地图还要具有反馈道路信息的能力,例如道路前方信号灯的状态,判断道路前方的道路指示线是实线或虚线,判断限高、禁行等等,来保证车辆安全行驶。高精度车用电子地图也包含有大量的行车辅助信息,包括路面的几何结构、标示线位置、周边道路环境的点云模型等。有了这些高精度的三维表征,自动驾驶系统就可以通过比对车载 GPS、IMU、LiDAR(Light Detection and Ranging,激光雷达)或摄像头的数据,来确认自己当前的精确位置,进行实时导航。

1. 高精度车用电子地图与一般导航地图区别

高精度车用电子地图是自动驾驶的数据基础,可以帮助车辆预先感知路面复杂信息,如坡度、曲率、航向等。如图 4-21 所示,结合路径规划,让自动驾驶车辆做出正确的决策。

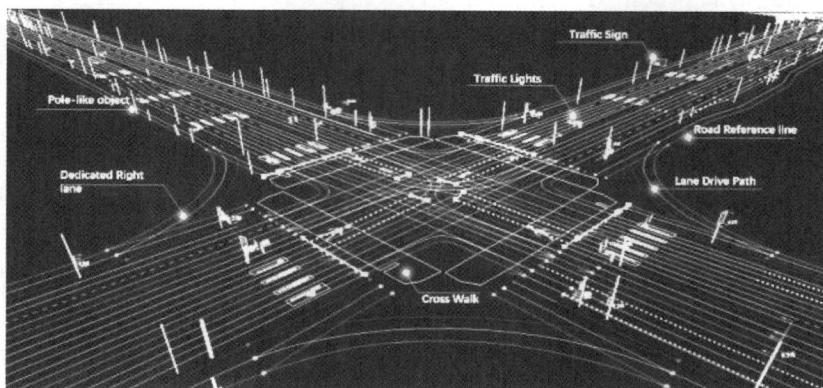

图 4-21　高精度车用电子地图

高精度车用电子地图与一般的车载导航地图在很多方面都是不同的,比如使用者不同、用途不同、要素和属性不同、所属系统不同等。一般导航地图主要是由人来使用,用于导航、搜索路线等。高精度车用电子地图的使用者是计算机控制系统,用于高精度定位、辅助环境感知、决策与路径规划等方面。因此一般导航地图在车内属于车载信息系统范畴,含有显示屏,而高精度车用电子地图是自动驾驶系统的组成部分,没有屏幕显示。在要素跟属性方面,一般导航地图仅包含简单道路线条、信息点(POI,如电子地图上的景点、政府机构、公司、商场、酒店等)、行政区划边界等;而高精度地图则包含详细道路模型,比如车道模型、道路部件、道路属性和其他的定位图层等。

高精度车用电子地图存在两个重要层级:最底层的是静态高精度地图,上层是动态高精度地图。静态高精度地图中包含了车道模型、道路部件、道路属性和其他的定位图层。高精度车用电子地图需要满足车道级的自动驾驶导航,因此需要包含道路细节信息,如车道线、车道中心线、车道属性变化等,能够让车辆知道哪些区域是虚线,能够变道。车道模型中还需要包含道路的曲率、坡度、航向、横坡等数据信息,使车辆能够准确进行转向、制动、爬坡等。这些信息便构成了车道模型。此外,该地图还包含交通标志牌、路面标志等道路信息,特殊的点以及 GPS 消失区域等。

在静态高精度地图之上的动态高精度地图包含各种类型的动态信息,比如移动障碍物、施工情况、道路拥堵情况、交通标示改变、是否有交通标识线磨损及重漆现象等。这些变化信息可以通过各种车载传感器来实时获取,通过与云端通信,把路网更新信息告诉其他自动驾驶车辆,使其他自动驾驶车辆更加智能和安全。

2. 自动驾驶汽车与高精度车用电子地图的结合

自动驾驶汽车与高精度车用电子地图主要以两种模式结合存在:一种是弱地图模式,地图只用来寻路和辅助定位,同时依靠车载传感器感知环境;另一种是强地图模式,此时的地图含有传感器组,各种传感器感知到的信息都会融合到地图中,成为自动驾驶的数据基础。

当前有国内外学者提出了多层地图模式,即不同的图层对应自动驾驶汽车完成不同的任务,如图 4-22 所示。

图 4-22　多层地图模式

该模式的最底层包含道路信息的道路模型,完成汽车从出发地到目的地的规划,也被称为宏观地图层。往上一层是车道层,该层确定车辆每时每刻位于哪个车道,为自动驾驶汽车给出局部路段的车道级任务点。在最底层和道路层之间存在一个连接层,负责把任务从道路级降维到车道级,并且汽车轨迹要符合车辆动力学模型。再往上是驾驶辅助层,叠加有汽车感知周围人、车、物信息的地图,构建出一个虚拟的三维场景,于是汽车就知道哪里可以走,哪里不能走。

因此,高精度车用电子地图还要具有随时调整运行方案的能力,能够提供超出传感器视距的道路信息,帮助车辆更加安全和高效地到达目的地;可以在具体路段提供操控建议,甚至在部分传感器失效时,高精度车用电子地图能够根据自有的障碍物信息,成为最后安全防线的重要一环,辅助车辆采取安全措施。

高精度车用电子地图除了包含道路信息外,还需要有鲜活度,能随时更新地图信息。比如 Mobileye 公司的道路经验管理系统(Road Experience Management,REM),就可借助车载传感器采集道路上的各种导流标志、方向标识、信号灯等信息,上传云端、信息比对更新、下发车辆的方式来更新地图信息。

高精度车用电子地图对道路属性数据和粒度要求较为细致,所采集的地图数据涵盖道路网络数据、车道网络数据、道路交通设施数据、安全辅助数据等信息。高精度车用电子地图数据依赖于专业采集设备和专业采集人员。这些数据的采集是通过专业采集与众包采集两种方案来实现。

专业采集是通过雇用大量专业的数据采集人员、测绘设备、采集车等,测绘车在道路上来回多遍采集数据,以确保数据的准确性,如图 4-23 所示。此外,高精度车用电子地图制作流程繁杂,在完成集中式数据采集后,还要经历数据融合、处理、发布、交付等诸多环节。

众包式地图数据的采集是为了解决高精度地图更新与制作成本而产生的,就是把地图更新的任务交给道路上行驶的大量非专业采集车辆,利用车载传感器实时监测环境变化,并与高精度地图比对,当发现道路变化时,就将数据上传至云平台,再下发更新给其他车辆,实现地图数据的快速更新,如图 4-24 所示。

图 4-23　专业采集高精度车用电子地图数据

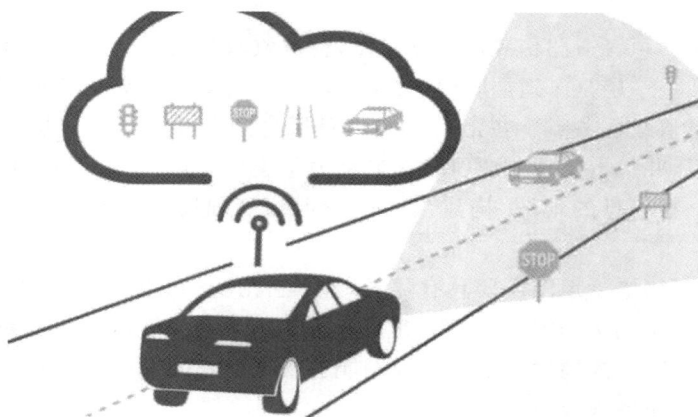

图 4-24　众包式采集地图数据

3. 专业式数据采集方式的特点

(1)专业式数据采集优势

在制图过程中采用专业测绘车,通过自主采集半自动化以及全自动化生产的方式获得了高精度的矢量地图,矢量地图包括车道级拓扑、车道边线、道路区间以及 ADAS 数据等信息,它能够满足车道级的导航功能的自动驾驶,精度和可信度高,主要特点如下。

① 精度高:专业的测绘手段与成熟的制图工艺流程相配合,达到厘米级精度,能够满足不同等级自动驾驶技术对高精度地图的精度要求。

② 适应性强:不同场景、不同等级的自动驾驶技术方案各有不同,矿山、园区等场景在地图测绘时也可能会采用不同的方案(采集车搭配不同的传感器),满足客制化的需求。在

为客户提供产品之前是全方位多角度的产品设计,可实现与算法软件无缝对接。

③ 技术成熟:已经形成相对成熟的流程,在质量控制方面具有相对成熟的经验,可以很好地满足车企项目的需求。

(2)专业式数据采集劣势

① 成本高:测绘车由于搭载了激光雷达等昂贵的设备,一台测绘车成本往往高达几十万甚至几百万。

② 数据量大:由于采集的地图要素多而且精细,在存储和传输过程中,需要的存储容量和带宽要求也非常惊人,这也是目前高精度地图的采集、制作基本上以项目/区域为主,还并未形成一张全国高精度地图的原因。

③ 专业人员需求:采集人员需要具备专业的知识且经过多年培训,才能完成任务。而且后续在制图过程中也需要大量内业人员参与绘图、切片等制作流程中。

④ 鲜度维持不易:专业采集受制于采集车的使用频率与地图的制作工艺,在日新月异的国内建设速度下,数据鲜度的维持变得愈发重要且不易。

4. 众包式数据采集方式的特点

所谓众包式地图采集服务,是指通过投放多辆具有环境感知能力的车辆,让它们一边行驶一边收集道路信息数据并上传到云端,云端根据反馈得来的数据构建还原度高的、即时更新的行车地图。比如,某条道路本来是畅通的,但突然发生的交通事故导致了这一道路上的交通堵塞,进而引发了周边多条道路的堵塞。如果事故发生地附近有车辆能够收集并上传数据到云端,那么云端就会即时更新地图信息,指引其他车辆绕行。

(1)众包式数据采集优势

① 成本较低:普通车辆经过简易改造即可执行任务。

② 数据来源丰富、实时性好:大量非专业采集车辆在行驶中可即时获取道路状况发生的变化,这种数据产生方式可以及时完成路况数据快速检阅与更新的问题。

③ 低成本和可量产方案:中国的综合交通网络总里程已有 600 多万公里,如果按照专业测绘的方式采集,成本与耗时都将是个天文数字,因此众包采集具有非常显著的优势。

(2)众包式数据采集劣势

① 传感器数据来源和标准不一:由于各家众包方案使用的传感器不一样,导致数据来源、精度、格式标准都不统一,各种传感器采集的数据在融合时会出现一定难度。

② 精度不够:众包方案产生的数据大多是视频数据,精度较低。图像包含的信息量非常大且大部分为非结构化的数据。数据后续处理会更加复杂。为了提高精度达到高精地图的要求,需要海量的数据进行数据聚合后才可以,这也造成了很难通过众包的方式做成第一张高精地图,而这种方式各家适合于进行数据更新。

③ 政策门槛:对于众包数据采集的行政许可目前是没有的,根据测绘法对测绘行为的定义,企业性质的大范围的带 GPS 或不带 GPS 的地理数据收集行为属于测绘行为,这些数据需要由有甲级导航电子地图资质的图商来收集处理。

④ 技术门槛高:众包制图整个过程涉及计算机视觉技术、AI 技术、数据融合技术等目前业界的一些尖端技术,有些技术目前还相对不是很成熟。

一直以来,大范围的精度控制难、制作和更新成本高,以及近乎实时性等要求,都是高精度地图面临的重大挑战。采用专业采集和制作的方式来完成一张全域的高精度地图底图以保障大范围的精度控制,是当前主流图商的基本做法。采用众包采集,主要依赖算力、AI及计算机视觉技术等,实现无人干预的全自动化实时云端制图和发布,则是未来的低成本快速更新高精度地图的主流趋势。

目前国内的多家地图服务提供商都制定了高精度地图的发展路线图,并给出了相应的时间表。

a. 百度。目前百度地图已实现了从功能到智能,从平面到立体,从出行参考到行程决策,从出行地图工具到新基建数字底座的进化升级。据百度地图2021生态大会的数据显示,百度地图96%的数据加工环节已经实现AI化,道路覆盖里程已达1100万公里,相对精度可达到10cm、20cm,覆盖全球1.8亿的信息点(POI),拥有超过20亿张全景照片,累计服务超过60万的移动应用。此外,2022年百度地图在十一期间的北斗日均定位量再破1500亿次,97.8%的定位已实现北斗优先切换。基于北斗导航的加持,百度地图的精准体验,更加得到印证与提升。百度高精度地图真正应用到智能汽车中,则取决于主机厂的产品规划。图4-25所示为百度公司的高精度地图采集车。

图4-25 百度公司的高精度地图采集车

b. 高德。高德地图是中国领先的数字地图内容、导航和位置服务解决方案提供商。拥有导航电子地图的甲级测绘资质和互联网地图服务的甲级测绘资质,其优质的电子地图数据库成为公司的核心竞争力。2016年底即完成了280000公里的自动驾驶级别的高精度地图(Highly Automated Driving,HAD)的制作,获取了全国国道、省道的ADAS级别高精度地图数据;2017年年底ADAS级别数据扩展到30多座城市的主干路,HAD级别已向国道、省道和主要城市内部扩展。2021年10月,高德地图正式上线了基于北斗导航系统的车道级导航高清版。

截至2022年11月,高德地图调用北斗卫星日定位量已超过2100亿次,且在定位时北斗的调用率已超越了GPS等其他卫星导航系统。例如高德地图发布的车道级导航服务,应用北斗系统亚米级的高精度定位技术,结合参考站修正信息,经过融合和解算后,实现定位精度从5~10m的道路级,进化到1米以内的车道级别。这也是国内首个可完全在智能手机上实现的车道级导航服务。高德地图近期还推出了基于北斗系统的大众出行服务,如使用北斗卫星定位查询系统,用户在定位导航时即可查看当前所调用的北斗卫星数量,以及具体编号、方位角、高度角、频点、信号强度等相关详细信息。图 4 - 26 为高德公司的高精度地图采集车。

图 4 - 26　高德公司的高精度地图采集车

　　c. 四维图新。以地图起家的四维图新,曾经是行业的老大。早在 2013 年,四维图新在国内车载导航市场的份额为 60.13%,占据了绝大部分的市场份额。在 2015 年,超过一半的收入来自导航业务。2016 年年底,就提供了覆盖全国高速公路的高精度地图;2017 年年底,提供了支持至少 20 个城市的 L3 级高精度地图,还在北京、上海、武汉、长沙等重点城市进行了道路实验。在 2019 年,已完成了 L3 级所有城市高精度地图的制作和采集,另外开始了 L4 级高精度地图的制作。近年来,随着高德、百度、易图通、凯立德、腾讯等诸多企业入局地图行业,以及智能手机的普及和人们普遍采用手机导航,主要做车载导航的四维图新的市场份额不断下滑。随后,公司决定向自动驾驶、高精度地图、芯片等业务转型,到 2021 年,商用车联网占总营收比例达到了 37.22%,是最大的业务板块,位置大数据占比近 15%,芯片占比约 11.5%。相对应的,导航业务占比逐年降低,2016 年之前导航收入占营业收入比例超过 50%,到 2020 年时已经低于 30%,2021 年则为 29.48%。虽然,四维图新拓展了很多新业务,但地图仍然是基础,诸多业务都是基于地图产生的。但是,地图又已经不是传统的地图,现在包括 SD 地图(导航)、ADAS 地图(高级驾驶辅助)、HD 地图(高精)、AVP 地图(自动代客泊车)等。

　　根据国际数据公司(IDC)在 2021 年发布的报告可知,在高精度地图解决方案市场中,百度凭借 28.07% 的市场占比位居第一,四维图新占 21.61% 位列第二,易图通和高德分列第三及第四。图 4 - 27 为四维图新公司的高精度车用电子地图采集车。

　　高精度地图不是哪一家公司可以研发出来的,它需要大量的人力、物力,以及配置了激光扫描设备的采集车,同时需要解决各类技术问题以及标准问题等。显然,地图供应商与车企、政府部门和其他汽车行业供应商的共同合作开发,是势在必行的。

图 4 - 27　四维图新公司的高精度地图采集车

　　高精地图经过了多年图商主导的大规模、高质量的集约化生产,可能会朝什么方向演变?

　　自动驾驶技术永远都需要高精地图吗? 谁是将来高精地图的主角,图商、芯片厂商,还是车企?

　　图商具备天然的先发优势,技术完整,团队规模化,占领着主要的高精地图市场,但错过了布局端的契机,尚未大规模拿到回传数据,对生态的影响不可忽视。芯片厂商具备车端的算力和技术,典型的代表就是 Mobileye。从 2016 年起就一直在发展 REM,其中包含高精地图,并且宣称是利用众包车辆及其算法的全自动生成,现在已经在欧美和日本量产应用。英伟达、地平线等芯片大公司也似乎在发展类似的技术。车企则逐步认同自动驾驶自主研发的必要性,迟早有一天会手握大量的车辆用户和海量的实时数据,部分车企已经在投入开发高精地图技术,作为其自动驾驶技术不可缺少的一部分。

　　高精地图会不会简化,哪些东西可能简化,高精地图是不是真的可以完全自动化等问题,有待于随着自动驾驶的大潮,而产生出新的答案。今天看来似乎正在复杂化,但从长期来看这可能是一个由繁入简的发展进程。

　　高精度地图作为除复杂传感器之外的自动驾驶汽车最核心的技术之一,已成为智能网联汽车技术产业的重要基础技术。未来对于导航地图而言,传统地图和高精度地图的用户区分比较明确,高精度地图配合汽车进行自动驾驶导航,直接服务对象为车;传统地图服务于人,可视化呈现,两者适配不同的自动驾驶级别。

　　未来的自动驾驶,不是依赖于单车传感器就能够做到的,一方面要看传感器升级、算法的升级,同时也要倚仗 V2X 技术、大数据、边缘计算、云计算以及 5G 的普及,而高精度地图不仅是智能汽车的核心模块,也是参与路侧交通基础设施智慧化建设必不可少的支撑。以高精度动态地图连接车企和路侧基础设施方,服务于车路协同的自动驾驶、智能网联、智慧交通等诸多方面,为车企、IT 企业、政府等不同领域、不同行业、不同客户提供定制化的应用服务,必将推动着自动驾驶技术的快速落地,而高精度地图的服务功能也将进一步得到落实和推广。

参考文献

［1］ 赵龙 . 惯性导航原理与系统应用设计［M］. 北京：北京航空航天大学出版社，2020.

［2］ 王佐勋 . 无人驾驶导航控制系统的设计［M］. 北京：中国水利水电出版社，2018.

［3］ 黄丁发，熊永良，周乐韬，等 . GPS 卫星导航定位技术与方法［M］. 北京：科学出版社，2009.

［4］ 孟维晓，韩帅，迟永钢 . 卫星定位导航原理［M］. 哈尔滨：哈尔滨工业大学出版社，2013.

［5］ 胡振文，孙玉梅，邢献芳 . 车辆定位与导航［M］. 北京：中国铁道出版社，2009.

［6］ 马庆禄 . 车辆定位与导航系统［M］. 长沙：中南大学出版社，2014.

［7］ 黄德，康娟，张利云，等 . 北斗卫星导航定位原理与方法［M］. 北京：科学出版社，2019.

［8］ 杨元喜 . 自适应动态导航定位［M］.2 版 . 北京：测绘出版社，2017.

［9］ 陈艳，张漫，马文强，等 . 基于 GPS 和机器视觉的组合导航定位方法［J］. 农业工程学报，2011，27（3）：126 − 130.

［10］ Xu J，He H，Qin F，et al. A novel autonomous initial alignment method for strapdown inertial navigation system［J］. IEEE Transactions on Instrumentation and Measurement，2017，66（9）：2274 − 2282.

［11］ 李增科，王坚，高井祥 . 精密单点定位在 GPS/INS 组合导航中的应用［J］. 武汉大学学报（信息科学版），2013，38（1）：48 − 51.

［12］ 王庆，张小国 . 车辆组合定位与导航系统：理论，方法及应用［M］. 北京：科学出版社，2016.

［13］ 付梦印，肖烜，邓志红，等 . 陆用惯性导航技术［M］. 北京：科学出版社，2017.

［14］ 李殿茜 . 面向自主定位定向系统的地图匹配导航技术研究［D］. 北京：航天科工集团第三研究院 .2017.

［15］ 何长久，邹志勤，邹瑛，等 . 光纤惯导系统连续旋转对准技术研究［J］. 导航定位与授时，2016，3（2）：1 − 6.

［16］ 曾喆，李清泉，邹海翔，等 . 曲率积分约束的 GPS 浮动车地图匹配方法［J］. 测绘学报，2015，44（10）：1167 − 1176.

［17］ 苏奎峰，邓志东，黄振 . 基于曲率特征的自主车辆地图匹配定位方法［J］. 机器人，2012，34（4）：440 − 446.

［18］ 陈慧岩，熊光明，龚建伟，等 . 无人驾驶汽车概论［M］. 北京：北京理工大学出版社，2014.

［19］ 李兆荣 . 跨界生长：车联网在进化［M］. 电子工业出版社，2016.

［20］ Tai J C，Tseng S T，Lin C P，et al. Real−time image tracking for automatic traffic monitoring and enforcement applications［J］. Image and Vision Computing，2004，22（6）：485 − 501.

第5章　路径规划与路径跟踪控制

5.1　概　　述

随着自动驾驶技术的发展,对新一代的自动驾驶汽车提出既要具有面对复杂的道路场景进行识别分析的能力,又要具有实时应对各种突发状况的能力。

自动驾驶按照功能不同,主要分为环境感知、路径规划和运动控制。运动跟踪控制是实现自动驾驶功能的主要手段,而信息感知是进行路径跟踪控制的前提条件。为此需要利用各类车载传感器获得汽车的运动状态、道路信息以及汽车当前位置,并对得到的信息进行加工处理,分析判断汽车的状态,对未来的行驶路线和速度进行规划,然后运用控制系统对汽车的油门/制动/转向协调配合,进行驱动/制动/转向,使汽车能够沿着规划的路径和车速进行跟踪,避免汽车行驶过程中由于出现意外状况而引发的安全问题,最终完成自动驾驶目标。

5.2　车辆运动学模型

构建反映车辆运动学或动力学特性的模型是自动驾驶车辆路径跟踪控制的前提条件,车辆运动学模型能够研究车辆的速度、角速度、位移、路径等信息,建立车辆的速度与位姿之间的关系,据此可以设计基于运动学模型的控制策略。车辆的动力学模型是研究车辆的轮胎力学、行驶动力学、空气动力学等力学特征,建立车辆的加速度与受力之间的关系,可以设计基于动力学模型的车辆控制策略。虽然基于车辆动力学模型的控制器精准度更好,但由于自动驾驶属于非线性系统,考虑因素多,计算复杂,所以需要从路径跟踪控制出发,建立能够反映自动驾驶车辆相关特性的模型,以保证车辆模型的响应特性与自动驾驶车辆的实际响应一致或接近。

建立车辆运动学模型是研究物体运动的基础,根据阿克曼转向原理建立车辆运动学模型,如图 5-1 所示。将车体视作刚体,在不考虑车轮在地面上运动时的弹性变化给整个系统模型带来影响的条件下,假设车辆处于一个二维平面中,每个车轮均以一个共同的圆心做圆弧运动轨迹,即每个车轮在任意时刻都是在进行以横向加速度为零的圆周运动或者直线运动。

其中,左前轮偏角和右前轮偏角分别为 δ_o、δ_i,车辆的轴距为 L,轮间距为 L_w,车辆圆弧

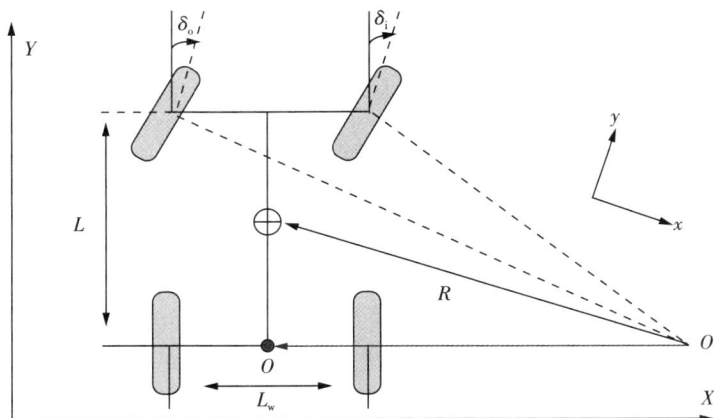

图 5-1　车辆转向运动学模型

轨迹半径为 R。车辆只做平行于地面的平面运动,车辆绕 y 轴的俯仰角与绕 x 轴的侧倾角均为零。

在不考虑地面切向力对轮胎侧偏特性影响和空气作用情况下,忽略左、右轮胎由于载荷变化而引起的轮胎特性的变化,以及轮胎回正力矩的作用等,该模型可简化为如图 5-2 所示的 2 轮自行车模型。

假设自动驾驶汽车是前轮转向、后轮驱动,内外轮角度的关系式如下:

$$\delta = \frac{\delta_o + \delta_i}{2} \tag{5-1}$$

$$\tan\delta = \frac{L}{R} \tag{5-2}$$

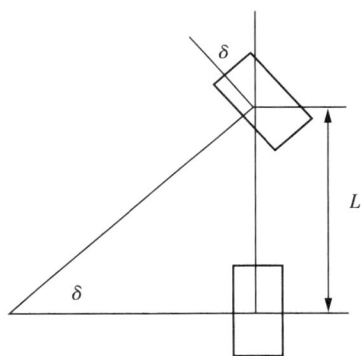

图 5-2　简化的 2 轮自行车模型

在上述假设成立的条件下,汽车可有式(5-3)所表达的运动学约束关系:

$$\dot{x}\sin\theta = \dot{y}\cos\theta \tag{5-3}$$

(x,y) 为汽车参考质点在世界坐标系下的坐标,θ 为汽车的航向角,航向角 θ 与汽车前轮的转角 δ 均以逆时针为正,得到汽车的运动学模型公式:

$$\dot{x} = v\cos\theta \tag{5-4}$$

$$\dot{y} = v\sin\theta \tag{5-5}$$

$$\dot{\theta} = \frac{v}{L}\tan\delta \tag{5-6}$$

式中,各变量的表达意义与上相同。

5.3　路径规划

路径规划在很多领域都具有广泛的应用,如自动驾驶汽车的自主避障行动,无人机的避障突防飞行;巡航导弹躲避雷达搜索、防反导弹袭击、GPS导航、通信技术领域的路由问题等。凡是可拓扑为点线网络的规划问题,基本上都可以采用路径规划的方法来解决。根据对环境信息的把握程度,可以把路径规划划分为基于先验完全信息的全局路径规划和基于传感器信息的局部路径规划。其中,从获取障碍物信息是静态或是动态的角度看,全局路径规划属于静态规划(又称离线规划),局部路径规划属于动态规划(又称在线规划)。全局路径规划需要掌握所有的环境信息,根据环境地图的所有信息进行路径规划;局部路径规划只需要由传感器实时采集环境信息,了解环境地图信息,然后确定出所在地图的位置及其局部的障碍物分布情况,从而选出从当前结点到某一子目标结点的最优路径。

自动驾驶汽车对于路径规划所面临的具体技术难点虽有所不同,但是归根到底突破这些技术瓶颈必须依靠算法的研发,这既是实现汽车对于路径主动选择的基础,也是路径选择技术路线前进的方向。

自动驾驶汽车的全局路径规划,可以理解为自动驾驶汽车软件系统的导航功能,即在宏观层面上指导自动驾驶汽车的软件系统控制规划模块,按照什么样的道路行驶,引导汽车从起始点到达目的地。这样的全局路径规划在一定程度上类似于传统的导航,但是在具体实现细节上,依赖于专门为自动驾驶汽车导航绘制的高精地图,根据在地图上已知的起点和终点信息,采用路径搜索算法生成一条最优化的全局期望路径。显然,这与传统的导航有本质上的不同。这种全局路径规划既可以在行驶前离线进行,也可以在行驶中不停地重新规划,如图5-3(a)所示。

在全局路径规划中的路径是以全局坐标的形式给出的。全局规划的作用在于产生一条全局路径指引汽车的前进方向,避免汽车盲目地探索环境。在规划全局路径时,不同的环境下常常会选择不同的最优标准。在城区环境下,一般以路径长度最短或时间最短为最优标准。在野外环境的全局路径规划中,一般以"安全性"为最优标准,该标准同时需要考虑路径宽度和平整度来保证汽车的运行安全。

局部路径规划是以自动驾驶汽车所在的局部坐标系为准,需要将全局期望路径根据汽车的定位信息转化到汽车坐标系中来,作为局部参考路径,为局部路径规划提供导向信息。局部期望路径是自动驾驶汽车未来一段时间内的期望行驶路线,要求每个路径点的坐标和切线方向就是汽车的位置和航向,路径点的曲率半径就是汽车的转弯半径。局部路径规划的作用是寻找一条满足汽车运动学约束和舒适性指标的无碰撞路径,规划出来的局部路径必须具备对全局路径的跟踪能力与避障能力,见图5-3(b)。

5.3.1　全局路径规划算法

全局路径规划是在已知的环境中,为汽车规划出一条从起点到终点的最优无碰撞路径。全局路径规划的典型算法有:

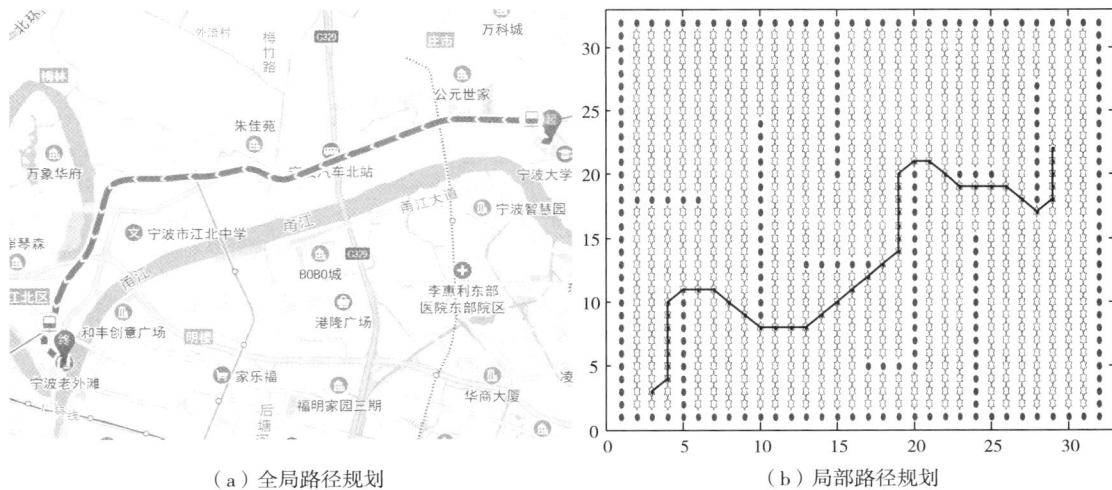

（a）全局路径规划　　　　　　　　　　（b）局部路径规划

图 5-3　路径规划

1. 人工鱼群算法

人工鱼群算法（Artificial Fish Swam Algorithm,AFSA）是一种具有动物自治体行为特征的新的群智能优化算法,通过物竞天择的自然规律,动物能够不断地感知和适应周围的环境,进而对环境产生一定的影响。算法思想是:在一片水域中,人工鱼往往会跟随其他人工鱼去寻找营养成分较多的地方。同理,如果在一个区域聚集的鱼群数量越多,则食物浓度越高。根据鱼群的这一生存特点,构造人工鱼群对鱼群的觅食、聚群、追尾和随机行为进行模拟,最终实现全局最优。如图 5-4 所示,x_i 表示处于 i 位置的人工鱼;Visual 表示人工鱼能够感知的最大视野范围;Step 表示人工鱼的移动步长;x_{next} 表示下一时刻人工鱼将要到达的位置。

个体人工鱼本身一般不具备思考功能,但是它们会通过一些行为表现出群体的智慧对周围的环境进行适应,其基本行为一般概括为觅食行为、聚群行为、追尾行为和随机行为。

（1）觅食行为:一般情况下鱼在水中随机地自由游动,当发现食物时,则会向食物逐渐增多的方向快速游去。

（2）聚群行为:鱼在游动过程中为了保证自身的生存和躲避危害会自然地聚集成群,鱼聚群时所遵守的规则有三条:分隔规则,尽量避免与邻近伙伴过于拥挤;对准规则,尽量与邻近伙伴的平均方向一致;内聚规则,尽量朝临近伙伴的中心移动。

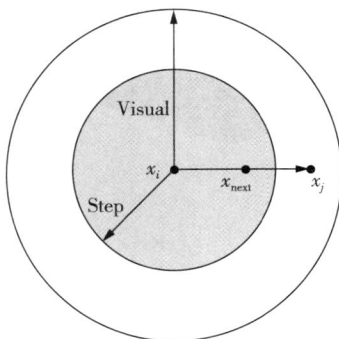

图 5-4　人工鱼群算法原理

（3）追尾行为:当鱼群中的一条或几条鱼发现食物时,其临近的伙伴会尾随其快速到达食物点。

（4）随机行为：单独的鱼在水中通常都是随机游动的，这是为了更大范围地寻找食物点或身边的伙伴。

鱼类在觅食或者寻找同伴的过程中，会根据对环境信息的感知，在这些行为中不停地进行转换，以达到寻找食物或同伴的目的。算法主要利用鱼的三大基本行为：觅食、聚群和追尾行为，采用自上而下的寻优模式，从构造个体的底层行为开始，通过鱼群中各个体的局部寻优，达到全局最优值。

2. 快速搜索随机树

快速搜索随机树（Rapidly Exploring Random Tree，RRT）算法是在多维空间中一种有效的路径规划方法，它以起始节点为根节点，通过速记采样加入叶节点，当随机树中的叶节点包含目标点或进入目标区域时，可以在随机树中找到从起始点到目标点的路径，如图5-5所示。虽然RRT在路径规划领域取得了很大的进展，但是还存在着收敛速度慢、无用节点多、计算时间长等问题。针对这种问题，有学者提出具有渐进优化的RRT*算法，在RRT节点扩展的基础上，加入了随机几何图与优化理论，以保证随机树的所有节点都能接近当前的最优值；也有学者提出RRT-blossom算法，利用回归约束函数生成新的节点来减少随机树早期的递归区域。

3. 随机路图法

随机路图法（Probabilistic Roadmap Method，PRM）是由学者针对静态结构化环境下的路径规划问题而提出的一种解决方法。基本原理是在规划空间内随机选取 N 个节点，然后将每个节点用一条直线连接起来，去掉与障碍物相撞的直线，最后得到一条路径，如图5-6所示。当节点个数较多时，PRM算法可以求得最优解，但如果节点数量少或分布不合理，PRM算法得到的路径可能不是最优路径。

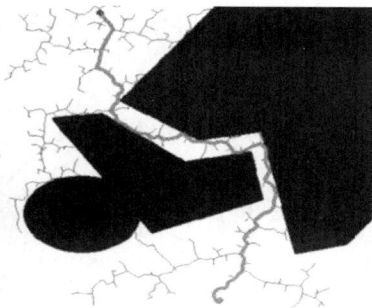

图5-5　RRT算法示意图

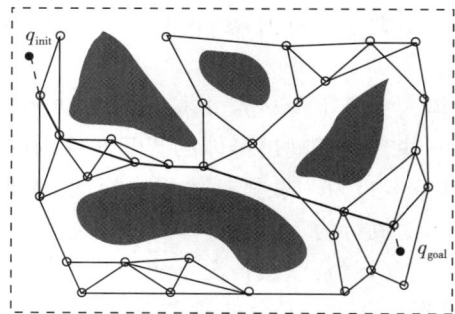

图5-6　PRM算法示意图

4. 可视图法

在可视图法中，自动驾驶汽车和障碍物是由点和多边形描述的，将起始点 S、目标点 G 和障碍物 V_o（所有障碍物的顶点构成的集合）进行组合连接，要求连线不能从障碍物中穿过，即直线是"可视的"。给图中的边赋权值，构造可见图 $G(V,E)$。其中，点集 $V = V_o \cup \{S,G\}$，E 为所有弧段即可见边的集合。然后，采用优化算法搜寻从起始点 S 到目标点 G 的最优路径，通过累加和比较这些直线的距离，可以得到从 S 到 G 的最短距离，如图5-7所示。可视图法实现简单，可节省路径规划时间。但是如果障碍物的不规则程度太高，顶点过多,会导致连线过多,加大路径规划的工作量,影响规划速度,也就无法满足实际工作要求。

5. 栅格法

栅格法是使用大小相同的栅格来划分汽车的环境空间,栅格的大小取决于汽车的大小。当栅格内不包含任何障碍物时,为自由栅格;否则,为障碍栅格。自动驾驶汽车根据该算法在自由栅格内活动,避让障碍栅格。学者们对栅格法进行了大量研究工作,有学者提出将栅格法和蚁群算法相结合的方法,

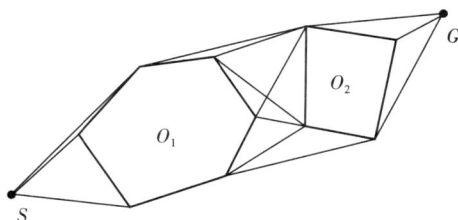

图 5-7　可视图法

仿真试验验证了该方法具有较强的时效性和较好的稳定性。有的学者针对复杂环境下的路径规划问题,提出了基于改进概率栅格分解的路径规划算法,以及按照等比规则递减的栅格建立方法等。

5.3.2 局部路径规划常用算法

局部路径规划算法是一种在未知的工作环境或者局部未知的工作环境下的动态路径规划,主要方法包括:人工势场法、遗传算法、模糊逻辑算法和神经网络算法等。

1. 人工势场法

人工势场法(Artificial Potential Field,APF)是斯坦福大学 Khatib 博士于 1986 年根据物理学中类比电荷在电势场受力而提出的。该算法认为移动物体在自由空间运动行为都是受到合力作用的,比如当汽车在运行过程中,目标点不断对其产生引力,障碍物则对汽车产生斥力,移动汽车所受到的合力等于其所受斥力与引力之和,如图 5-8 所示。人工势场法原理简单,但是存在易产生死锁现象。为此有的学者采用虚拟子目标引力算法,可让目标点所处位置的势场是全局最小的,使移动汽车能够成功到达目标点;也有的学者采用加入一个取决于障碍物的外力,使移动汽车能够尽快脱离局部最优解;还有的学者提出,通过改进传统斥力函数的方法,可使汽车在未达到目标点时的斥力函数小于其受到的引力函数,以保证汽车能够安全运行。

2. 遗传算法

遗传算法(Genetic Algorithm,GA)是由美国 J. Holland 教授于 1975 年提出的人工智能算法,即模仿生物进化论的思想,将“适者生存”的概念引用到算法中。遗传算法属于全局优化的随机搜索算法,具有一定的方向性,可通过选择、交叉、变异等遗传算子的操作来提高个体的适应性。该算法使用简单、鲁棒性强,具有可扩展性、易与其他算法结合的优点。遗传算法的思想是根据待优化问题的目标函

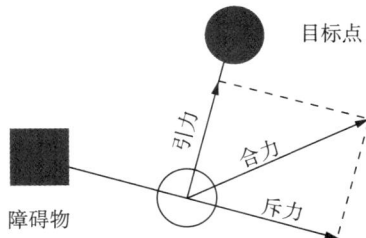

图 5-8　人工势场法示意图

数构造相应的适应度函数,其次对种群进行初始化,评价和遗传操作(包括交叉、变异和选择)。最后通过多次迭代使得种群向目标函数逼近,从而获得最优解。

遗传算法是一种随机优化算法,它通过对染色体的评价和作用于染色体中的基因,来改

善优化质量的状态,算法的流程图如图5-9所示:

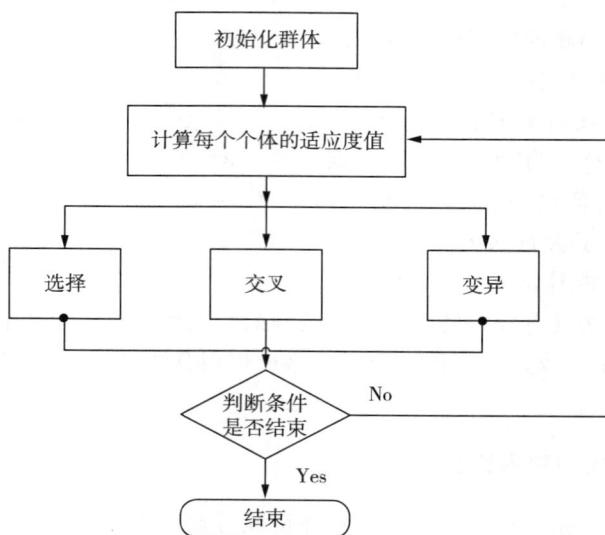

图5-9 遗传算法的流程图

有的学者在GA算法中加入了路径长度的目标函数,其改进的GA算法搜索效率更高且能够获得更好的解。也有的学者在遗传算法基础上引入模拟退火算法,这是属于启发式算法的一种,它在搜索过程引入了随机因素,在迭代更新可行解时,以一定的概率来接受一个比当前解要差的解,因此有可能跳出这个局部的最优解,达到全局的最优解。仿真实验结果证明,改进后的算法更加安全和高效。

3. 模糊逻辑算法

模糊逻辑法(Fuzzy Logic Algorithm,FLA)是模拟驾驶员的驾驶经验,将模糊逻辑本身所具备的鲁棒性与基于生理学上的"感知-动作"行为结合起来,为汽车的路径规划问题提出了一种新思路。该算法通过建立一系列的模糊推理规则,有效地解决了传统算法中存在的对汽车的定位精度敏感、对环境信息依赖性强等问题,对处理未知环境下的规划问题展现了较强的优越性,且具有较强的实时性。

在未知环境中出现静态或动态障碍时,研究者们将人的避碰行为抽象为模糊规则,将人的驾驶经验融入控制系统中,即将车载传感器探测的环境信息传输给中心控制计算机,中心控制计算机进行信息融合,获得对当前环境更客观、更本质、更全面、更充分的认识,然后给出下一步的行动方案。图5-10是自动驾驶汽车的总体路径规划框图。

环境信息包括CCD摄像机检测到的导引信息、目标位置信息以及毫米波雷达、激光雷达等检测到的障碍物信息等。行动决策方案有两条路可选:直接向目标位置行驶,或者绕行避开障碍物。中心控制计算机根据探测到的环境信息,确定汽车与障碍物以及目的地之间的相对位置,据此做出下一步的行动方案。

到达目标位置是自动驾驶汽车的首要任务。安全第一,避障拥有最高的优先权。当没有障碍物或是障碍物对汽车的安全行进构成威胁时,汽车快速向目标位置行驶,完成任务;

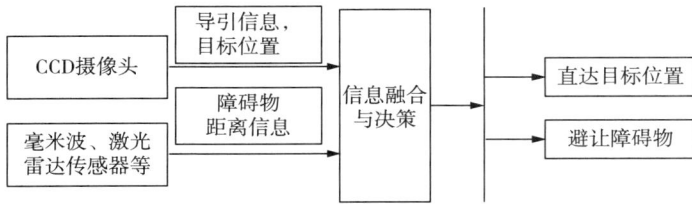

图 5 - 10　总体路径规划框图

当汽车的运行环境中存在危险障碍物时,汽车优先避障,等到避障完成、汽车安全后,再继续向目标位置行驶。

4. 神经网络算法

神经网络算法(Neural Network Algorithm,NNA)是一种模拟人类大脑的思维能力,通过大量神经单元来实现非线性功能的一种网络。采用神经网络设计的路径规划,需要先将环境地图映射成神经元网络,并设置神经元的值来表征不同的地图状况,再通过对神经网络的训练来获取最优的神经元集合以组成路径。

在如图 5 - 11 表示的 30m×30m 大小的地图上,采用 30×30 的神经元来表示。每一个神经元代表 $1m^2$ 的地图区域,各神经元初始能量设定为不同值,来代表不同的地形情况,如障碍物、通路、汽车、行人、目标点等等。

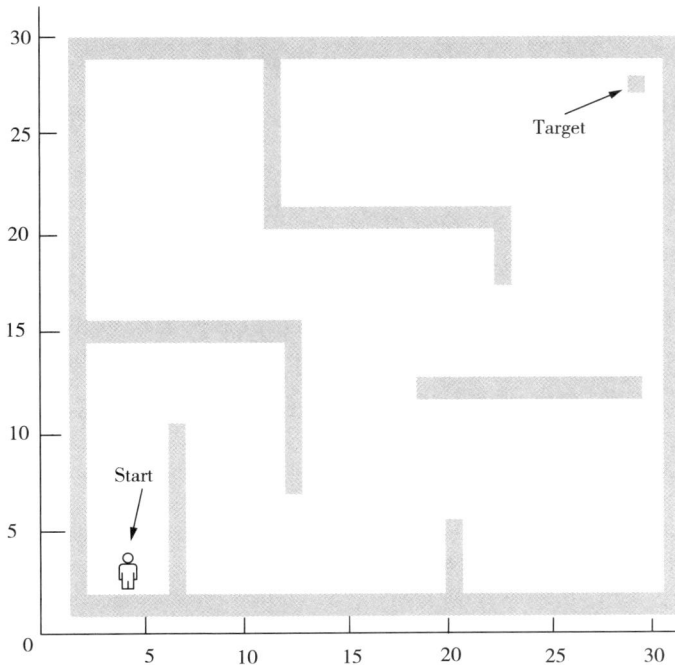

图 5 - 11　30m×30m 的地图

对于现有的神经网络路径规划算法,是在地图映射入神经网络后,将所有的神经元都进行若干次全局训练,最后得到一条最优路径,这样的算法在静态已知的地图下,能得到非常好的路径规划效果。但是在环境事先未知的,甚至是动态环境情况下,由于无法了解全部的地图信息,在训练后得到的效果就非常不理想,搜索的随机性很大,经常会出现错误和冗余路径的问题。

因此,从未知及动态地图角度考虑,需要在运动中通过汽车自带的传感器来获得局部环境信息以及与目标点的距离信息等,实现神经网络的优化训练,达到算法优化的效果。

5. A* 算法

A* 算法是一种经典的启发式搜索算法,是基于 Dijkstra 算法的最佳优先搜索算法。A* 算法的最主要特征是在搜索选择下一节点时引入了已知的路径节点信息,计算所有候选节点到达目标节点的代价,选取最短距离作为代价,进而优先选择具有最短距离的节点作为下一个路径节点,直到搜索到目标节点。

建立 A* 算法的关键是确立如下形式的启发式函数,如式(5-7)所示:

$$G(n) = g(n) + h(n) \tag{5-7}$$

其中,$G(n)$ 为经过候选节点 n 的最低代价解的估计代价值,$g(n)$ 为从起始节点到当前节点 n 的实际花费的代价,用起点到当前节点的欧氏距离来表示;$h(n)$ 为从当前节点 n 到目标节点的估计代价,在实验中将 $h(n)$ 定义为当前节点到目标节点的欧氏距离。

假设在地图中,选定起始节点 $S(S_x, S_y)$,目标节点 $T(T_x, T_y)$,当前节点 $C(C_x, C_y)$,那么启发式 A* 算法的估价函数即可表示为式(5-8):

$$G(n) = \sqrt{(C_x - S_x)^2 + (C_y - S_y)^2} + \sqrt{(T_x - C_x)^2 + (T_y - C_y)^2} \tag{5-8}$$

A* 算法就是从起始点,每走一步都选择代价最小的节点走,直至终止点。

5.3.3 自动驾驶汽车的实时路径规划

1. 自主换道

汽车换道行为是自动驾驶领域的关键问题,也是道路驾驶行为的主要环节之一,对交通安全、交通流特性有着非常重要的影响,其研究内容包括换道决策和换道轨迹规划两部分。自主换道的核心部分是行为决策,即决策系统要求汽车在不同的道路环境下做出符合驾驶员驾驶行为的操作:换道、保持在本车道行驶、减速或加速,等等。总之,要使自主换道的行为决策能够尽可能地接近驾驶员的行为操作。

1)换道决策模型

换道决策模型是将自主驾驶汽车所处的换道环境、换道意图等抽象后,建立起计算机可以认知的决策模型,典型的换道决策模型包括以下几种:

(1)Gipps 模型

Gipps 模型是由 Gipps D 在 1986 年提出的换车道模型,是建立在有信号灯、障碍物等场景下的模型。模型中换车道行为分为产生意图、探测条件、动作实施 3 个部分。整个换道过程包含以下条件:

① 在车道当前位置存在大货车或拥堵现象,存在着变换车道以及换道的意图。

② 检测换道条件,应用可接受间隙模型,在换道的时候,判断换道汽车与目标车道的前

车、后车之间是否存在足够的间隙，以保证汽车不会发生交通事故，换道才有可实施的可能性。

③ 只有当①、②都满足的时候，才能进行换道。

在换道过程中，往往采用刹车减速行为，Gipps 模型考虑了有障碍物情况下的换道行为。在实际换道行为中，除了有障碍物的情况之外，还存在无障碍的情况，汽车也会实施换道行为。这种情况在如下的 MITSIM 模型中被提出，并对换道行为方式提出了划分。

（2）MITSIM 模型

在 1996 年，Yang Q 和 Koutsopoulos N 提出了 MITSIM（Microscopic Traffic Simulator Model）模型。该模型是基于 Gipps 模型框架，同时对 Gipps 模型进行了补充和发展。该模型把换道过程分为 3 步：首先判断是否有必要换道并确定换道的类型；其次是检测间隙并选择换道方向；最后是实施换道。

在 MITSIM 的换道模型中，其换道需求由当前车道和目标车道的交通状况来共同决定。如果自车由于前方的慢车，导致它的速度低于期望速度或车道的最大速度时，将检测旁边车道是否有机会提高速度。忍耐因子和速度差因子等几个参数常被用来确定当前速度是否足够低，旁边车道速度是否足够大等，据此判断是否有换道的需求。需求产生后，将选择可换入的车道。车道是否可换入需要考虑诸如换道规则、车道使用权、车道间的连接、信号状态、事故、主要交通状况、司机的期望速度和车道的最大速度等因素。确定可换入的车道后，再考虑检测目标车道的前后间隙是否充足。判断性换道的最小间距可表示为式（5-9）所示：

$$\hat{g}^i_{\ n}=\widetilde{g}^i+\varepsilon_n, \quad i=lead,lag \tag{5-9}$$

式中，$\hat{g}^i_{\ n}$ 为汽车 n 在判断性换道时所能接受的最小间距；$\widetilde{g}^i$ 为平均可接受间距；ε_n 为随机误差项。

（3）CORISM 模型

CORISM（Corridor Traffic Simulation）模型是由美国联邦公路署（FHWA，1998）开发的，综合了 2 个微观仿真模型，即用于高速公路的 FRESIM 模型和用于城市道路的 NETSIM 模型。FRESIM 换道模型由动机、利益和紧急 3 个因素组成。动机因素由一个被定义为不可忍受的速度极限值的外生变量来决定，即当汽车的速度低于这一极限值时，便会产生换道的动机；利益因素代表换道获得的利益；紧急因素则指换道愿望的强烈程度，司乘人员可接受的减速度与换道的紧急因素有关。可接受的减速度由式（5-10）计算：

$$d=\begin{cases} d_{\min};U<(1-0.05\times c)\\ d_{\min}+(d_{\max}-d_{\min})\dfrac{U+0.05\times c-1}{0.05\times c};U\geqslant(1-0.05\times c) \end{cases} \tag{5-10}$$

$$U=DAF\times NLC\times(V_F^{des})^2/[20(x-x_0)] \tag{5-11}$$

式中，$d_{\min}$ 和 $d_{\max}$ 分别为可接受的最小减速度和可接受的最大减速度；c 为换道反应延迟时间；U 为紧急因素，由式（5-11）来决定。其中，$DAF=[1.0+DT-5.5]/F_{DA}$；DT 为司机的类型编号，$DT=1\sim10$；F_{DA} 为驾驶倾向性指标；NLC 为换道次数；V_F^{des} 为有换道意图的主车期望速度；x 为汽车的当前位置；x_0 为换道的目标位置。

NETSIM 换道模型分为强制性换道模型和判断性换道模型两种。自动驾驶汽车驶入或驶出交织区、匝道或接近车道终止处时的换道为强制性换道。NETSIM 的判断性换道模型主要由换道动机和间隙检测 2 部分组成。换道动机由主车的实际速度以及它与当前车道前车的车头间距来共同决定。该模型假定,当车头间距小至不可忍受或实际运行速度小于给定的不可忍受值的 1/2 时,自动驾驶汽车将尝试换道。不同汽车的不可忍受的车头间距值是不同的,具体值由式(5－12)计算获得:

$$DT > 9 \times \frac{\dfrac{S-2\times(V_F-V_L)}{V_F^{des}}-h_{min}}{h_{max}-h_{min}} \tag{5-12}$$

式中,DT 为司机的类型编号;S 为主车与当前车道前车的间距;V_F 为主车的实际速度;V_L 为目标车道前车的实际速度;V_F^{des} 为有换道意图车的期望速度;h_{min},h_{max} 分别为所有车都试图换道的最小车头时距和没有一辆车试图换道的最大车头时距。

(4)SITRAS 模型

SITRAS(Simulation of Intelligent Transport Systems)模型是由 Hidas 在 2002 年提出的一个基于人车单元的智能化的仿真系统,主要是针对交通系统在堵塞、交通事故等情况下进行分析和管理的模型。在该模型中采用了 Multi－agent 智能主体,对换车道的方式进行了划分。

该模型的换道可行性判断是基于以下两个条件:

① 主车跟随目标车道,前车的减速度是否大于主车可接受的减速度。

② 目标车道后车跟随主车时的减速度是否大于目标车道后车可接受的减速度。

主车和目标车道后车的减速度由跟车模型算出,而可接受的减速度由式(5－13)计算得出,这个公式是对 Gipps 模型的改进。

$$b_n = [2-(D-x_n(t)/10v_n]b_{LC}\theta \tag{5-13}$$

式中,b_n 为汽车 n 在 t 时刻可接受的减速度;D 为预定的转向或障碍物的位置;x_n 为汽车 n 在 t 时刻的位置;v_n 为汽车 n 的期望速度;b_{LC} 是汽车愿意接受的减速度平均值,默认值为最大减速度值的一半;θ 为司机的风险系数,表示司机个体之间的差异,服从正态分布,典型取值范围为 0～99。条件①中的 θ 为平均风险系数($\theta=50$)与主车司机的风险系数的比值,条件②中的 θ 为主车司机的风险系数与目标车道后车司机的风险系数的比值。

(5)CA 换道模型

CA 模型是由 Wolfram 提出,可通过微观局部规则来揭示自然发生的宏观行为。CA 模型由四部分组成:元胞(cell)、元胞空间(lattice)、邻域(neighbor)以及更新规则(rule)。模型具有时间离散等距、空间离散齐性、状态离散有限、计算同步并行、更新规则局部以及变量维数无限等特征。Nagel 和 Sdlrockenberg 在 1992 年提出了一种改进的模型——NS 模型,运用到单车道道路交通研究中。

NS 模型是把一段路分成长为 l 的多个元胞,每个元胞描述成一辆车或几辆车;也可以把几个元胞组成一辆车,元胞可以是空的,或显示其所包含的车速。在一条车道上,每辆车以预设边界条件移动,系统根据加速规则、减速规则、随机选择以及更新位置四条规则来运行。规则采用:可接受的换道车 n 的速度、位置、换道车的最大速度以及换道车 n 前方空的元胞数量等来进行控制。

2)构建换道决策模型

换道决策模型主要包括:产生换道意图、选择目标车道、评估换道条件。产生换道意图是指自动驾驶汽车在行驶过程中受到前车速度限制,无法满足自身驾驶效率,或者由于固有行驶目的,需要驶入匝道,而产生换道意图;选择目标车道是汽车确定需要换道后,在相邻车道选择符合换道条件的某条目标车道;评估换道条件是在确定换道后,对汽车换道条件进行评估,确保换道的安全性和高效性,以确定汽车能否进行换道。

如果能够为自动驾驶汽车构建一个合理有效的换道决策模型,那么自动驾驶汽车在换道决策时就能够做出比驾驶者更为理性准确的判断,从而使汽车换道更加安全、可靠。

3)换道轨迹规划

自动驾驶汽车的换道轨迹规划属于路径规划的研究范畴,相比于全局路径规划,局部路径规划的特点是环境信息的不确定性。

(1)典型的汽车换道轨迹规划方法

通常换道是在汽车不改变原有行驶方向的情况下,从一个车道转换到另外一个车道的过程,如图 5-12 所示。

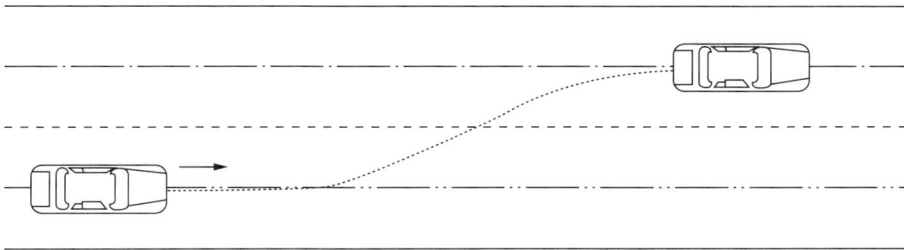

图 5-12　汽车换道轨迹图

由于换道方式的不同,其换道轨迹是不同的,典型的换道轨迹方法包括以下几种:

① 等速偏移的换道轨迹

等速偏移换道轨迹是指自动驾驶汽车按照相同的速度在某一时间段内改变方向,同时变道至目标车道,如图 5-13 所示。等速偏移换道轨迹由 3 条线段组成,分别为($A_0 - A_1$,$A_1 - A_2$,$A_2 - A_3$)。其中,在 $A_0 - A_1$,$A_2 - A_3$ 处的速度保持不变,在 $A_1 - A_2$ 处汽车运动方向发生跃变,在实际行驶过程中,这种变道规划方法是不合理的。因此,在采用等速偏移换道轨迹方法时,需要对其进行二次规划。

② 基于圆弧的换道轨迹

圆弧换道轨迹的起始段和终止段都由圆弧曲线构成,圆弧之间部分采用直线过渡,如图 5-14 所示。在换道起始阶段,汽车根据该圆弧切线作为基础来计算相应的航向角,由设置的速度规划来控制汽车前行。该换道轨迹模型最大的缺陷为在圆弧点 A_0、A_1、A_2、A_3、A_4、A_5 处曲率不连续,有跃变现象。汽车若按照该轨迹模型来行驶,则需要在圆弧端点处停车,改变汽车前轮偏转角来适应换道轨迹的曲率半径,这不符合实际汽车换道过程。因此,该方

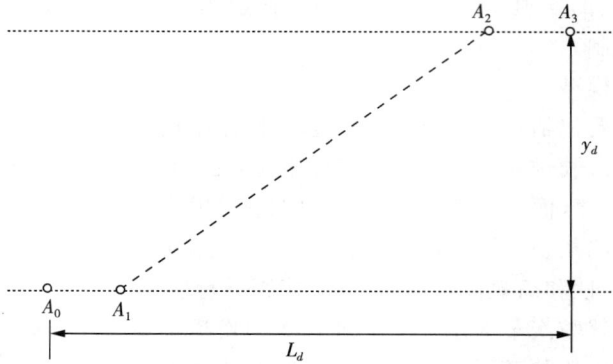

图 5-13 等速偏移换道轨迹

法改进后,在实际应用中才能有较好的效果。

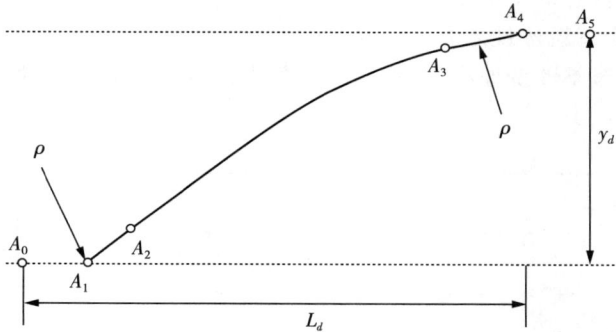

图 5-14 圆弧换道轨迹

③ 基于梯形加速度的换道轨迹

梯形加速度换道轨迹是一种考虑速度 V 和加速度 a 的轨迹曲线方式,横向加速度的形状是由两个大小相等的正反梯形组成,形状如图 5-15 所示。梯形加速度换道轨迹能够满足汽车换道运动过程中曲率变化的连续,以及变化率的限制,但是实施起来灵活性不够,如果需要调整换道过程就比较困难。

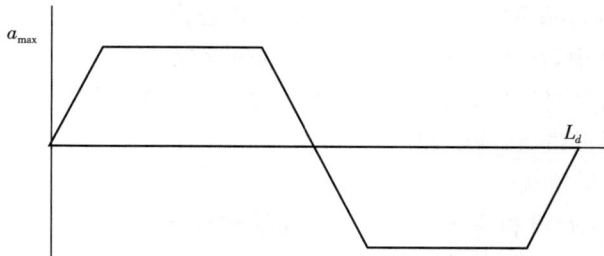

图 5-15 梯形加速度换道轨迹

④ 基于正弦函数的换道轨迹

正弦函数换道轨迹是使用较为普遍的换道轨迹,既具有计算简便,又具有优异的平滑特性,其换道轨迹如图 5-16 所示。与前三种汽车换道轨迹相比,在相同的路宽和换道距离条件下,正弦换道轨迹的曲率变化连续平缓。该模型的缺点是曲率的极大值出现在换道过程的起点 A_0 与终点 A_1 处。

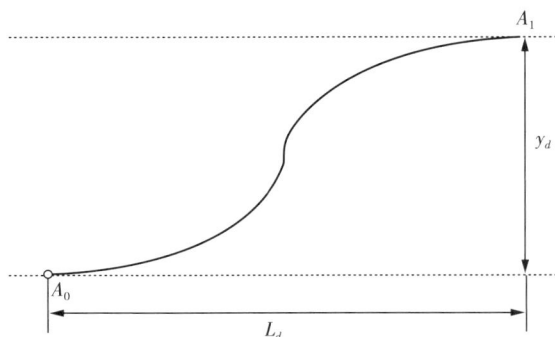

图 5-16　正弦函数的换道轨迹

（2）自动驾驶汽车的换道轨迹规划

自动驾驶汽车换道轨迹规划的目的,是希望汽车完成从当前车道安全、舒适地行驶到目标车道。在汽车换道模型的基础上,其换道轨迹规划保证不会出现其他车道的汽车,对换道过程产生运动干涉。因此汽车换道轨迹规划从安全性考虑时,主要是从本车的操纵稳定性和行驶安全性出发,在换道过程中,保证不发生侧滑和侧翻现象。

换道轨迹规划的内容主要包括以下几点:

① 在纵向和横向方向,换道轨迹平滑、无尖点、无突变点,曲线光滑连续。

② 换道轨迹上的各点曲率都能满足汽车安全行驶条件,使得汽车行驶时产生的侧向加速度,都在不影响汽车稳定行驶的范围以内。

③ 换道轨迹包含汽车的靠拢阶段。

④ 换道轨迹算法应当是 1 阶、2 阶均可导,且在起点与终点处导数均为 0。

汽车的换道行为包含三个步骤:产生换道意图、选择目标车道和实施换道操作。从产生换道意图角度来分,汽车换道分为强制性换道和任意性换道(也称为选择性换道)。

强制性换道是指主车具有明确的目标车道,在特定的区间内必须实施的换道行为,比如在匝道处的分流、合流车辆,交织区车辆,绕过前方障碍物等;任意性换道是指自动驾驶汽车在遭遇到前方一定范围内行驶速度较慢的车辆时,为了追求更快的车速和更自由的空间而发生的变换车道行为。

随着智能交通系统和智能巡航系统等新技术的开发和应用,换道决策行为将在很大程度上有别于过去。交通控制系统能够获得周边多辆车的速度、间距、位置等精确信息,这些信息都会对车辆的换道选择产生影响。因此,自动驾驶汽车的换道行为具有更多的不确定性。

2. 自主超车

超车是常见的驾驶行为之一,也是最易引发道路拥堵和交通事故的原因之一。研究自主超车控制方法的目的是使车辆在进行自主超车时,更具有高效性、合理性、安全性、舒适性。自动驾驶汽车在道路上行驶时,往往可以归纳为两类动作,车道保持动作和车道变换动作。自主超车的过程可分解为自主换道超车和车道保持。

1)自主换道超车

换道超车是车辆正常行驶过程中的基本操作,可利用不同的道路环境信息,对车辆自身的行驶策略进行调整,并完成驾驶目标的综合行为。超车动作产生的主要原因是同车道上的前车行驶速度较慢,或者不能满足后车行驶的目标速度要求,后方车辆通过前车的左侧车道来超越前车。

根据车辆之间的信息交互,以及换道博弈过程,换道行为通常分为非强制式换道和强制式换道两类。该分类是针对被超车的动作来划分的,通过车辆之间的交互信息,将会采取不同的换道过程。

(1)非强制式车辆换道

在非强制式换道过程中,整个交通情况运行良好,在车辆之间信息交互之后,换道车不考虑跟随车的行驶情况,完成换道超车过程。在行驶安全的前提下,在换道超车的过程中,换道车可凭借自身的能力完成对前车的超越,无须被超车对超车过程做出协作动作。

(2)强制式车辆换道

强制式换道过程是指换道车和被超车分别获取对方的相关信息之后,被超车必须对换道超车过程做出妥协,配合换道车完成整个动作。这种换道方式又可以根据被超车的制动动作分为完全制动和非完全制动。

当运行车辆的前方出现车道变窄或障碍物时,换道车为保证自身安全,需要进行强制换道,跟随车则被迫减速让出位置。这里,跟随车使用完全制动模式,以最快速度减速,为换道车提供足够的空间,使换道车能安全完成换道超车行为。在非完全制动的强制式换道过程中,换道车和被超车之间有信息交互。整个换道过程类似于换道车与跟随车的"谈判"过程。首先,换道车提出换道并超车的意图,跟随车根据其换道请求,结合车距、车速、时间等信息,以及与周围车的车距、路宽、路况等道路信息做出适当且合理的减速动作,为换道车提供足够的换道空间,使换道车能够在较短时间内完成超车。换道车在跟随车为其提供足够换道空间时,进行换道操作。换道过程以换道车驶入跟随车前方空间作为换道结束。在换道过程中,两车之间的信息交互十分频繁。

无论是采用非强制式换道还是强制式换道,只有在当前车辆与目标车道的车辆之间有足够的空间,能够保证在整个换道过程中不发生刮擦或碰撞事故,才能顺利进行换道操作,所以车辆之间的距离和速度等信息是判断能否进行换道的重要信息。

2)车道保持

车道保持是车辆在原先车道内正常行驶时,会受到自车性能、前后车环境、交通规则等各种因素影响,通过车载雷达、摄像头等车载传感器获取车辆和车道线的相对位置信息,来实时监测自车与他车与车道的相对位置,并利用偏离预警模块来判断车辆是否驶离车道,以及是否提出警告。当车辆发生偏离车道情况时,车道保持系统就会利用视觉、听觉或触觉等手段来提醒管理人员;若预警一定时间后,自动驾驶汽车没有采取相关措施,即纠正汽车偏离运动状态,车道保持系统就会通过转向系统或制动系统来对自车进行干预,使其行驶在车道的安全区域内,保证行车安全。

3. 道路交叉路口通行

1)道路交叉口识别

将 D−S 证据理论、贝叶斯估计、模糊逻辑等理论相结合,融合 GPS、雷达、路网文件与视觉传感器等的感知信息,完成道路交叉口的识别,具体识别步骤如下:

(1)根据路网文件和 GPS 等信息,实时估计车辆当前位置与下一个交叉口的距离。

(2)当车辆接近道路交叉口时,依靠视觉传感器及识别算法对交通标志、标线等进行准确识别,判断车辆是否到达道路交叉口。

2)道路交叉口路径规划

从自动驾驶汽车当前所在的车道出口点到目标车道入口点之间形成一条虚拟行车轨迹,借鉴圆弧轨迹、梯形加速度轨迹、余弦曲线轨迹等方法,产生初始虚拟轨迹,结合最优控制理论和方法,比如 B 样条曲线法,对初始虚拟轨迹进行优化,并对双向两车道十字形交叉口交通流的运行轨迹建立数学模型。考虑到运动障碍的不确定性和易受噪声干扰的特性,从通行时间和通行所需占用的道路空间的角度,来研究以交叉口为中心的优先权估计算法。优先权估计算法遵循两个原则:

(1)无停车线的出口点优先权高于拥有停车线的出口点;

(2)在同一个有停车线的出口点,各车辆通行优先权的高低由其到达该出口点的时间先后来确定。

自动驾驶汽车从当前车道出口点到达目标车道入口点,一般会与两类交通流产生冲突,即需穿越的交通流和需融入的交通流。因此,自动驾驶汽车应遵循弯道让直行的原则,对上述两类交通流进行让道。从时间分析的角度来看,需要考虑本车的加速时间、系统延迟时间、与其他车辆的安全时间间隔等因素,计算自动驾驶汽车从当前位置到达目标车道入口点的总时间,分析此时间范围内是否有直行车辆行驶轨迹与本车轨迹产生交叉,进而做出让道与否的决策。

5.4 路径跟踪控制

5.4.1 概述

路径跟踪控制是利用从全球导航卫星系统(Global Navigation Satellite System,GNSS)、惯性测量单元(Inertial Measurement Unit,IMU)、激光雷达等途径获得的位置信息来控制车辆速度和转向,以遵循指定的规划路径。路径跟踪控制目标是最小化车辆与期望路径之间的横向距离,以及最小化车辆前进方向和期望路径的方向差异,用来保持车辆的稳定性和行驶安全性。

路径跟踪控制是研究自动驾驶车辆的基本问题,也是自动驾驶研究领域中的核心问题之一。路径跟踪控制可根据车辆当前周围环境和车体位置、姿态和车速等信息,按照设计的控制逻辑做出决策,分别向油门、制动及转向等执行机构发出控制指令。路径跟踪控制的研究内容主要包括横向控制、纵向控制以及纵横向协同控制等。横向控制主要研究自动驾驶车辆的路径跟踪能力,主要是指车辆的转向控制,即如何控制车辆沿规划的路径行驶,并保证车辆的行驶安全性、稳定性与乘坐舒适性;纵向控制是通过对自动驾驶车辆的驱动/制动进行控制,即通过油门/刹车的协调配合来进行驱动/制动,实现对期望车速的精确快速跟踪,控制车辆的纵向运动、车速及加速度,使之按照预定的速度巡航或与前方动态目标保持一定的距离。独立的横向或纵向运动控制,显然难以满足自动驾驶的实际需求。因此,如何实时规划出自动驾驶车辆在不同道路环境下的期望工作状态,并设计合适的纵横向协同控制策略,使得车辆在路径跟踪过程中,既能稳定地跟踪期望路径和期望车速,又能保证车辆在行驶过程中的安全性,是至关重要的。

5.4.2 纵向运动控制

1. 概述

纵向运动控制主要研究如何控制车辆的纵向运动,即控制车辆按照期望的速度行驶,控制发动机节气门或电子节气门开度、制动液压及自动变速器之间的切换,对车辆的行驶速度进行自动控制,使被控车辆与前、后车辆保持理想的间距,并防止与其他障碍物发生碰撞。目前应用于车辆上的纵向运动控制系统包括防抱死制动系统、驱动防滑系统、自适应巡航系统、走一停巡航系统和主动避障系统等电子装置,图 5-17 是关于车辆的纵向运动控制原理。利用该纵向控制,可以为车辆设置期望的恒定行驶速度。典型的控制系统一般为分层控制结构,如图 5-18 所示,上层控制器决定车辆的加速度期望值,下层控制器使用车辆动力学模型,来决定达到期望加速度值所需要的输入量。

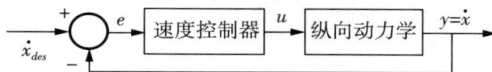

图 5-17　纵向运动控制原理框图　　　　图 5-18　控制系统

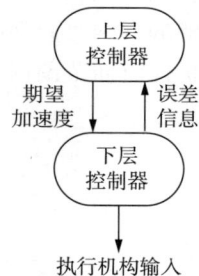

2. 设计目标

(1)准确性:通过所建立的车辆纵向动力学模型,计算期望加速度值所需要的节气门或制动器的输入量,使速度控制的稳态误差为零,并且有较快的响应时间。

(2)平稳性:当加速度发生太大的变化或变化量不平滑时,车辆会产生振动或冲击,控制系统应该能自适应地调整控制量,使加速度变化得更加平顺,降低由于加速度的变化而产生的不利影响。

(3)适应性:由于车辆在运行过程中,需要频繁改变车速,同时它的纵向动力学特性易受路面附着系数、道路的起伏变化及天气条件等外部因素的影响,因此纵向控制系统必须有较强的鲁棒性和适应性。

3. 控制模式

纵向运动控制系统主要分为直接式和分层式两种控制模式。直接式控制是对控制参数进行直接调控；分层式控制是将控制系统分成两个或多个控制器。直接式控制模式是针对单个控制对象，没有考虑被控车辆与其他相关的车辆或相关的交通要素之间的相对位置；分层控制模式不但要考虑车辆自身在行驶时的转向、加速与制动等行为，也要考虑与其他相关的车辆或相关的交通要素之间的相对位置以及相对运动关系等。

（1）直接式纵向运动控制

直接式纵向运动控制是通过纵向控制器直接控制制动压力和节气门开度，实现对跟随速度或跟随减速度的直接控制，具有快速响应等特点，控制结构如图 5-19 所示。

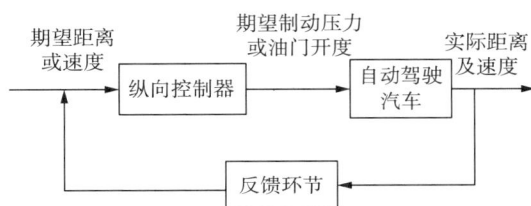

图 5-19 直接式纵向运动控制框图

纵向运动控制决定了自动驾驶汽车在行驶过程中的最佳安全跟车间距。当车间纵向距离较大时，既降低了道路的使用效率，又容易造成邻近车道行驶的车辆插入本车道，增加了本车道事故的发生概率；而较小的纵向间距容易导致被控车辆，面对目标车的突发危险状况，难以立即采取有效的应对措施，造成交通事故。因而，车间距决定了自动驾驶汽车在行车过程中的安全性、跟车性以及道路的交通流密度等。

（2）分层式纵向运动控制

自动驾驶汽车的纵向动力学模型具有多变量、多目标、非线性等特性，并且存在着参数不确定性及测量的不精确等问题，同时纵向控制容易受到前方动态目标及障碍物变化的干扰，而通过设计一个控制器来满足多性能指标是一件非常困难的事。因此，有学者提出分层式控制结构，根据自动驾驶汽车需要的控制目标，将汽车纵向控制系统分为上层控制器和下层控制器。上层控制器是通过控制策略产生期望的汽车加速度或速度；下层控制器接受上层控制器产生的期望值，按照一定的控制算法产生期望的制动压力和油门开度。分层式结构的纵向运动控制系统如图 5-20 所示。

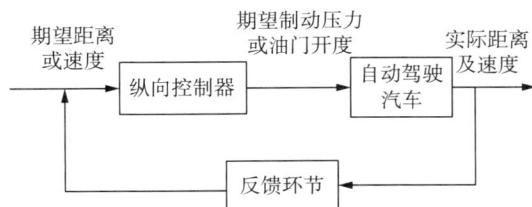

图 5-20 分层式结构的纵向运动控制系统

5.4.3　横向运动控制

横向运动控制是指自动驾驶汽车通过摄像头、车载雷达等传感器,获取车辆相对于参考路径的位置偏差信息,并按照自身状态及位置偏差信息,基于某种控制策略使其沿期望的轨迹来行驶。横向运动控制作为自动驾驶研究的核心问题之一,主要研究汽车的路径跟踪能力,即如何控制汽车沿规划的路径行驶,并保证汽车的行驶安全性、平稳性与乘坐舒适性。由于车轮在正常行驶时不能侧滑,在行驶过程中只能沿车身方向前进,为典型的非完整运动约束系统,具有高度非线性的动态特性,以及道路和环境参数的不确定性等。因此,如何设计可有效克服汽车非线性和参数不确定性等特性的横向控制策略,便成为实现自动驾驶的难点。

目前,有的学者采用根轨迹法,分析视觉预瞄距离和速度对横向控制系统的影响,建立预瞄距离关于速度的一次函数计算模型,提高了视觉系统获取的汽车与参考路径间相对位置参数的精度。在此基础上,针对汽车具有高度非线性动态特性以及参数不确定性等特点,设计由前馈控制器和模糊反馈控制器组成的可模拟人类驾驶行为的横向运动控制器,如图5-21所示。前馈控制器通过前方路径曲率信息来计算预期前轮转角的控制量,从而补偿路径曲率的干扰。考虑到采用试探方法或专家经验法来确定模糊控制的隶属度函数和控制规则,容易产生稳态误差,有的学者提出了基于遗传算法的横向偏差模糊控制策略,通过遗传算法对模糊反馈控制器的隶属度函数参数和控制规则来进行自动优化,以此确定横向偏差模糊控制器的隶属度函数和控制规则。

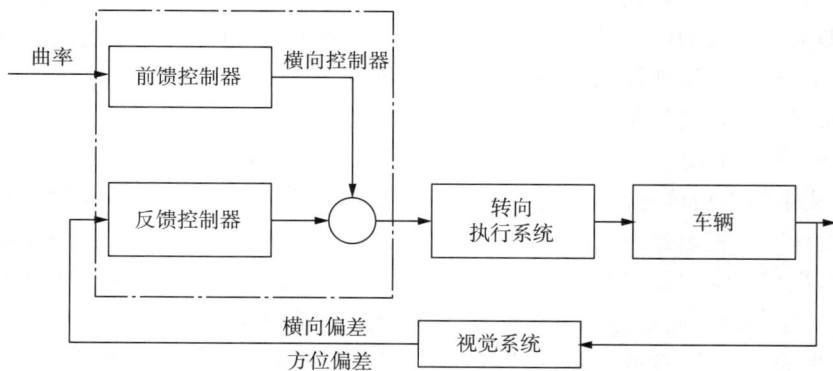

图5-21　横向运动控制系统结构图

其他常用的横向运动控制方法有以下几种。

1. 经典 PID 控制

比例积分微分(Proportion Integration Differentiation,PID)控制是一种在工程上得到广泛应用的线性控制方法。PID控制算法简单,但控制参数对车辆参数变化非常敏感,其优点是无需建立系统模型,控制参数可通过试凑法得出;缺点是试凑控制参数需开展大量的试验工作。PID控制器的结构简单,实用性强,鲁棒性较好。

2. 预测控制

自动驾驶汽车横向运动预测控制的基本原理是:首先获取视觉范围内期望轨迹的位置

信息,再运用汽车运动学模型或动力学模型,针对控制时域内任意转角控制量序列,对车辆预测时域内的相对位姿进行预测,最后优化出关于转角控制量序列的性能指标泛函。在每一控制周期,对于使性能指标泛函最优的转角控制量序列,取序列中对应当前控制周期的转角控制量的第一个控制量,作为实际的转角控制量,舍弃序列中其他的控制量。在下一周期,再重新进行优化求解。预测控制就是这种基于汽车模型和未来期望轨迹信息的滚动优化求解的过程。

3. 预瞄跟踪控制

预瞄跟踪控制方法就是选取汽车前方一定距离处的某个目标点,若从当前时刻起,汽车以某转角前进时能恰好途经目标点,那么取该转角作为当前时刻的转角控制量。目标点离汽车的距离称为预瞄距离,它是预瞄跟踪控制中的一个重要参量。

4. 神经网络控制

在横向运动控制中,首先尝试神经网络控制方法的是美国的卡内基梅隆大学(CMU)设计的 ALVINN 车(Autonomous Land Vehicle in a Neural Network),该方法可以直接将原始的传感器数据作为神经网络的输入。还有另外一种应用神经网络的方法,就是对原始的传感器数据进行预处理,得到汽车横向位置、横向速度、横向加速度、航向角变化率等汽车位姿或位姿变化率的数据,然后以这些数据作为神经网络的输入。

5. 滑模变结构控制

滑模变结构控制是通过施加不连续的控制律,将系统状态的运动轨迹驱使并限制在特定的滑动流形(sliding manifold)上,达到掌控系统状态运动轨迹的目的。一般将期望轨迹假定成是滑动流形,将汽车位置和运动轨迹分别假定为系统的状态和状态运动轨迹。这样,若能有效地实现滑模控制,自然也就达到了将自动驾驶汽车驱使到期望轨迹上并沿期望轨迹行驶的目的,这是一种对滑模控制的应用。

有的学者利用汽车航向角变化率与期望变化率的差值,设计了一种滑模控制策略来生成转角控制量的变化率,并利用 Lyapunov 方法来分析这种滑模控制策略在连续控制情况下的稳定性和鲁棒性。但是在离散控制情况下,该策略的简单应用会引起"抖振"现象,对此,又有人提出等价控制方法来消除"抖振"现象。

对于自动驾驶汽车的横向运动控制,滑模控制方法没有统一的设计准则,这一点给滑模控制的具体设计过程带来了一些困难。应当注意,滑模控制是一种以执行机构频繁动作来保证系统鲁棒性的做法,若设计不当,容易对转向电机或其他执行器件造成损坏。

6. 模糊控制

有的学者设计了基于模糊逻辑控制的横向运动控制器,该控制器由模糊反馈控制部分、前馈控制部分和增益调度控制部分组成。模糊反馈控制部分的输入为横向偏差、横向偏差变化率、横向方位偏差变化率,输出为反馈前轮转角;前馈控制部分的输出根据道路曲率计算得到;增益调度控制律可根据车速来决定前轮转角输出。有的学者运用基本模糊控制逻辑设计了由目标转向控制器和避障控制器组成的横向控制系统。有的学者提出了基于 GPS 定位系统的分层横向控制器,上层控制器采用 PID 控制来实现对转向机构的控制,下上层控制器运用模糊逻辑控制规则来模拟驾驶员驾驶行为从而产生期望前轮转角,试验结果表明该横向控制系统的控制性能较好。模糊控制方法能够模拟驾驶员行为特征对汽车进行操纵,不需要建立精确的被控对象模型,而且还能克服汽车系统的非线性特性与参数不确定性。但是,模糊控制的隶属度函数与控制规则依靠专家经验与知识库来确定,个人主观性较强。

5.4.4 纵横向协同控制

在汽车自动驾驶过程中,汽车纵向与横向运动之间存在着很强的耦合关系,对其进行单一的纵向控制或横向控制,不能体现汽车实际运行时的特性,也不能满足各种道路和工况需求,同时会造成控制精度降低、稳定性变差等一系列问题。汽车的自动驾驶行为是由纵向控制和横向控制共同组成,需要将横向与纵向控制协同起来,优化控制参数,构建自动驾驶汽车的综合控制系统,用于实现汽车的纵横向耦合运动控制。纵横向协同控制架构包括决策层、控制层与模型层等,如图 5-22 所示。

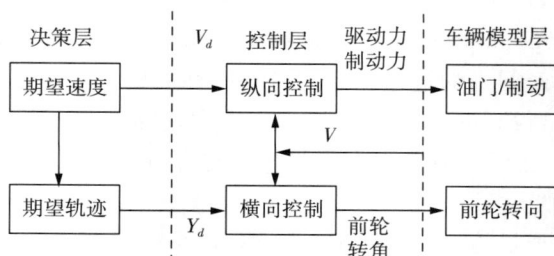

图 5-22 纵横向协同控制系统

各层的作用如下:

(1)决策层:通过汽车感知系统所感知的外界道路与环境信息以及车辆行驶状态信息,对其未来行驶路径进行规划形成期望运动轨迹,并根据期望运动轨迹生成相应的期望速度。

(2)控制层:基于决策层得到的期望路径与期望车速输入,经过控制系统的分析与运算得到理论前轮转角输出、油门控制输出以及制动器控制输出信号,作用于自动驾驶汽车,保证自动驾驶汽车跟踪期望速度并沿着期望轨迹行驶。

(3)汽车模型层:对于纵横向运动综合控制系统,建立起整车系统纵横向运动的数学模型;由纵横向协同控制系统架构可以看到,自动驾驶汽车的纵向速度既是横向控制器的状态量输入又是纵向控制器的状态量输入,横向控制系统的前轮转角与车速有关,纵向控制系统的控制器速度偏差输入与加速度偏差输入与车速有关,汽车的纵向速度则成为连接横向控制系统与纵向控制系统的关键点。

参考文献

[1] 余伶俐,周开军,陈白帆. 智能驾驶技术:路径规划与导航控制[M]. 北京:机械工业出版社,2020.

[2] 陈孟元. 移动机器人 SLAM、目标跟踪及路径规划[M]. 北京:北京航空航天大学出版社,2018.

[3] 王佐勋. 无人驾驶导航控制系统的设计[M]. 北京:中国水利水电出版社,2018.

[4] 谢有浩,魏振亚,赵林峰,等. 基于 μ 综合方法的智能车辆人机共驾的鲁棒横向控制[J]. 机械工程学报,2020,56(4):104 - 114.

[5] 宋宇,陈无畏,陈黎卿. 车辆稳定性系统与四轮转向系统集成控制研究[J]. 中国机械工程,2014,25(20):2788 - 2794.

[6] 陈无畏,张荣芸,赵林峰,等. 运用 Lyapunov 指数方法的车辆横向运动混沌分析及其滑模变结构控制[J]. 中国科学:技术科学,2014,44(9):979 - 990.

[7] 陈无畏,刘翔宇,黄鹤,等. 考虑路面影响的车辆稳定性控制质心侧偏角动态边界控制[J]. 机械工程学报,2012,48(14):112 - 118.

[8] 王家恩,陈无畏,王檀彬,等. 基于期望横摆角速度的视觉导航智能车辆横向控制[J]. 机械工程学报,2012,48(4):108 - 115.

[9] 江明,王飞,葛愿,等. 基于改进蚁群算法的移动机器人路径规划研究[J]. 仪器仪表学报,2019,40(2):113 - 121.

[10] 朱大奇,孙兵,李利. 基于生物启发模型的 AUV 三维自主路径规划与安全避障算法[J]. 控制与决策,2015,30(5):798 - 806.

[11] 黄辰,费继友,刘洋,等. 基于动态反馈 A* 蚁群算法的平滑路径规划方法[J]. 农业机械学报,2017,48(4):34 - 40+102.

[12] 雷伟军,程筱胜,戴宁,等. 基于改进遗传算法的多模型加工路径规划[J]. 机械工程学报,2014,50(11):153 - 161.

[13] 杜明博,梅涛,陈佳佳,等. 复杂环境下基于 RRT 的智能车辆运动规划算法[J]. 机器人,2015,37(4):1150 - 1159.

[14] 龚建伟,姜岩,徐威. 无人驾驶车辆模型预测控制[M]. 北京:北京理工大学出版社,2014.

[15] 余卓平,李奕姗,熊璐. 无人车运动规划算法综述[J]. 同济大学学报(自然科学版),2017,45(8):1150 - 1159.

[16]《中国公路学报》编辑部. 中国汽车工程学术研究综述·2017[J]. 中国公路学报,2017,30(6):1 - 197.

[17] 杭鹏,陈辛波,张榜,等. 四轮独立转向-独立驱动电动车主动避障路径规划与跟踪控制[J]. 汽车工程,2019,41(2):170 - 176.

[18] 陈虹,申忱,郭洪艳,等. 面向动态避障的智能汽车滚动时域路径规划[J]. 中国公路学报,2019,32(1):162 - 172.

[19] 尤勇,孙冬野,刘俊龙,等. 基于动态规划的液力机械自动变速传动(HMPRT)自动换挡控制策略[J]. 机械工程学报,2019,55(8):106 - 117.

[20] 冀杰,唐志荣,吴明阳,等. 面向车道变换的路径规划及模型预测轨迹跟踪[J]. 中国公路学报,2018,31(4):172 - 179.

[21] 李升波,王建强,李克强. 软约束线性模型预测控制系统的稳定性方法[J]. 清华大学学报(自然科学版),2010,50(11):1848 - 1852.

[22] 陈增强,孙明玮,杨瑞光. 线性自抗扰控制器的稳定性研究[J]. 自动化学报,2013,39(5):574 - 580.

[23] 李一染,陈慧,高博麟. 自抗扰控制在前轮主动转向控制中的应用[J]. 汽车工程, 2011,33(5):388-391.

[24] 韩伟,孙凯彪. 基于模糊人工势场法的智能全向车路径规划[J]. 计算机工程与应用,2018,54(6):105-109.

[25] 陈珊,王培光,宗晓萍. 基于改进人工势场法的动态避障研究[J]. 电子世界, 2017,22:17-19.

[26] 修彩靖,陈慧. 基于改进人工势场法的无人驾驶车辆局部路径规划的研究[J]. 汽车工程,2013,35(9):808-811.

[27] 刘子龙,杨汝清,杨明,等. 无人驾驶车辆横向位置最优跟踪控制[J]. 上海交通大学学报,2008,42(2):257-262.

[28] 倪兰青,林棻,王凯正. 基于预瞄的智能车辆路径跟踪控制研究[J]. 重庆理工大学学报,2017,31(3):27-33.

[29] 沈峘,凌锐,李舜酩. 基于预瞄最优曲率模型的大曲率转向控制方法[J]. 中国机械工程,2012,23(17):2111-2116.

[30] 顾筠,谭运生. 基于两点融合的驾驶员模型的分析[J]. 机械研究与应用,2017,30(4):112-115.

[31] 张智能,李以农. 复杂环境下智能汽车局部路径规划与跟踪算法研究[J]. 中国公路学报,2022,35(9):372-386.

[32] 彭晓燕,谢浩,黄晶. 无人驾驶汽车局部路径规划算法研究[J]. 汽车工程,2020, 42(1):1-10.

[33] 赵熙俊,陈慧岩. 智能车辆路径跟踪横向控制方法的研究[J]. 汽车工程,2021,33(5):382-387.

[34] 陈成,何玉庆,卜春光,等. 基于四阶贝塞尔曲线的无人车可行轨迹规划[J]. 自动化学报,2015,41(3):486-496.

[35] 熊璐,杨兴,卓桂荣,等. 无人驾驶车辆的运动控制发展现状综述[J]. 机械工程学报,2020,56(10):127-143.

[36] 邵俊凯,杨钰,张文明,等. 无人驾驶铰接式车辆强化学习路径跟踪控制算法[J]. 农业机械学报,2017,48(3):376-382.

[37] 宋晓琳,周南,黄正瑜,等. 改进 RRT 在汽车避障局部路径规划中的应用[J]. 湖南大学学报(自然科学版),2017,22(4):30-37.

[38] 郭蓬,吴学易,戎辉,等. 基于代价函数的无人驾驶汽车局部路径规划算法[J]. 中国公路学报,2019,32(6):79-85.

[39] 毕军,付梦印,周培德. 一种适于车辆导航系统的快速路径规划算法[J]. 北京理工大学学报,2002,2:188-191.

[40] 袁朝春,翁烁丰,何友国,等. 基于改进人工势场法的路径规划决策一体化算法研究[J]. 农业机械学报,2019,50(9):394-403.

第6章 车联网及智能网联系统

6.1 概 述

随着社会经济的不断发展,我国的汽车保有量急剧增加,随之带来了环境保护、交通安全、出行效率等问题。以物联网为基础的车联网,能够以车辆为基本单元,拓展信息交互方式、改善交通状况、提高交通运输效率、实现智能交通。

车联网是伴随着物联网的快速发展而产生的,而物联网技术是互联网应用技术发展到一定阶段的产物。从技术角度来看,随着物联网这"后 IP 时代"的到来,需要对互联网已有的技术进行大量的改进,使其在可靠性、服务质量、响应时间、可控性、可信性、安全性等方面满足新应用的要求。例如,传统的互联网是一种以地址为核心的网络,而物联网则以数据为核心,这一侧重点的不同,在技术实现上提出了新的要求。从应用发展来看,当人与人之间的互联不再存在时间和地域的限制时,实现人与物以及物与物之间的互联便成为信息社会发展的新需求,而且巨大的应用空间为这一新需求提供了更大的发展动力,信息空间与物理空间的融合成为发展的必然趋势。

6.2 物联网

物联网(Internet of Things,IoT)即"万物相连的互联网",是在互联网基础上的延伸和扩展的网络,将各种信息传感设备与互联网结合起来而形成的一个巨大网络,实现在任何时间、任何地点,人、机、物的互联互通。

物联网是新一代信息技术的重要组成部分,又叫泛互联,意指物物相连,万物互联。由此,"物联网就是物物相连的互联网"。它有两层意思:第一,物联网的核心和基础仍然是互联网,是在互联网基础上的延伸和扩展的网络;第二,其用户端延伸和扩展到了任何物品与物品之间,进行信息交换和通信。

物联网的定义是通过射频识别、红外感应器、全球定位系统、激光扫描器等信息传感设备,按约定的协议,把任何物品与互联网相连接,进行信息交换和通信,以实现对物品的智能化识别、定位、跟踪、监控和管理的一种网络。

物联网被认为是全球信息产业的又一次产业浪潮,受到各国政府、企业、科研机构的高度关注,并分别从体系结构、信息标准、实现技术、行业应用等方面进行了大量的理论研究和

实践探索,取得了初步的研究成果。物联网具有以下特征:

(1)物联网是在现有互联网基础上发展起来,也称为后互联网,是信息技术从以人为主的社会维度应用到物理世界的产物。

(2)将传感器、射频识别(Radio Frequency Identification,RFID)、摄像机、GPS等终端通过嵌入式系统实现与互联网的信息交互,成为物联网的感知神经末梢。其中,信息物理融合系统(Cyber-Physical Systems,CPS)是一种典型的物联网技术,也是一种高度智能化的信息系统,是将通信(Communication)、计算(Computation)和控制(Control)内核嵌入到分布在不同地理位置的各类物理实体中,在高速网络的互联之下,使计算资源与物理资源深度融合,实现对物理实体的安全、可靠、高效和实时监测与控制。

(3)传感网、云计算、下一代网络(Next Generation Network,NGN)等被认为是物联网的基本要素,也是物联网特征的基本体现。

(4)物联网是计算机学科、电子技术学科、通信学科、微电子学科等多学科交叉融合后形成的一个综合应用技术,是一种继承和探索过程中的尝试与创新。

(5)实时性、可控性、自动化、智能化、可信性和可扩展性是物联网具备的特征。物联网在继承互联网优良特性的基础上,借助社会发展对信息技术的新需求,以及各类新技术带来的内在驱动力,呈现出良好的发展态势。

6.3　车联网

6.3.1　什么是车联网

车联网是传统交通运输管理方式发展到一定阶段的必然产物,也是信息技术渗透到传统交通运输管理后的必然结果。所谓的车联网,就是将车辆和道路环境作为感知对象,通过互联网、无线通信、分布式数据库、信息处理和智能传感器等技术的应用,实现车与道路、车与车、车与人之间的信息交流共享,智能管理控制人、车以及道路,有利于延伸信息化应用范围、提高出行效率、改善道路交通状况,结构如图6-1所示。

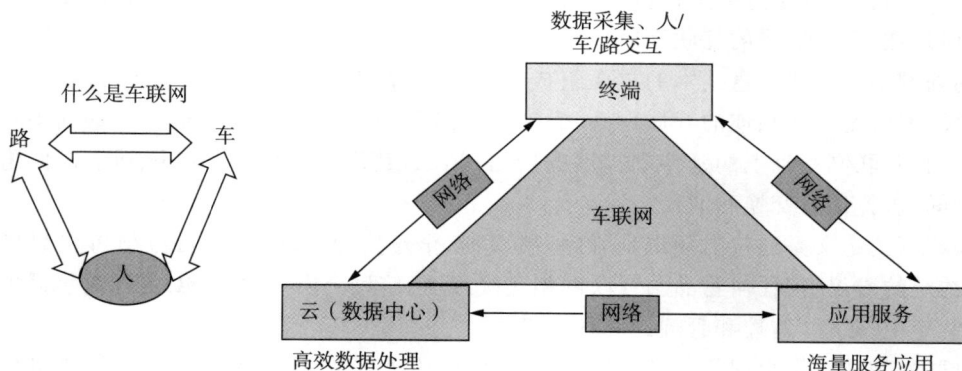

图6-1　车联网

车联网本质上是一个巨大的无线传感器网络。每一辆汽车都可以被视为一个超级传感器节点,加上车载计算机、卫星导航定位装置和无线收发装置等,这些车联网包含的无线传感器网络有规律的分布在城市道路之中,为汽车提供自动驾驶、导航、数字多媒体、安全控制以及网络接入等功能。这种前所未有的无线传感器网络扩展了计算机系统对整个世界的感知与控制能力。

车辆是整个系统的终端,其在智能网联交通系统中能够利用导航定位技术、超声波、红外、视频、微波、地磁、线圈等设备和技术来被动地发送和接收一些信息,实现信息共享和交互。车联网中的车辆具有信息感知功能,能够利用无线定位技术、车载信息服务、RFID 等技术来实时感知车辆以及周围环境中的信息,其中有智慧驾驶辅助系统、车辆位置感知、车与物的感知、道路环境感知以及控制系统感知等。车联网技术中,车辆能够接入到城市交通信息网络中,进而掌握道路的实施情况。车载智能终端通过无线技术可以实现车辆之间的通信,同时也可以利用 IP 技术接入到互联网之中。

6.3.2　体系结构

车联网体系结构(Architecture)被定义为系统的组成,以及组成部件之间的相互关系,是系统软件开发者和设备制造者遵循的通用规范和标准,用来保证最终产品符合预期的约定和要求。在体系结构的最高层,由一系列的服务来共同完成一个具体的问题,并通过服务接口来提供相应的功能;在最低层,定义数据包的格式、通信交换和状态机等相关的协议。因此,体系结构可以认为是由服务和协议两部分组成。与车联网相关的体系结构有以下几种:

1. USN 体系结构

泛在传感器网络(Ubiquitous Sensor Network,USN)是 ITU - T 在 2007 年提出的一个自底向上的物联网体系结构,可分为 5 层:

(1)感知层,采用车辆定位技术、RFID、传感器技术等,为车辆提供原始、全面的终端信息服务,同时将全面的感知和采集车辆以及道路的各种交通信息,通过接入设备提交给应用层或其他单元共享。

(2)接入层,通过运用 WLAN、WiMAX、卫星通信网络,以及 4G/5G 移动通信网络等接入方式,将感知层采集的信息传送到核心网络中。

(3)核心网络层,运用互联网为接入层传输的信息提供高效、安全和可靠的传输服务。

(4)服务管理层,由负责信息采集与处理的应用软件对采集的信息进行实时管理与控制,为应用层提供接口。

(5)应用层,根据行业及应用环境的实际需求,提供不同应用服务目标的定制服务。

USN 体系结构借鉴了互联网的层次模型,不仅符合物联网功能模块的定义,也有利于技术的应用和自身的发展。例如,结合不同层的功能,引入云计算等热门技术,提高系统的数据处理能力,改进资源管理方式。

2. M2M 体系结构

欧洲电信标准化协会 M2M 技术委员会给出的 M2M 架构,是 USN 的一个简化版本。在这个架构当中,网络就分为了应用层、网络层和感知层这三层体系结构,与物联网结构相对应。此外,物联网结构还存在一个公共技术层,包括标志识别、安全技术、网络管理等,它们同时被应用在物联网技术架构的三个层次中。体系结构如图6-2所示。

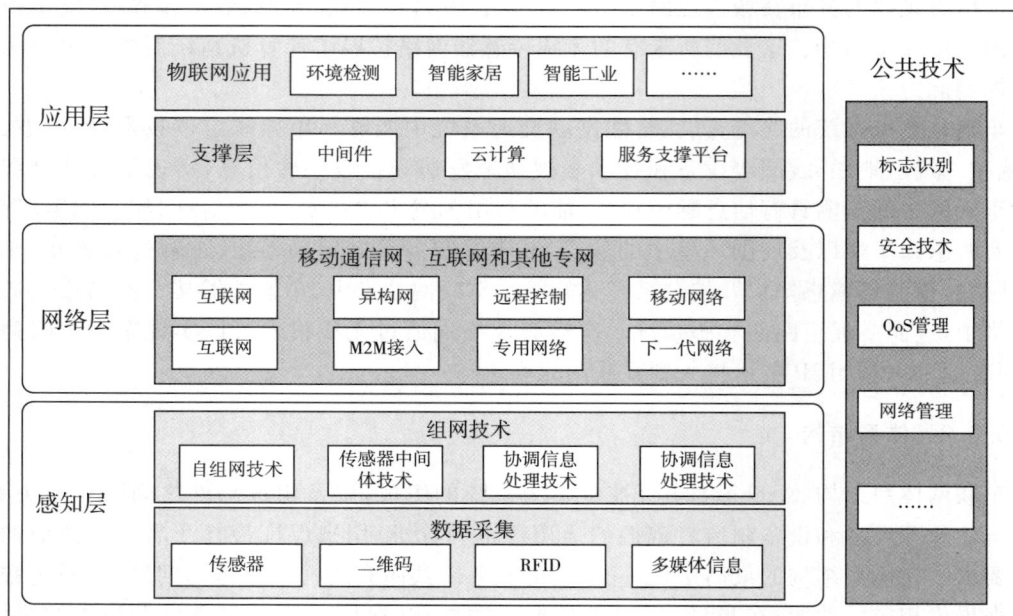

图 6-2　M2M 体系结构

3. Physical - net 体系

Physical - net 体系,是一种可在多用户、多环境下规划和管理分布式异构传感器和执行器的通用体系,适合在大规模异构网络中部署,该体系结构自底向上有服务提供层、网关层、协调层和应用层,体系结构如图6-3所示。

(1)服务提供层(Service Provider Tier),包含服务提供者和提供位置服务功能的定位锚节点,服务提供者向协调者进行唯一性注册,通过网关接收来自协调者的配置命令或定期向协调者发送控制命令。定位锚节点提供与位置相关的定位功能,为系统应用提供定位服务。

(2)网关层(Gateway Tier),提供上下层之间的连接以及服务提供者与协调者之间的信息转换。网关从服务提供者处接收控制信息,并将控制信息发送给协调层。同时网关从协调者处接收配置命令,并将配置命令转发给服务提供者,同时网关屏蔽了不同网络接口之间的差异性,实现异构网络之间的互联互通。

(3)协调层(Negotiator Tier),提供注册服务,同时对并发程序请求的冲突进行解析。当应用程序拥有足够的权限时,能够通过协调者发现和操作服务。协调者运用细粒度访问控制机制,解决可能存在的冲突,允许多个应用程序同时访问同一个服务。

(4)应用层(Application Tier),应用程序周期性地向远程服务生成或取消请求信息。通过协调者,多个应用程序可以同时访问同一资源;一个应用程序可以跨网络访问多个位于不同管理域中的不同资源。

4. IoT – A

欧盟 FP7 计划项目 IoT – A(Internet of Things Architecture,物联网体系结构),其体系结构如图 6 – 4 所示,该结构参考了 TCP/IP(Transmission Control Protocol/ Internet Protocol),采用沙漏形参考模型,其特点是通过一个物物通信接口(M2M API),实现异构网络之间的互联,提供更加广泛和丰富的网络应用,实现信息世界与物理世界的相互融合。

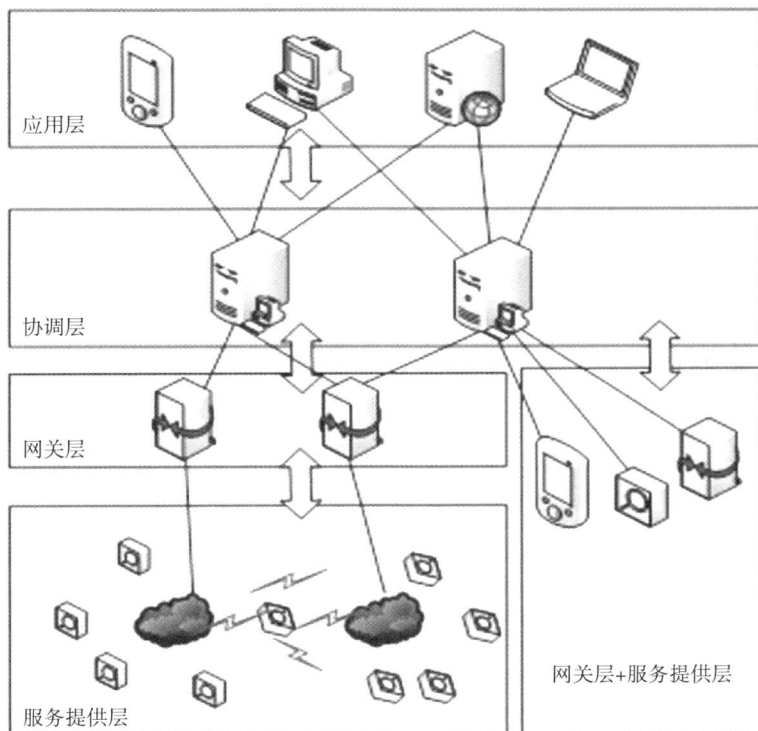

图 6 – 3　Physical – net 体系结构

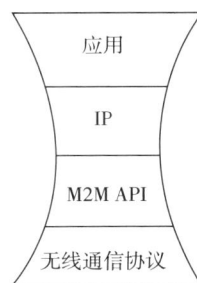

图 6 – 4
IoT – A 体系结构

6.4　车联网系统架构

从物联网的研究成果,以及车联网所体现出的从信息化到智能化发展特征来看,车联网是物联网的一个重要分支,是车辆物联网。车联网是快速发展的智能交通系统与物联网交叉融合的产物,也是物联网技术发展过程中能够率先实现应用的一个重要突破口。它是以车内网、车际网和车载移动互联网为基础,按照约定的通信协议和数据交换标准,在车-车、车辆-互联网之间,进行无线通信和信息交换(图 6 – 5),实现智能交通管理控制、车辆智能化控制和智能动态信息服务的一体化网络。

车内网:车内网也称为车载局域网(Local Area Network,LAN),是指通过成熟的总线

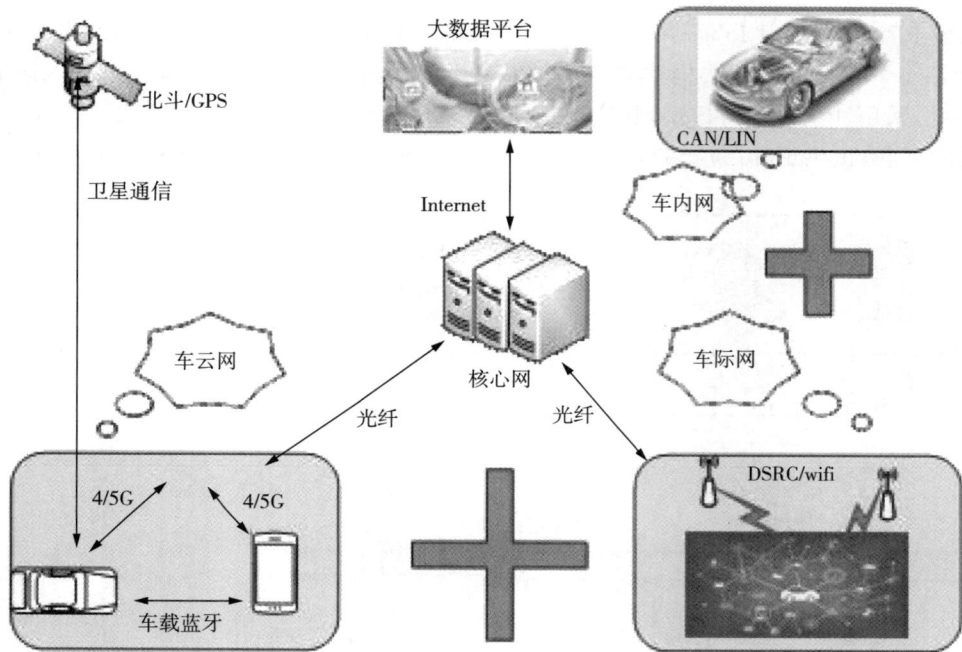

图 6-5 车内网、车际网与车云网

技术建立一个标准化的整车网络,实现分布在汽车上的电器与电子设备在物理上的互相连接,并按网络协议进行数据传输,以共享硬件、软件和信息等资源。通过电器间控制信号及状态信息在整车网络上的传递,实现车载电气控制、状态监控以及故障诊断等功能。

车际网:车际网从技术应用进行定义,无线通信技术把车载终端与外部网络联系起来,实现车车/车路之间的通信,一般又被称为 V2X(Vehicle to Everything)或 C2X(Car to Everything),包含车与车(Vehicle to Vehicle,V2V)、车与交通设施(Vehicle to Infrastructure,V2I)、车与行人(Vehicle to Pedestrian,V2P)和车与网(Vehicle to Network,V2N),以及车辆和固定基站之间的信息交换。V2X 可以实现车辆与可能影响车辆的外部实体之间的信息交互,减少事故发生率,缓解交通拥堵,降低环境污染以及提供信息服务。同时,实现了车辆全部联网和自动驾驶。

车云网:又称车载移动互联网,通过 3G/4G/5G 等移动蜂窝技术,将汽车转变为移动互联网终端,实现司机和乘客实时连接和通信。车云网让汽车实时监控车辆周围路况,减少交通拥堵,降低了交通事故率,还可以精准定位导航,避免走错路。同时,减少了疲劳驾驶情况的发生,增加了乘客的乘车安全。还可以监控行车路线,遇到突发事件可及时报警。

车联网(IoV)系统架构如图 6-6 所示,图中 V2X 是交通运输系统下的关键技术,主要包含 V2V、V2I、V2N、V2P,等等。作为一种无线信息交互技术,可以实现汽车和其他一切实体之间的信息交互,从而获取实时路况、道路信息、行人信息等一系列交通信息,提高驾驶安全性和交通效率。为了满足车辆 V2X 的通信需求,业内有两套方案:DSRC(Dedicated Short Range Communications 专用短程通信技术)和 LTE-V2X(融合 4G LTE 网络的车辆通信解决方案)。

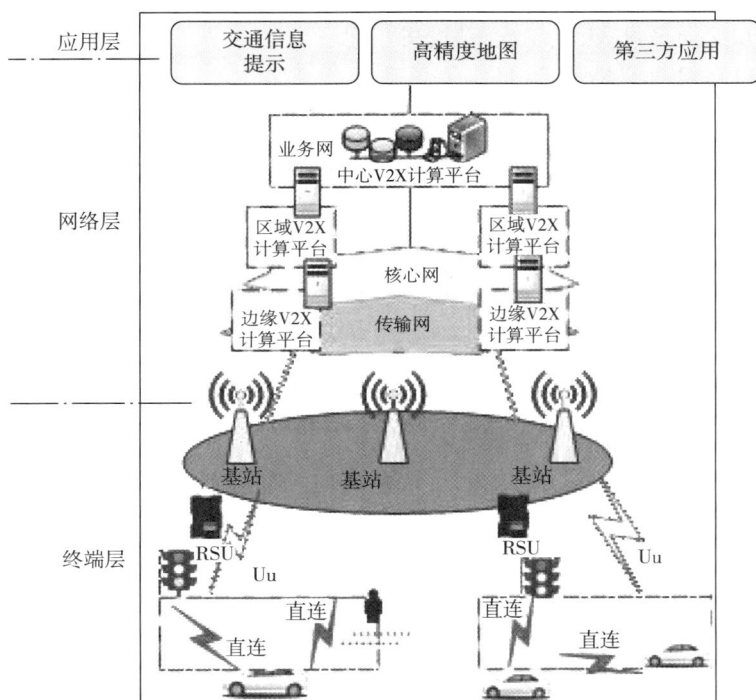

图 6-6 车联网系统架构

DSRC 是 V2X 的早期标准,它是基于 IEEE 802.11p 底层通信协议与 IEEE 1609 系列标准所构成的技术。DSRC 是一种高效的无线通信技术,可提供高速数据传输,并保证通信链路的低延时和低干扰。

LTE-V2X 是基于 4G 技术来实现车车通讯,以 LTE 蜂窝网络为 V2X 基础的车联网专有协议,包括 LTE-V-Cell 和 LTE-V-Direct 两种工作模式。

LTE-V-Cell 是借助已有的蜂窝网络,支持大带宽、大覆盖通信,满足 Telematics 的应用需求;LTE-V-Direct 可以独立于蜂窝网络,实现车辆与周边环境节点低时延、高可靠的直接通信,满足行车安全需求。

LTE-V-Cell 关键指标:传输带宽最高可扩展至 100MHz,峰值速率上行 500Mbps,下行 1Gbps,用户面时延≤10ms,控制面时延≤50ms,支持车速 500km/h,覆盖范围与 LTE 范围类似。

LTE-V-Direct 具备能寻找 500m 以内数以千计装置以及服务的能力,因此能让两个以上最接近的装置在网内通讯。

在技术上,LTE-V2X 的发展和通信技术的变化一脉相承。从 3G 无线标准到 4G(LTE)再到更高带宽的 LTE-Advanced(LTE-A),再到 5G,这对于 LTE V2X 也是最关键的一步。5G 时代除了下载速度快以外还有最重要的一点,延时性短,5G 强大的通信能力可以让汽车更安全、更高效的运行。

车联网(IoV)体系架构包含感知层、网络层和应用层;与之相对应的,一般称之为"端、管、云"。

感知层:感知交通信息、天气状况、路况等信息。

网络层:通过无线通信技术、卫星定位导航系统来实现和互联网的连接,完成大量数据传输、分析和处理,实现相互通信和远程控制的目的。

应用层:根据网络层的渠道开发各类应用软件,进行数据反馈,实现诸如地图导航等服务。

"端":指汽车的智能传感器,负责采集与获取车辆的智能信息,感知行车状态与环境;是具有车内通信、车间通信、车网通信的泛在通信终端,同时还是让汽车具备 Iov 寻址和网络可信标识等能力的设备。

"管":解决车与车(V2V)、车与路(V2R)、车与网(V2N)、车与人(V2P)等的互联互通,实现车辆自组网及多种异构网络之间的通信与漫游,在功能和性能上保障实时性、可服务性与网络泛在性,同时它也是公网与专网的统一体。

"云":车联网是一个云架构的车辆运行信息平台,它的生态链包含了 ITS、物流、客货运、危特车辆、汽修汽配、汽车租赁、企事业车辆管理、汽车制造商、4S 店、车管、保险、紧急救援、移动互联网等,是多源海量信息的汇聚,因此需要虚拟化、安全认证、实时交互、海量存储等云计算功能,其应用系统也是围绕车辆的数据汇聚、计算、调度、监控、管理与应用的复合体系。

"端、管、云"是通过智能化、网联化协同发展,达到相互促进、相互迭代、相互提升的目的。

6.5　人车路网云五维协同的 5G 车联网

5G 车联网不仅需要车路协同,而且要实现"人车路网云"五维高度协同。在人方面,是以出行即服务(Mobility as a Service,MaaS)为核心内容,为出行的人提供一站式服务,给予人更多的自由。在车方面,车辆不仅是数据的发送和接收方,还是计算节点,更是数据分享节点,将使自动驾驶汽车越来越聪明。在路方面,不仅具备各类通信方式(LTE、LTE - V2X、5GNR - V2X 等),而且具备集成路侧交通信息采集发布和本地边缘计算能力等,通过一体化路侧智能设施来打造智慧路。在网络方面,5G 网络具有的两大核心能力,就是移动边缘计算和网络切片,可以构建灵活的网络。在云方面,构建一体化开放数据公共服务平台和云控平台,形成强大的云。

6.5.1　5G 车联网发展目标

5G 车联网发展的目标是实现自动驾驶和自主交通。在车辆自动驾驶方面,当前主流汽车企业正从 L2/L2.5 迈向 L3,陆续发布 L3 量产车型,逐步向 L4/L5 演进。而互联网公司则直接切入到 L4/L5,希望实现自动驾驶 L4/L5,但是目前存在着仅依靠单车智能无法有效解决的问题,比如前方大车遮挡探头和红绿信号灯、几公里或几百米外交通事故无法预先知道等问题,而利用 5G 车联网的"网上视角"就能解决这些问题。还存在一些这样场景,依靠单车智能虽然能够解决一些问题,但是存在长尾效应,即将 99% 的力量用于解决 1% 的问题。比如:由于存在树木遮挡、强光效应、极端天气等因素,无法做到依靠单车视觉来准确识别交叉路口的红绿灯。对于存在长尾效应的场景,可以利用 5G 车联网的车路协同技术来解决。自动驾驶不仅依靠单车智能,还依托视觉、毫米波雷达、激光雷达和高精度地图与定位等技术,采用 5G 车联网技术将降低 L4/L5 自动驾驶的车端成本压力,这样既可以省掉激光雷达或降低激光雷达的性能指标,又可以降低高精地图数据采集的成本。

因此,5G 车联网是实现 L4/L5 自动驾驶的必要条件之一。这也是为什么网联自动驾驶(CAV),即网联车(Connected Vehicles,CV)+自动驾驶车(Autonomous Vehicles,AV),是当前各先进国家自动驾驶技术发展的重点方向之一。

6.5.2 "人车路网云"五维协同

5G 车联网的发展需要"人车路网云"五维协同,构建自由的人、聪明的车、智慧的路、灵活的网和强大的云,如图 6-7 所示。

图 6-7 5G 车联网

1. 自由的人

5G 车联网是以解放人的双手、双脚和大脑为目标,使人的出行变得更加自由。5G 车联网提供的业务种类,正在向安全出行类和交通效率类方向快速发展,并逐步向自动驾驶的协同服务类业务方向演进。

5G 车联网定义为可实现几十种应用场景的自动驾驶,包括车辆编队、高级驾驶、远程驾驶、扩展传感器这四大类功能,再加上基础功能等。

(1)车辆编队:在多车行驶过程中实现自动编队,车队中后车通过车—车实时连接与交互。根据头车操作,后车相应地变化驾驶策略,车队以一定的车距来编队行驶。头车刹车以后,通过 V2V 实现后车瞬时反应,后车在前车开始减速前就启动制动,实现后车跟随式自动驾驶。

(2)高级驾驶:半自动或全自动驾驶,每辆车都与周围车辆和路侧单元 RSU(Road Side Unit)共享自己的驾驶意图,车与车之间实现运动轨迹和操作协同。比如:主车在行驶中需要变道,及时将行驶意图发送给相关车道的其他车辆和路侧单元 RSU,其他车辆随之进行加减速动作,或者路侧 5G 物联网设施根据主车请求来统一协调,使得车辆能够顺利完成换道动作。

(3)远程驾驶:实现对车辆的远程驾驶操控,该操控既适用于危险环境,也适用于矿山、港口、特定的园区、公共运输等行驶轨迹相对固定的场景。

（4）扩展传感器：主要是完成车辆和路侧传感器采集的数据或实时视频数据，在车辆、行人、路侧 RSU 和云平台之间相互交换，扩展车辆传感器的感知范围，使得车辆实时了解周边及几公里外的交通情况。

2. 聪明的车

聪明的车是指不仅车辆本身智能，还能和外界实现联网交互，即聪明车＝单车智能＋智能网联。

单车智能包括各类传感器、高精度地图和定位、高速处理器、决策层算法等核心组件。L4/L5 自动驾驶决策层以智能算法为基础，为车辆提供驾驶行为决策判断；高精度地图和定位是实现自动驾驶的关键技术之一，是对自动驾驶车载传感器的有效补充；各类传感器是自动驾驶的眼睛，主要包括摄像头、毫米波雷达和激光雷达等；高速处理器是汽车的大脑，车载计算平台包括芯片、显卡、硬盘和内存等，如图 6 - 8 所示。

聪明的车：单车智能+5G车联网

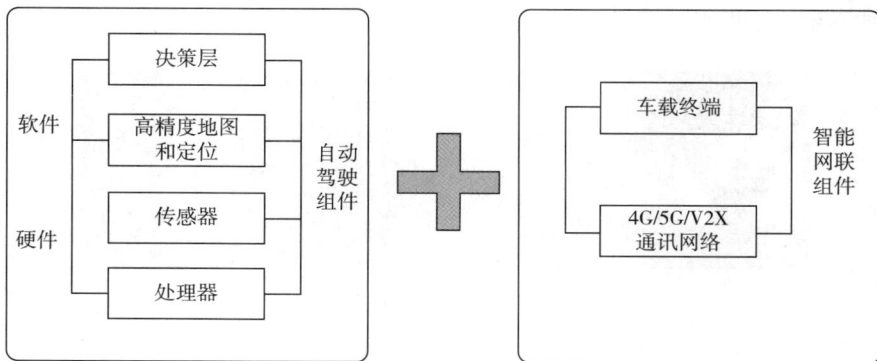

图 6 - 8　5G 车联网中的"车"

智能网联系统是通过安装在车辆上的车载单元 OBU（On Board Unit）来实现 V2X 通信的硬件设备，完成和其他车辆车载单元 OBU、路侧单元 RSU、行人和 V2X 平台之间的通讯。OBU 的基本功能主要包括数据收发、协议转换、解析 CAN 总线数据、定位、时钟同步等业务功能、管理功能和安全功能。

交互的数据包括上报类信息车辆安全信息（Basic Safety Message，BSM）；下发类信息信号相位和定时信息（Signal Phase And Timing Message，SPATM）；下发类信息地图信息（Map，MAP）；下发类信息路侧信息（Road Side Information，RSI）；下发类消息路侧消息（Road Side Message，RSM）等。

3. 智慧的路

5G 车联网路侧基础设施主要包含：①通信基础设施，4G/5G 蜂窝基站；②基于蜂窝技术的车联网通信（Cellular - Vehicle - to - Everything，C - V2X）专用通信基础设施；③路侧智能设施（Road Side Unit，RSU），涉及交通信号灯、标志、标线和护栏等交通控制设施，以及在路侧部署的摄像头、激光雷达、毫米波雷达和各类环境感知设备；④移动边缘计算（Mobile Edge Computing，MEC）设备，如图 6 - 9 所示。

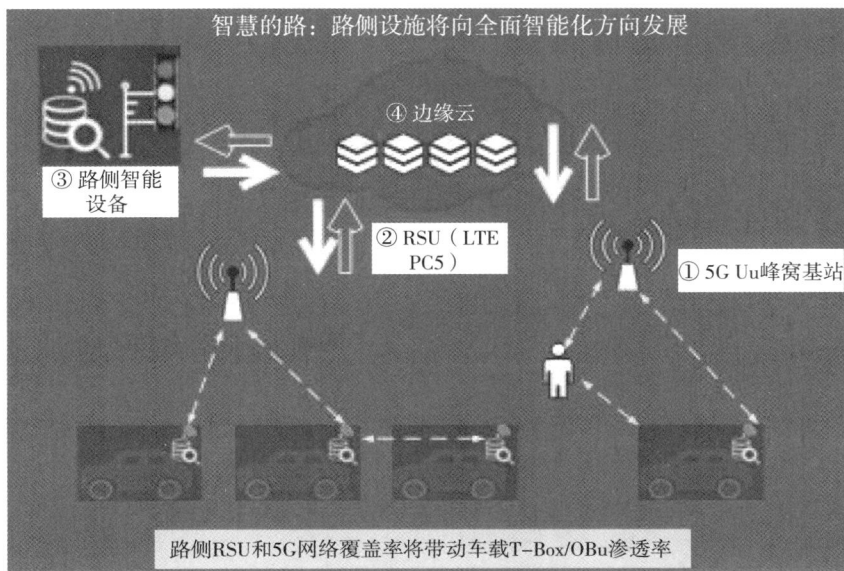

图 6 - 9 5G 车联网中的"路"

上述 4 类设备组成了一体化路侧智能设施,除了①类设备是由运营商投资以外,②、③、④类投资规模巨大,涉及众多的投资建设主体。截至 2021 年末,全国公路总里程 528.07 万公里,比 2020 年末增加 8.26 万公里;公路密度为 55.01 公里/百平方公里,增加 0.86 公里/百平方公里;高速公路里程 16.91 万公里、增加 0.81 万公里;国道里程 37.54 万公里,省道里程 38.75 万公里。农村公路里程 446.60 万公里,其中县道里程 67.95 万公里、乡道里程 122.30 万公里、村道里程 256.35 万公里。若以每公里智能化改造费用 100 万元估算,高速公路智能化改造将高达 1600 亿元以上。覆盖全国的高速公路和城市道路,基础建设投资估计在 3000 亿元以上。路侧智能设施包括交通信号灯、标志、标线、护栏等智能化交通控制设施,以及摄像头、毫米波雷达、激光雷达和其他各类环境感知设备等,如图 6 - 10 所示。

由于采用单一传感器存在诸多实际问题,比如摄像头缺乏深度信息;毫米波雷达无法获取高度信息,行人探测效果弱;激光雷达测距短、角度分辨率弱,以及环境影响大等。因此,实际使用时大都采取多传感器融合方式。

4. 灵活的网

5G 网络的两大核心技术,移动边缘计算和网络切片与车联网深度融合,为 C - V2X 提供灵活、健壮的网络。

5G 车联网的移动边缘计算 MEC,需要接入 RSU、OBU、智能化交通控制设施(如交通信号灯、标志、标线、护栏等)、摄像头、毫米波雷达、激光雷达、各类环境感知设备的信息,同时连接云平台;MEC 也具备多传感器信息融合能力,比如:摄像头+激光雷达+毫米波雷达融合算法;MEC 还具备 ITS 相关协议处理能力,比如:交叉路口防碰撞预警,在车辆经过交叉路口时,MEC 通过对车辆位置、速度及轨迹分析与研判,分析可能存在的碰撞概率,通过 RSU 传输到路过车辆的 OBU,起到预警作用。5G 车联网中的"网"如图 6 - 11 所示。

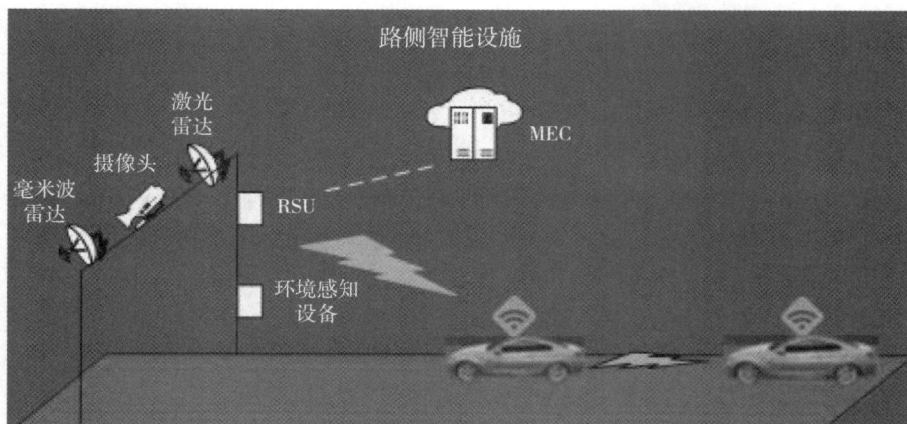

图 6-10　5G 车联网中的路侧智能设施

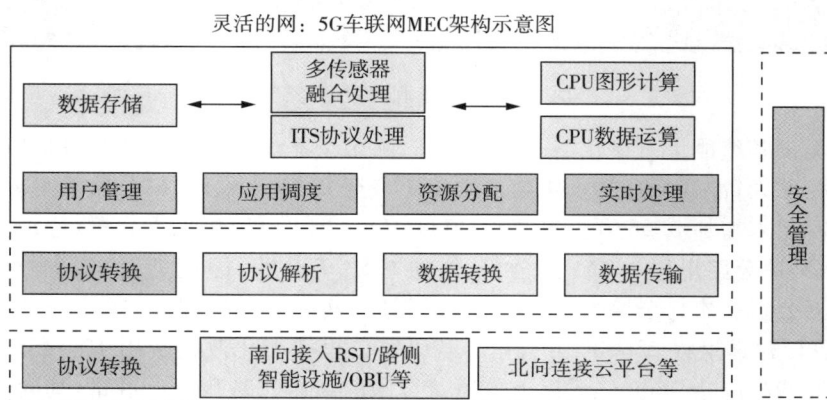

图 6-11　5G 车联网中的"网"

　　网络切片是将 SDN/NFV 技术应用于 5G 网络的关键服务,一个网络切片将构成一个端到端的逻辑网络,涵盖所有网段,包括无线网络、有线网络、传输网、核心网、业务应用,按照切片的需求方需求,提供各种网络服务。

　　5G 网络可以为车联网提供增强移动宽带(Enhanced Mobile Broadband,EMBB)、海量机器类通信(Massive Machine Type of Communication,MMTC)、极可靠低时延通信(Ultra-reliable and Low Latency Communication,URLLC)的网络切片。EMBB 切片可以承载车载 VR 实时通讯、全景合成等业务;MMTC 切片可以承载汽车分时租赁等业务;URLLC 切片可以承载导航业务等。

　　5. 强大的云

　　强大的云是由开放数据公共服务平台和云控平台构成,为车载终端、路侧智能设施、第三方车联网应用平台提供并发接入、实时计算、应用托管、数据开放、决策支持等功能。此外,将微观的车辆行为状态数据和宏观的交通环境变化数据接入云平台之中,在对这些数据清洗、脱敏、分析、建模以及可视化处理后,既能提供开放数据公共服务,又能提供面向主机厂商、运营商、政府管理人员、行业客户、一般消费者的增值服务,以及用于云控服务,实现智能决策及其实时调控。强大的云如图 6-12 所示。

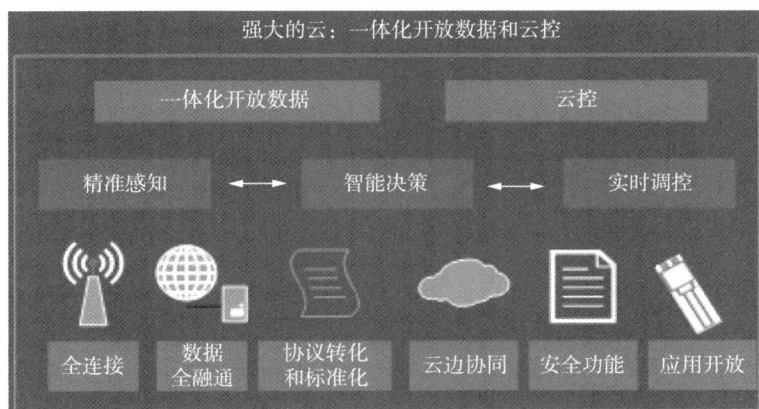

图 6-12　5G 车联网中的"云"

"人-车-路-网-云"的五维协同发展,将很好地赋能 5G 车联网探索个人服务、行业服务和公共管理服务。

6.6　车联网的典型应用

6.6.1　信息服务应用场景

车联网的信息服务突破了传统车辆信息服务局限于车辆内部的限制,将车辆与外界信息服务平台联系起来。车载信息服务终端经移动通信系统和移动互联网连接到车联网服务平台之中,实现车载娱乐、故障诊断、维修保养等车载信息服务。典型的信息应用服务主要包括以下内容:

1. 救助呼叫服务

当车辆运行中出现安全气囊引爆或侧翻等紧急情况时,车辆能够实时发起救助信号,以及车辆类型、交通事故时间地点等基础信息。紧急救助中心、运营商紧急救助中心或第三方紧急救助中心将会接收到这些信息,在该场景下车辆需要具备 V2X 通信的能力,实现有效的通信联系。

救助呼叫服务依托于城市紧急救助系统,将 110 报警、119 火警、120 急救和 122 交通事故报警统一纳入指挥调度系统,为交通事故的道路救援提供重伤员的抢救、治疗、转院、道路疏导等各类服务,也可以和汽车服务商一起提供诸如拖吊、换水、充电、换胎、送油和现场维修等车辆维修服务。

2. 车载通信服务

车载通信服务是利用车载智能终端的语音和数据通信功能,为乘车人员提供接听和拨打电话、收发短信、访问互联网或者收发电子邮件等服务。语音通话是智能车载通信业务基本功能,同时支持语音拨号,免提通话等服务。

3. 定位导航服务

定位导航服务供应商利用基站和卫星导航技术,通过智能车载信息服务终端为司乘车人员提供导航服务、定位查询、实时路况预报和地图在线更新等服务。传统的车载导航服务系统信息更新时间长,且是离线的,限制了导航服务的灵活性,系统难以对交通情况实时跟踪,也难以完成实时的路径规划。车联网实现车-云协同通信,改变了传统车载导航服务的落后现状,特别是在北斗卫星导航技术基础上,定位精度达到 $1\sim3m$ 的情况下,将基于路网的导航模式升级为基于车道级的导航应用。高精度定位和实时的通信技术相结合,完成精确的路径规划,以有效解决交通拥堵问题。

4. 交通运输管理服务

车联网运输服务为车队及其车队管理人员提供包括生产销售、配送优化、车辆安全管理、车辆维修保养管理和运输车辆保险等车辆信息的服务。

在生产销售环节,掌握用户需求,更新用户画像,增强用户联系,辅助车企制订排产计划和营销策略,促进生产销售。

在配送优化环节,提供运输任务动态调度、运输线路优化和运输导航业务,使得运输货物准时送达,减少空驶率和行驶里程,降低油耗与运输成本,提升生产效率和利润率。

在管理环节,通过运输服务云平台管理驾驶行为,管理车队管理人员,避免管理人员出现疲劳;同时对管理人员行为进行标准化分析和打分,保持良好习惯,减少汽车损耗及能源消耗,降低车辆事故。

在维修保养管理环节,通过运输服务云平台对车辆状态信息进行采集和监测,实现车辆的故障诊断和维保跟踪、线上预约、高效维保并提升维保效率。

在运输车辆保险环节,感知用户风险,评价用户信用,提供相适应的保险条款和价格,提升保险服务水平。

目前,车联网商业运输服务商已经在具体商业应用上推出了成熟的产品,如图 6-13 所示的四维图新公司推出的商业运输服务系列产品,就是典型代表。

图 6-13 四维图新公司推出的商业运输服务系列

5. 信息公告服务

信息公告服务是指在道路旁的商店、餐馆等娱乐服务场所安置的路边设备,周期性广播服务场所的开业时间、购物等待时间和商品价格变化等服务内容。当车辆接近路边设备时,能够实时获取这些广播的服务信息,推送给司乘人员。司乘人员可以与路边单元建立点对多连接,获得更多更详细的服务内容。

6. 停车服务

在停车场入口处安置一个路边装置,当汽车停车时,负责车辆入闸。车辆行驶到停车场入口附近时,收到停车场的通告信息,车辆与路边装置建立点对点无线连接,交互授权信息,获得进入停车场的授权,如图6-14所示。车辆在接近停车场入口时,无需人为干预,即可获得路边装置的授权并进入停车场。

图 6-14　停车信息服务

7. 支付服务

在车辆行驶过程中,路边设备发布与地理位置或者司乘感兴趣的消息,并具有处理来自车辆的本地电子支付请求(如电子钱包等)的能力,完成商品购买、停车费用和汽车租赁服务等支付,不需要任何人工操作。目前高德公司推出了 A＋Box 解决方案(见图 6-15),就提供了用户在停车场停车后,地图能够自动将位置记录推送到用户手机,方便用户找车;当用户驶离停车场时,系统会通过绑定的支付宝账号自动完成支付工作。

图 6-15　无感支付

从功能、体验、服务三个方面解读 A＋Box,将 A＋Box 理解为 A＋盒子,盒子里加载有一系列硬件和软件,实现车辆本身的智能化,为车主服务。

A＋Box 的实际体验:

车主 1:找一家附近人均 200 元以上的日式料理店。(语音询问)

A＋Box:已为您找到 6 个选项。(准确反应)

车主 2:找一家国贸商场附近 1000 元以上、评分高的五星级酒店。(语音询问)

A＋Box:已为您找到 6 个选项。(准确反应)

6.6.2 交通安全应用场景

车辆在行驶过程中经常会遭遇复杂多变的道路,雨雪大雾等特殊天气环境,以及醉酒驾驶、肆意变道的不良驾驶行为情况,威胁到行车安全。装有车载无线通信设备的车辆在行驶过程中,不断地广播自身位置、行驶速度和行驶方向等运动状态信息,降低驾驶风险。经过车车、车路之间的信息交互,将本车的运动状态信息与接收到的周围车辆的运动状态信息进行融合判断,评估本车与周围车辆碰撞的可能性,再向管理人员发出警报或采取主动制动措施等。

车联网的交通安全应用可以有效地避免由于驾驶员疲劳、大型车辆遮挡或者交叉路口盲区等情况造成的交通事故。典型的交通安全应用场景包括:

1. 防碰撞

当车辆行驶在交通状况比较复杂的路段,通过无线通信在车辆之间传送周围车辆的有关运动状况、地理位置信息,使车辆更好地了解视野范围外的交通状况。当行车前方发生了紧急交通事故时,及时广播通知前方的车辆协同驾驶,这将大大降低交通事故发生的概率,对人身安全和财产安全起到很大程度的保护作用。

2. 闯红灯警告

在车与路边基础设施之间,以及十字路口的红绿灯上安装能接收信息的信号灯,使它可以接收在其通信范围内的其他车辆广播信息,比如地理位置、运动状况等。路边通信单元对这些信息进行分析,如果发现有类似闯红灯倾向的车辆,则立即在周围广播,提醒周围车辆注意安全。

3. 车道变更警告

车道变更警告常用于高速路车道变更的场景。当位于右侧慢车道的车辆想要变更到左侧的快速车道时,该车将会广播一个变更车道的告警消息,通知前后同向行驶的周边车辆注意,避免因为视线障碍造成多个车辆同时变更车道危险。

4. 高速追尾预警

基于车车通信,以前车位置、行驶方向和道路状况等信息作为碰撞报警的决策依据,实时对比警告信息和行驶环境,设计不同的警告策略。在基于广播式车车通信方式的高速追尾预警系统中,当头车紧急制动时,可采用车车通信方式及时将制动信息发送至后方车辆,使后续车辆在其前车未开启制动灯时即采取制动,避免连环碰撞情况的发生。

5. 应急车辆事故应答

事故车辆(碰撞车辆或者危险品事故车辆)应答应急车辆的信息包括:车辆位置数据、车辆状态数据(如安全气囊是否打开、发动机工作状态等)或危险品种类及其泄漏情况等,以便其他应急车辆提前进行准备。

6. 车辆安全警告

安全警告是面向操作提醒,提示进行适当的操作(比如:踩油门、踩刹车和操纵方向盘等)。具体的安全警告应用包括:①盲区有车警告,②车辆失控警告,③前方会车请勿超车警告,④紧急制动警告,⑤应急车辆经过警告,⑥前向碰撞警告,⑦岔路口驾驶警告,⑧摩托车接近警告,⑨危险道路状况警告,⑩慢速或临停车辆警告。

7. 交通标志提醒

主要包含以下提醒:弯道车速提醒、车载标志提醒、超大尺寸/重量车辆提醒、人行横道行人提醒、铁路闸口提醒、红灯即将出现提醒、限速行驶与车道封闭提醒、禁行车道提醒、受天气影响的危险区域提醒、无信号灯岔路口停车提醒、无信号灯路口停车标志违规提醒、车辆接近施工提醒、碰撞后事故发生提醒和应急通信与疏散提醒。

6.7　智能网联交通系统

交通安全是一个全球性的社会问题,交通安全科学与技术致力于揭示"人—车—路—环境"交通系统的事故发生机理,分析影响交通事故发生风险和碰撞严重程度的关键因素,提出可提升交通安全水平的理论方法与技术。近年来,智能网联交通技术的发展有望通过车路协同、自动驾驶等方式全面提升交通安全水平,为构建智慧交通系统提供技术保障。

智能网联交通系统包含 3 个阶段,一为动态感知,能够即时采集所需路段的交通信息,还能够构建动态感知的信息系统。二是主动管理,提供主动规划、主动指挥及管控、主动服务等。三是智能网联,实现无人驾驶、车路协同和车辆的网络联通。

智能网联交通系统是智能交通系统的最终发展形式,是物联网技术在交通运输中的重要应用。运用雷达和视频等感知设备,来精准感知车辆的运行状况。依照提前确定的通信协议和信息交换要求,让车辆和行人、车辆和道路交通设施、车辆和车辆间的信息实现联通,构成立体化的智能网络平台。

智能网联交通系统由两个部分组成,一是智能网联道路系统,二是智能网联车辆系统,广义上,智能网联交通系统涵盖了智能网联车辆系统与智能网联道路系统,即智能网联车、车联网、主动道路管理系统、自动公路系统等均包含于智能网联交通系统。

6.7.1　智能网联交通技术架构

智能网联交通技术体系集中应用了人工智能、传感技术、网络技术、计算技术及自动控制技术等,是一个集车辆自动化、网络互联化和系统集成化三维于一体的高新技术架构,如图 6 - 16 所示。

1. 车辆自动化

车辆的自动化发展从低到高可以分为驾驶辅助、部分自动化、有条件自动化、高度自动化和完全自动化 5 个阶段。其中,驾驶辅助阶段:在适用的设计范围下,自动驾驶系统可持续执行横向或纵向的车辆运动控制某一子任务,由驾驶员执行其他的动态任务;部分自动化阶段:在适用的设计范围下,自动驾驶系统可持续执行横向或纵向的车辆运动控制任务,驾驶员负责执行目标和意外检测与响应任务并监督自动驾驶系统;有条件自动化阶段:在适用的设计范围下,自动驾驶系统可以持续执行完整的动态驾驶任务,用户需要在系统失效时接受系统的干预请求,及时做出响应;高度自动化阶段:在适用的设计范围下,自动驾驶系统可以执行完整的动态驾驶任务和动态驾驶任务支援,用户无需对系统请求做出回应;完全自动化阶段:自动驾驶系统能在所有道路环境执行完整的动态驾驶任务和动态驾驶任务支援,驾

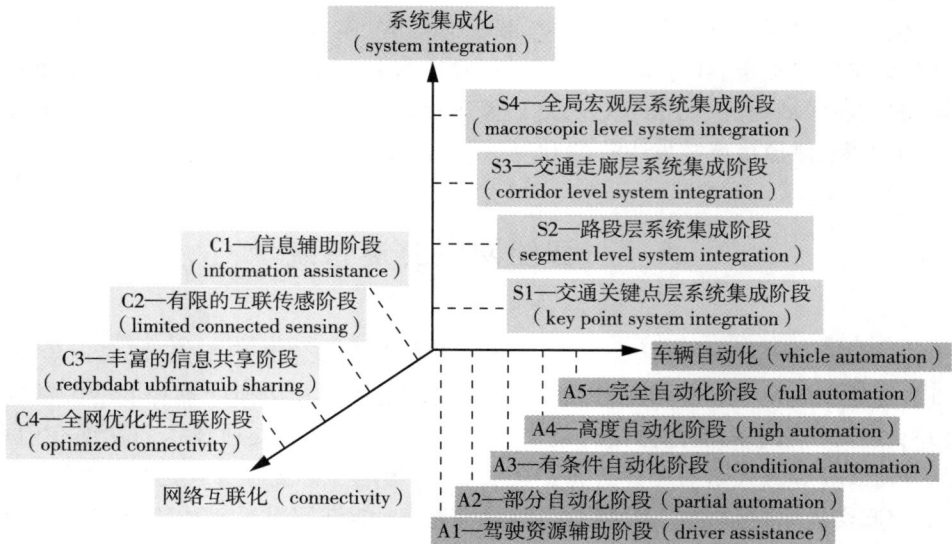

图 6 - 16   智能网联交通系统三维体系

驶员无需介入。

2. 网络互联化

网络互联化的发展包含信息辅助、有限的互联传感、丰富的信息共享和全网优化性互联这 4 个阶段。其中,信息辅助阶段:驾驶员通过路侧设备获取路况信息,从而辅助驾驶和决策。有限的互联传感阶段:驾驶员和车辆通过车内设备,以及路侧设备,获取相关信息,从而进一步辅助驾驶及进行决策。丰富的信息共享阶段:驾驶员和车辆之间通过车内设备、路侧设备、全网信息中心以及车辆间信息共享设备来获得更多层面的信息。不同车辆之间,通过各自认可的驾驶方式进行驾驶和决策,其中驾驶方式包括驾驶员驾驶、车辆自行驾驶、车辆服从全网信息中心指令驾驶。全网优化性互联阶段:全交通网络的信息不再过载和重复,驾驶员和车辆获得优化后的信息,迅速地进行安全驾驶和最优的行驶决策。

3. 系统集成化

系统集成化的发展需要经历交通关键点层系统集成、路段层系统集成、交通走廊层系统集成和全局宏观层系统集成这 4 个阶段,见图 6 - 17 所示。

其中,交通关键点层系统集成阶段:智能网联车辆在交通关键点与路侧设备进行信息交互,获得指令和必要信息,在各个交通关键点处解决具体事件,保障各微观节点的交通畅通和安全。该阶段的目标,主要是实现交通关键点以及周边小区域的交通优化控制。路段层系统集成阶段:网联车辆与微观交通控制中心联结,获取指令与信息,通过指令在路段层面解决微观问题。这一阶段的目标,则是以单个路段为单位对交通进行管理和控制。交通走廊层系统集成阶段:网联车辆与中观控制中心联结,以获取出行路径规划。中观控制中心合理控制走廊层面的交通流量,提前预测拥堵事件,合理建议全局系统进行全局规划。本阶段针对路网交通运行具有重要影响的交通走廊,由上一阶段的路段控制整合形成,从而支持更高级的控制算法,实现走廊层面的交通优化管理与控制。全局宏观层系统集成阶段:从最高

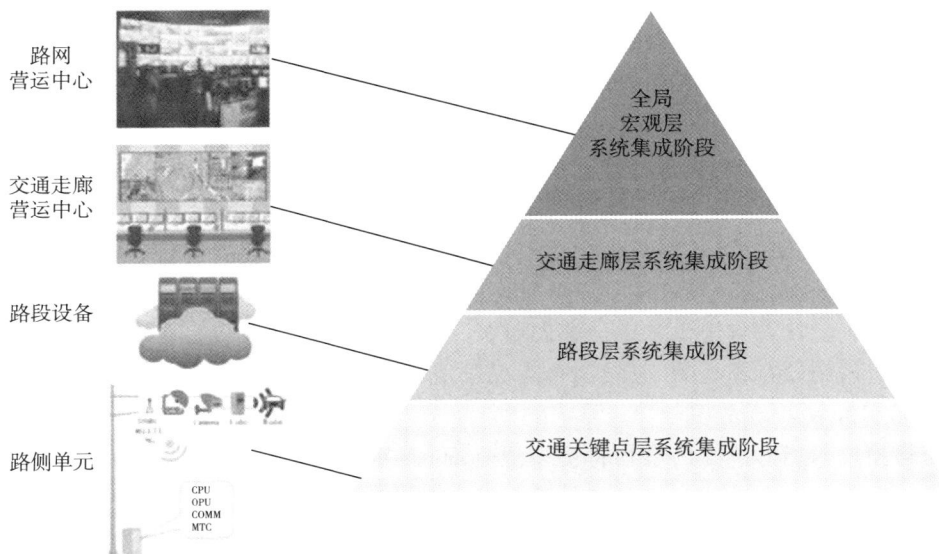

图 6 - 17　智能网联交通系统集成化发展阶段

层级优化交通分配,提高出行效率,降低人员出行成本和社会物流成本,实现全路网范围的全局优化管控。

　　智能网联交通系统分为 2 个发展方向,即智能网联车辆和智能网联道路,IT 企业、车企和运营企业主要开展以车为主的智能网联车辆技术研究;道路交通行业以路为主进行智能网联道路系统研究。智能网联交通系统融合了智能网联车辆与智能网联道路的技术优势,协调发展,最终实现自动驾驶。

6.7.2　智能网联交通系统关键技术的发展

　　利用车载传感器,智能网联交通系统能够准确辨识道路交通情况,实现车辆和行人、车辆和道路基础设施、车辆和车辆间信息的共享,确保机动车以安全的状态前进,让道路资源进行集中、合理调配的目标得以实现。智能网联交通系统的关键技术,包括车辆智能决策技术、车路协同技术、外部情况感知技术等,依托这些技术发展,可以完成智能网联交通系统的构建与优化。

　　1. 基于深度增强学习的决策技术的发展

　　人工智能的深度学习和增强学习是目前研究的热点,特别是在智能驾驶方面,人工智能可以通过对环境的感知和学习来作出正确的决策,并且随着决策次数与环境感知频率的增多,其学习和优化过程也就更深入。

　　该技术的缺陷在于其学习优化过程并不依照既定的因果逻辑推导,而是以相关性作为基本原则来进行推导,这也就使得其推导过程无法对未知的情况进行决策。

　　目前的因果推导决策体系也是发展的重点之一,现有的因果推导体系有贝叶斯网络等,其采用的是模块化决策体系,全过程理性学习,使得结果十分可靠,未来将会获得更好的应用。

　　2. 感知技术的发展

　　在传统的驾驶中,驾驶员是通过五官来感知行驶过程的变化,特别是视觉感知尤为重要。一般会应用摄像头来帮助驾驶员感知外界,但是因为摄像头无法有效地处理如此庞大的数据量,其估算的目标较多,使得传统的检测与识别技术有着非常复杂的逻辑与算法,比较烦琐。目前新的感知技术的发展将为自动驾驶带来更全面高效且更便捷的感知体系,比如说视觉识别以及激光雷达等,目前已经逐渐地应用于汽车中,并逐渐发展为低成本高效率的设备,使得汽车能够成为多传感器的载体,提高了对路况的识别以及判断能力。

3. 云计算的发展

云计算是采用分布式、冗余存储方式,能够有效地对庞大的数据链进行处理,并实时分享。在智能交通方面,云计算可谓是十分重要的,能够对周围地理信息、路径等进行决策,给予驾驶员导航。云计算将提供基础设施即服务、平台即服务以及软件即服务三方面,分别针对基础网络数据的储存预处理、云端部署路况应用和访问云服务软件三方面的应用。

4. 自动驾驶技术的发展

自动驾驶技术能够感知的事物将更多更全面,而不仅仅是从车辆周边信息的感知来进行决策了。目前自动驾驶技术大多是基于 V2X 通信技术来展开车对车、车对路的信息交互与共享过程,并且可以时间为基准来感知和预测周边车辆的运行、交通信号灯与交通信号指示、气象条件与突发状况等信息,展开多车辆、多路段的协同控制工作。目前自动驾驶技术已经逐渐转向与物联网技术以及自动化技术融合的趋势中,但依然在精度方面存在不足,这也是未来需要解决的重要方向。

5. 车路一体化的发展

车路一体化将有效解决车路协同感知、协同决策以及协同控制三方面的内容,而车路一体化的发展还需要建立起交通系统的控制中心,对各车企、IT 企业进行联网,做到信息共享,以道路系统为主体来做到对不同出行方式和技术进行保障作用,实现车路一体化感知。

由于车路一体化需要考虑的问题较多,无论是单个车辆的控制还是多个车辆的协同以及一体化过程的能耗、车辆行驶安全、车辆舒适度、节能环保措施等多方面的协调工作都还有不足,希望未来能够从技术和人性化层面做到更好。

智能网联交通系统主要是依靠通信技术以及网络技术,针对路况信息和车辆自身信息来进行决策,从而达到智能化驾驶,在安全、舒适和稳定的状态下去做到更方便、更快捷的行车过程。当然目前这些技术还有较多的问题并未很好解决,还需要国家层面在政策、法律和技术方面投入更多的资源。

总而言之,智能网联交通系统是智慧交通系统的理想发展模式,是物联网技术在交通领域的关键应用,是应对交通拥堵问题的新途径。当下我国的自动驾驶及智能交通上与发达国家相比,还存在一定的差距,但随着科学技术的不断发展,在不久的将来,我国的智能网联交通系统与车辆的自动驾驶及智能交通技术一定会处于世界的前列。

6.8 智慧交通

智慧交通是在智能交通(ITS)的基础上,在交通领域中运用物联网、云计算、互联网、人工智能、自动控制、移动互联网等高新技术来汇集交通信息,对交通管理、交通运输、公众出行等等交通领域的全方位以及交通建设管理的全过程进行管控支撑,使交通系统在区域、城市甚至更大的时空范围内具备感知、互联、分析、预测、控制等能力,以充分保障交通安全、发挥交通基础设施效能、提升交通系统运行效率和管理水平,为通畅的公众出行和可持续的经济发展提供优质服务。

6.8.1　智慧交通的作用

智慧交通是为城市交通管理工作提供数据支持,其作用主要体现在以下三个方面。

(1)为决策提供数据

在智慧交通中,所有工作的开展都是基于数据信息。相比智能交通,智慧交通对数据信息的收集与分析能力更强,时效性、准确性显著提高,为各项城市交通发展决策的实施提供更为详细有效的数据支撑,充分体现出智慧交通的调控能力。

(2)为行业提供模式

城市交通行业具有系统性与复杂性,在发展的过程中各城市交通相关系统与行业缺乏统一的规范,由此,在参与城市交通运行过程中会出现问题。在智慧交通体系中,与城市交通相关的系统与行业被纳入同一体系中,由智慧交通体系架构统一进行筹划安排,以满足顶层设计的具体要求,确保城市交通行业管理的智能化与一体化,提升城市交通行业运转的效率与管理的水平,推动城市交通行业的进步发展。

(3)为出行提供各类服务

智慧交通体系的建立与完善,其根本的出发点是提高城市交通管理的水平,服务于生产与生活,为广大居民提供更加便捷高效的交通服务。在智慧交通体系中,通过物联网技术与5G 信息技术,人们通过终端设备可以查询各类交通信息,可以下单使用各类交通服务,享受到智慧交通体系带来的服务。

6.8.2　智慧交通体系

随着智慧交通体系内容的不断丰富,其体系结构也在不断完善。从总体来看,智慧交通体系主要由应用系统、业务系统和数据中心构成。

1. 应用系统

应用系统包括基础管理平台、视频整合平台、资源整合平台和地图信息平台。

(1)基础管理平台

智慧交通功能的实现需要设备基站提供支持。基础管理平台的作用是对智慧交通体系内的设备基站进行一数一源的基本管理,以提升设备基站运行的效率以及做好必要的保养维护工作。通过基础管理平台可以实现对访问用户身份的识别与控制,在设备与用户之间建立对应的访问机制。

(2)视频整合平台

在智慧交通体系中,视频监控系统是重要的数据信息来源,建立视频整合可以使视频监控系统更好地服务于城市交通业务,为视频监控系统的信息共享创造环境与条件。通过平台统一整合管理的模式,避免视频监控信息传递与共享过程中可能出现的问题,确保视频监控系统覆盖的有效性与全面性。

（3）资源整合平台

资源整合平台主要应用于对车辆 GPS/北斗资源的整合，车辆 GPS/北斗资源是智慧交通体系中对位置、调度等信息收集整理的重要源头。通过车辆 GPS/北斗资源整合平台，能够实现对 GPS/北斗数据信息的格式、规格等进行统一，以方便进行上传与分析，为智慧交通体系的完善奠定基础，创造基本的运行条件。

（4）地图信息平台

地图信息主要来自 GIS 地理信息系统提供的定位查询、地图浏览、路线分析等功能，基于 GIS 地理信息系统，能够实现智慧交通体系的完善，以及对交通状况的预估分析，将不同地点、不同时期的城市交通状况在同一地图中进行分时段展示。

2. 业务系统

智慧交通的业务系统主要包括视频联网子系统、北斗/GPS 监控子系统、诱导服务子系统和指挥应急子系统。

（1）视频联网子系统

视频联网子系统是视频监控之间的联网，以及视频监控与其他应用系统间的联网，可通过视频联网子系统为交通管理提供必要的支持。视频联网子系统与视频整合平台共同组成的智慧交通指挥中心，是实现城市交通实时监管与处理突发事件的中枢。

（2）北斗/GPS 监控子系统

北斗/GPS 监控系统是掌握各类交通工具运行状态的核心，通过对交通工具运行轨迹的跟踪与收集，能够对交通工具所处的位置、行驶速度、载重等信息进行具体掌握，为构建交通公共服务系统奠定基础。

（3）诱导服务子系统

诱导服务是通过定位浮动车辆，对位置和时间信息进行采集，并进行结果分析，以反映交通的实际情况。在此基础上，可以实现对交通状况的预判，对交通流量进行科学的分析诊断。

（4）指挥应急子系统

在城市交通中，其突发情况较多，如何提高应对交通突发情况的能力，是智慧交通体系架构与发展要解决的重要问题。建立健全指挥应急系统，以平台实现突发情况的数字化处理是重要的发展方向，提高应急能力的有效措施。指挥应急子系统在智慧交通体系中需要以视频联网系统、北斗/GPS 监控子系统和诱导服务子系统为基础，建立高效统一的应急指挥体系，强化应急处理的能力。

3. 数据中心

数据中心在智慧交通体系中是核心内容。智慧交通体系具备的一切数字化功能，均由数据中心提供必要的分析支持。数据中心要在共享、共建的基础上，以实现社会资源的整合，为各项智慧交通业务提供必要的服务支持，并不断完善智慧交通体系。而在智慧交通体系内，则需要根据不同等级的业务，进行相应的管理与监控，以确保智慧交通的运行顺畅。同时，为保证智慧交通体系的安全性与规范性，应严格做好数据中心的信息安全防护体系，应用先进的安防与密码技术，避免数据中心的故障影响智慧交通体系的运行。

在智慧交通体系内，平台与系统建设的首要出发点，是服务城市发展与居民生活，在此基础上,智慧交通体系的建设与发展最终应实现绿色、高效、和谐的目标,促进城市的发展和满足人们的交通需求。

6.9 智能网联与智慧交通的协同发展

在交通强国、新基建、"十四五"规划等宏观政策的引领下,全国多地的智能网联先导区试点建设也驶入快车道。当前,智能网联汽车已成为前沿创新技术的聚集高地,也是建设智慧城市的基本单元。目前,国家大力倡导的"智能网联汽车与智慧城市协同发展",实际上是智能网联、智慧交通和智慧城市的深度协同。不久的将来,汽车、交通、城市一体化发展将成为必然趋势,这也将是我国汽车产业升级和交通强国战略的核心动力。

目前,智能网联汽车和智慧交通的数字化发展,正在从解决单一场景问题,向大规模的群体智慧转变。如智慧高速、智能网联、智慧轨道交通、智慧民航、智慧物流、智慧港口、智慧城市交通等的数字化解决方案,还可通过技术创新应用带动智慧交通上下游全链条的绿色发展,以实现高效的客流、物流服务,为"人享其行、物优其流"的目标而努力。

1. 车联网是实现智慧交通的"信息化"路径

智能网联交通的核心是车联网。车联网主要汇聚车辆、用户和环境三类数据。车辆数据包括车型、尺寸等原始属性,配件磨损、更替情况等最新属性,车窗、空调等使用状态,以及行驶路线、方向等行驶状态的数据;这些数据对智能网联汽车自身系统的优化、与交通系统中其他主体的协同以及车联网的整体功能等都至关重要。

用户数据包括身份信息,指纹、身体等生物特征,车联网服务使用记录,驾驶记录和习惯等数据;这些数据可用于个性化服务、车辆驾驶决策辅助等方面。环境数据包括路线、路牌、限速要求等道路基本信息,交通信号灯、路段施工等道路实时信息,停车场车位情况等服务信息,道路拥堵、事故、收费站排队情况等交通运控状态。这些数据可用于城市整体交通情况监测与服务,有利于灵活管理交通、更好地服务民众,实现各类主体的智慧出行。

2. 车联网是实现智慧交通的"网络化"基石

移动通信融合大规模天线阵列、超密集组网、终端直通等先进技术,大幅度提升了连接数、速率和时延等指标。车联网推动车辆从传统的代步工具逐渐演变为智能车载终端。以智慧交通的自动驾驶场景为例,车辆在行驶过程中可通过摄像头和传感器采集海量数据,与其他车辆和道路基础设施进行通信,获得实时路况等交通环境信息,并通过车载服务系统进行实时计算后,给出车辆的反应指令。这些都需要车联网提供通信保障。车辆在运行期间,越能高速传输和处理海量实时数据,从路况、车况监控到车辆完成反应的时延越短,越能满足车辆行驶安全需求。车联网通过以第五代移动通信为代表的信息通信技术与公路网等传统道路交通基础设施进行深度融合,提供低时延、高可靠、海量连接的新型网络基础设施,筑牢智慧交通的网络基础。这里的网络主要包括接入网络和承载网络两个部分。接入网络有无线、基站、RFID 等形式,根据业务需求,为智慧交通终端和应用提供信息传输服务。承载网络包括互联网、移动通信网、卫星通信网、广电网以及其他行业专用网络。这些网络因传输速率和时延要求差异,会采用不同的移动通信技术,未来车联网的网络将通过多模通信满足差异化需求。

3. 车联网是实现智慧交通的"平台化"支撑

随着信息通信技术向实体经济不断拓展,与交通等行业深入融合,进一步推动了交通运输业转型升级。用车联网搭建的车路协同平台,在车辆、交通基础设施等终端部署传感器与探测设备,并将其接入网络,汇聚车辆、用户和环境数据到统一的平台,增强平台计算和边缘计算能力,构建大带宽、高算力、低时延的交通环境,提升交通的效率和安全性。

协同控制平台通过云计算、大数据、多媒体等技术,对车联网的接入网络和承载网络进行协同管理,广泛接入各类终端和平台,支撑多样化、个性化的应用场景和业务需求。信息服务平台为车辆、车辆制造商、车辆租赁商、车辆销售商、保险公司、维保修理、运输企业、用户、车辆管理者、交通管理者、紧急救援服务提供商等主体提供信息和业务服务,以满足车辆的租赁交易、保险维修、驾驶辅助、运输和交通管理、智能交通运行控制等的业务需求。

4. 车联网是实现智慧交通的"智能化"引擎

车联网以人工智能为引擎,把信息化、网络化、平台化进行集成、优化配置,以数据为要素,以网络为基础,以平台为支撑,打造智慧交通的"大脑",优化交通要素资源,提高交通运行质量和效益,推动交通运输行业实现发展、服务和管理的三重突破。

车联网通过实时分析各类传感器数据,动态协调车路协同平台中的网络、缓存和计算资源,优化车路协同平台功能,实现信息服务智能化、车辆控制智能化和交通管理智能化。车联网可以对道路拥堵状况、区域车流规律、整体交通流量进行智能分析,对所有道路车辆进行路径规划和交通调度,大幅提升出行效率、运输效益,有效增强城市运力。同时,还可通过路况检测和导航、主动巡航控制、避撞或交通违章提醒、电子路牌、车辆故障诊断和防盗追踪,为驾驶者提供智能的驾驶辅助和即时预警,提高驾驶和车辆安全性,降低交通事故和安全事件发生率。

6.10 智能网联汽车道路测试示范应用

目前世界各国都把智能网联汽车的道路测试和示范应用作为工作的重点,很多国家都建立了许多新的自动驾驶汽车测试平台与设施。除了封闭的试验场地,高速公路上也出现了越来越多配备测量仪器的试验环境。我国也开展了汽车测试及示范基地的规范和建设工作,努力推动智能网联汽车技术在我国的快速发展及落地。

6.10.1 智能网联汽车测试规范

为了保障智能网联汽车的安全性、舒适性、敏捷性和智能性,必须在投入使用之前对其功能和性能进行严格的系统评测。目前针对智能网联汽车的测试主要有软件在环测试、硬件在环测试,以及包含封闭道路测试和开放道路测试等在内的实车测试两种。其中实车测试对于整车系统的测试评价至关重要,因此也成为当前众多研究机构、整车制造企业开展智能网联汽车测试的重要手段。

在过去的 10 多年中,美国联邦交通部于 2016 年 9 月发布《美国自动驾驶汽车政策指南》,2017 年 9 月发布《自动驾驶系统 2.0:安全愿景》,众议院 2017 年 7 月通过了《自动驾驶法案》,加州 2018 年 2 月修改无人驾驶测试法规,允许在无驾驶人员情况下进行智能网联汽车道路测试。美国以谷歌公司为代表的智能汽车,进行了超过 350 万英里的道路测试。2016 年 7 月,奔驰自动卡车在荷兰上路开展测试。日本在 2016 年 5 月发布《关于自动行驶系统的公道实证实验的方针》,日本警察厅于 2017 年 6 月发布许可,允许汽车在驾驶位无人的状态下上路测试。日本内阁府宣布从 2017 年 9 月到 2019 年 3 月在国内部分高速公路、专用测试道路上进行自动驾驶汽车测试。法国 2014 年 2 月公布自动驾驶发展路线图,向全球汽车厂商开放道路进行自动驾驶汽车测试。英国 2015 年 7 月发布无人驾驶汽车路测指南,允许在封闭环境模拟测试后可使用公共道路进行测试。德国 2017 年 5 月通过首部关于自动驾驶汽车的法律,允许驾驶者双手离开方向盘或视线离开道路情况下进行道路测试。

2017 年 12 月,北京市在我国率先发布了《北京市关于加快推进自动驾驶车辆道路测试有关工作的指导意见(试行)》和《北京市自动驾驶车辆道路测试管理实施细则(试行)》,允许从事智能汽车研究与生产科研机构开展道路测试。此后,上海、深圳、杭州等多个城市也出台了路测政策,并颁布了地方首批自动驾驶路测牌照。但是目前我国智能汽车测试需求较大,仅局部的试点难以满足全国智能汽车研究与生产的科研机构和相关企业的需求,测试环境也不具备通用性。因此短期之内,智能网联汽车的公共道路测试依然不能代替封闭场地测试。根据《中国道路交通安全协会团体标准管理办法》规定,经中国道路交通安全协会第五届第五次理事会审议通过,批准发布公安部道路交通安全研究中心等单位编制的《智能网联汽车道路测试与示范应用道路交通管控设施能力分级》(T/CTS 6 - 2022)、《智能网联汽车道路测试与示范应用道路交通事故信息采集技术规范》(T/CTS 7 - 2022)、《智能网联汽车道路测试和示范应用告知规范》(T/CTS 8 - 2022)、《智能网联汽车道路测试与示范应用通行规范》(T/CTS 9 - 2022),国家道路交通安全产品质量监督检验中心等单位编制的《呼出气体酒精快速排查仪》(T/CTS 10 - 2022)等 5 项团体标准,自 2022 年 9 月 2 日起实施。

以上这些,为我国下一步规划建设该类相关测试场地提供了很好借鉴,也为后期全面推进智能网联汽车的公开道路测试提供依据。

6.10.2　国外示范应用现状

目前世界各国都积极投入和支持自动驾驶技术,开展车联网的示范应用。

1. 美国网联汽车示范应用

在密歇根安伯尔市(Ann Arbor)的大学城,位于底特律以西 40 英里的地方,用钢板与 8 英尺高的钢丝网围墙连在一起,围墙围起来的地方叫作 Mcity,占地 32 英亩,它模拟美国的每一个地区,设置了交通灯、人行横道、自行车道、车道、树木、消防栓、人行道、路标、交通控制设备等,还有建筑障碍物以及店面、道路标识、停车计时器、隧道等,甚至增加了一条铁路穿过 Mcity。此外,Mcity 还考虑了日常生活中的一些意外情况,比如:被遮盖的交通标志,褪色的道路指引；被机械控制的"行人"，他可随意穿行于各个路口，突然跳到运行车辆的前方，以测试自动驾驶汽车能否及时采取紧急措施。目前 Mcity 已经吸引了众多汽车厂家进行自动驾驶测试试验，试验场见图 6-18。

图 6-18　Mcity 试验场

为了测试网联化，Mcity 试验场还建立了分散在其街道上的路侧设备，支持 3000 辆以上的汽车接入网络，以此来检验无线通信性能，并通过音调、语音和信号与驱动程序进行通信。

美国交通部发起的"自动驾驶试验场试点计划"，选取了 10 个自动驾驶技术试验场，它们具有不同的测试设施，可用于评估自动驾驶汽车的安全性，提供各类道路和路况条件，并能够承载不同类型的车辆。

2. 欧洲示范应用

瑞典 AstaZero 安全技术综合试验场在 2014 年 8 月开放，由 AstaZero 集团投资建立在瑞典哥德堡市附近，见图 6-19。试验场是一个开放的国际性平台，总占地面积约 200 万 m^2，总建筑面积约 25 万 m^2。测试场四周是一条 5.7km 长的高速公路，设置 4 个 40m×25m 的活动模块，模拟城市环境；同时还有一个直径为 240m 的环形高速测试区，通过减速带与另一条 700m 长的多车会车道相连。测试环境如下：

(1)乡村测试区：乡村道路共有 10 个隐蔽的障碍物设置点，在这些点上障碍物会突然出现在汽车前方。该测试区专门用于测试车辆反应能力和相应的行为能力。路面上有两个 T 字路口和十字路口。乡村道路上还设置了两处公交车站和紧急停车带。

(2)城市测试区：用来测试汽车应对周围交通环境的能力，避让公交车、骑车人、行人或其他道路使用者。此外，该测试区还包含不同宽窄的车道、公交车站、人行道、自行车道、街道照明，不同场景小区域的中心城区。城市区也配备有多种测试环境的道路系统，包含环岛、T 字路口、急弯道等。

（3）多车道道路：多车道道路共有 4 个车道，通过 300m 长、7m 宽的加速带连接到高速公路区域。加速带上还有一个车辆使用的环形回车道。多车道上可以测试变道、碰撞、横穿道路等不同的交通情景。

（4）高速路：位于测试场的中央，共有两条长 1000m 的加速带。此外，还可以使用多车道路加速，让汽车能够以 3 种方式进入高速路。高速路主要用于汽车的性能测试，如高速行驶时的避让能力等。

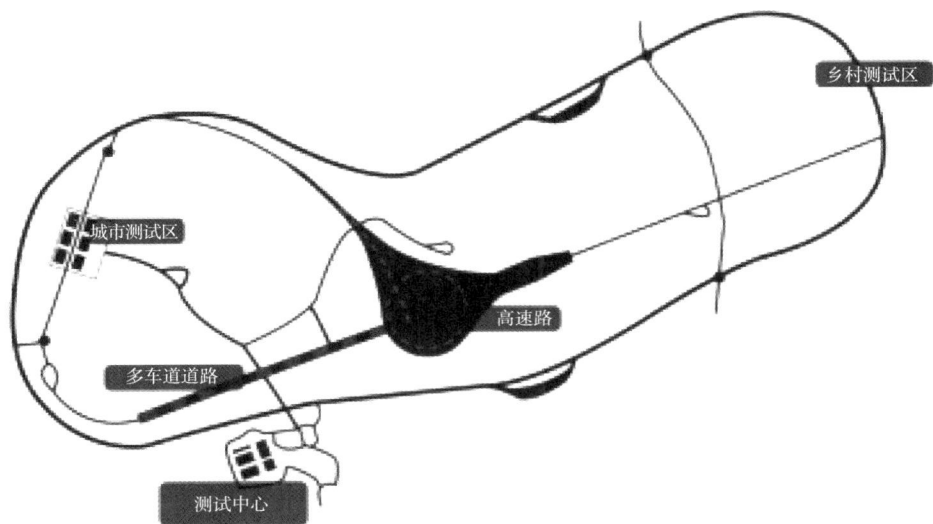

图 6 - 19　AstaZero 安全技术综合试验场

2017 年，德尔福汽车（Delphi Automotive）与法国政府旗下公交服务公司 Transdev Group 宣布，双方将在欧洲联合开发自动驾驶的接送服务。两家公司在声明中称，在推出商业服务之前，双方将在诺曼底和巴黎郊区测试自动驾驶汽车。之后两家公司将推出商用服务。

3. 日本智能交通和网联驾驶示范应用

自 2016 年 3 月起，日本政府在位于筑波科学城的茨城县日本汽车研究所建设了一个 16 万平方米的自动驾驶汽车测试基地 Jtown（图 6 - 20）。Jtown 由特异环境试验场、多目的测试区和 V2X 市区三部分组成。Jtown 通过对跑道、建筑模型、无线电通信干扰设备等设施建设，尽可能模拟出所有可能出现恶劣交通条件与场景，用于测试自动驾驶可能出现的问题。

特异环境试验场建设在室内，试验道路全长 200m，3 条 3.5m 宽的车道，可以模仿雨/雾等天气条件、逆光/夜间等光照条件，以及弯道/路口等不良视野环境条件，测试安装在车辆上的相机和各种传感器的性能；V2X 市区部分模仿实际市区复杂的交通环境，并通过通信技术对自动驾驶系统进行验证；在多目的测试区部分，可以通过灵活的变换车道，再现各种各样的路口，用来评估车辆的车道维持性能；通过测试避让道路上的车辆、行人、自行车等的能力，来测试避障性能。

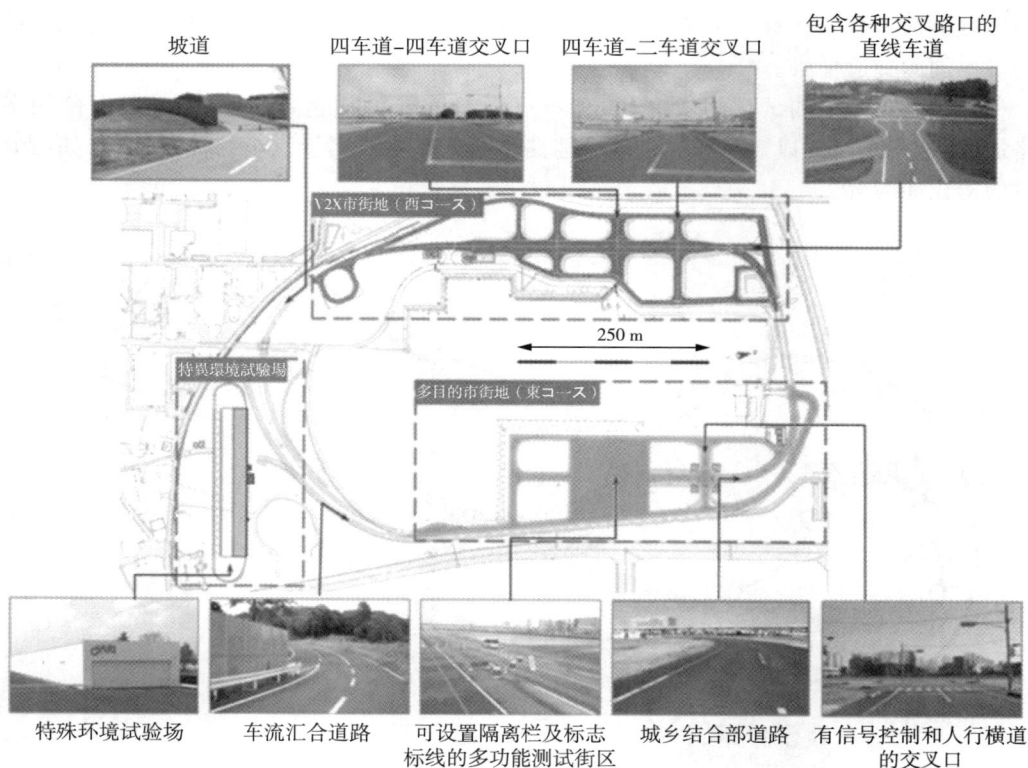

坡道　　四车道-四车道交叉口　　四车道-二车道交叉口　　包含各种交叉路口的直线车道

V2X市街地（西コース）

250 m

特異環境試験場

多目的の市街地（東コース）

特殊环境试验场　　车流汇合道路　　可设置隔离栏及标志标线的多功能测试街区　　城乡结合部道路　　有信号控制和人行横道的交叉口

图 6-20　基地内封闭式测试环境

6.10.3　国内智能网联汽车测试示范区

智能网联汽车测试示范区陆续在全国开工建设,主要分为两类:一类是由国家相关部委联合地方政府批复,由相关企业或研究机构承担建设的封闭测试场地,目前主要以工信部和交通运输部为主。如工信部牵头批复建设的有上海示范区、京冀示范区、重庆示范区、江苏无锡示范区等国家级智能网联汽车测试示范区;交通运输部批复认定的示范区有长安大学的车联网与智能汽车试验场、交通运输部公路院的公路交通综合试验场、重庆车检院的自动驾驶测试基地等。

另一类是在地方政府的支持下,由高校、车企、研究机构自主建设的地方级智能网联汽车测试示范区或测试道路。目前已有几十家已建或在建的地方级智能网联汽车测试示范区,如江苏常熟与盐城、广东深圳与广州、辽宁盘锦、四川德阳、安徽合肥与芜湖等,可见发展速度之快。

智能网联汽车试验场的建设,对于智能网联汽车技术的发展起着举足轻重的作用,并影响整个智能网联汽车产业的发展。显见,在不远的将来,中国智能网联汽车的研究、应用与发展一定会走在世界的前面。以下给出部分较早发布的测试示范区。

1. 江苏无锡国家智能交通综合测试基地

为推动自动驾驶、智慧交通等新技术的研究应用,公安部、工信部和江苏省人民政府联合共建无锡国家智能交通综合测试基地。该项目总建筑面积 22638m²,其中地上建筑面积 10298m²、地下建筑面积 12340m²。项目主要建设内容包括:控制中心及"品字"形地下室、主体测试道路、南侧内部服务道路及广场,其中主体测试道路 31954m²,内部服务道路及广场 5555m² 等。此外,基地还包括内封闭式和外半开放式测试环境。

(1)基地内封闭式测试环境

测试基地内提供封闭的实际道路和模拟测试环境,可以开展低危险性运行场景测试。按 178 亩土地面积设计,规划封闭测试道路总长 3.53km,包括公路测试区、多功能测试区、城市街区、环道测试区和高速测试区等。

其中公路测试区为双车道道路,总长 450m,测试速度 60km/h;多功能测试区约 100m×200m 的广场,用于环岛路口智能网联汽车交织测试项目;城市街区 1090m,包含 2 条干道、5 条支路,以及多种类型的交叉口,模拟自动驾驶车辆城市道路行驶场景;环道测试区长度 1350m,最高测试速度为 60km/h;高速测试区主线为 640m 长的四车道道路,最高测试速度可达 100km/h。

(2)基地外半开放式测试环境

在基地外,通过与无锡市政府协调,利用基地附近道路(例如基地附近 5km 范围内的山水东路沿线、山区道路、农村道路,以及 S19 通锡高速局部路段),来提供半开放的实际道路环境。由图 6 - 21 可见,该范围内道路类型丰富、车流量小、道路设施拓展性强,有利于构建各类道路场景,开展可控危险性的交通场景测试。

图 6 - 21　无锡国家智能交通综合测试基地设计图

基地周边道路将由无锡市政府协调相关单位,分时段分路段开放给测试基地进行封闭或半封闭测试。

2. 重庆(i-VISTA)智能汽车集成系统试验示范区

位于重庆的 i-VISTA 试验区建设工程规划为三期。一期为"城市模拟道路测试评价及试验示范区",位于重庆汽研园区。在原有园区的基础上,搭建交通设施、交通控制系统、通信网络、北斗高精度定位系统、车车协同通信、自动驾驶功能和性能测试试验场、智慧停车场,园区内包含多种交通场景,满足不同研究和测试的需求。

城市模拟道路测试评价试验示范区测试道路全长约 5 公里(单向多车道 1km,速度范围为 80～120km/h;双向单车道 4km,速度范围为 40～60km/h),10 多种直道、弯道、隧道、桥梁、淋雨道、林荫道、ABS 低附路,11 个十字、丁字路口。装备了 1 个 GNSS 差分基站,支持GPS、北斗、GLONAS 导航。拥有 8 个 LTE-V 分布式通信基站,8 套 LTE-V 路侧单元,8套 DSRC 路侧单元,11 个信号灯组和 13 个摄像头,5 个跟踪式微波检测器,用于探测和跟踪自动驾驶车辆和行人。

二期工程为重庆西部汽车试验场的智能汽车可靠性试验区,2017 年建成。位于重庆西部汽车试验场内,总占地 3362.034 亩,其中综合服务区占地约 142 亩,试验道路占地约 3220亩。在重庆西部汽车试验场的传统试验场地基础上,完善相关基础设施,增加相应的交通设施及交通控制系统,形成各种特殊道路、乡村道路以及高速环道的智能汽车可靠性试验区。同时,还在鱼嘴工业园区周边搭建城镇模拟道路测试环境,开展基于城乡结合的智能网联汽车道路试验。

三期工程为两江新区智能汽车与智能交通开放道路试验区,2018 年建成。在北部新区礼嘉镇(街道)城镇道路、立交桥、隧道、桥梁等开放道路,安装和改建智慧交通和通信系统测试评价所需的基础设施和智能化道路设备,形成涵盖西部地区 90% 以上的特殊路况、全国85% 以上路况环境下的开放交通场景智能汽车及智慧交通测试示范区。图 6-22 为智能汽车集成系统试验示范区示意图。

3. 吉林长春国家智能网联汽车应用(北方)示范基地

国家智能网联汽车应用(北方)示范区是中国首家高寒地区智能汽车和智慧交通测试体验基地。示范区的封闭场地面积 35 万平方米,封闭道路里程 3 公里,具有 6 大类 99 个测试场景,通过行驶场地和驾驶情景的组合可以扩展到 300 余个场景。智慧交通设施共有 4 大类 100 余个,实现了高精地图和 5G 信号的全覆盖(见图 6-23)。国家智能网联汽车应用(北方)示范区具有三方面特色、三方面功能和六方面能力。在特色方面,一是依托中国第一汽车集团;二是包括北方冰雪寒区的四季气候环境;三是满足乘用车和重型卡车等商用车的试验、测试需求。在功能方面,一是满足智能网联汽车开发试验需求;二是成为有资质的专业检测机构;三是成为开放道路测试提供服务的第三方机构。在能力方面,一是完整的场地条件;二是齐全的试验场景;三是基于 5G 的智慧交通设施;四是信息化管理平台;五是试验和检测的标准体系;六是智能网联汽车及相关产品的研发服务能力。

中国一汽旗下的红旗、奔腾品牌共计 14 辆智能网联汽车,演示了通过城市快速路、坡路、砂石路、十字路口、林荫路、雨雾路、连续弯路、隧道、行人识别和 App 叫车、自动泊车、编队行驶以及观光巴士巡游等众多功能。北方示范区既有智能网联汽车测试的功能,又是智能网联汽车及智慧交通建设的科普园地。北方示范区还将向公众开放,展示科技的魅力,让大家更多地了解智能网联汽车和智慧交通系统。图 6-24 所示为模拟行人避撞测试。

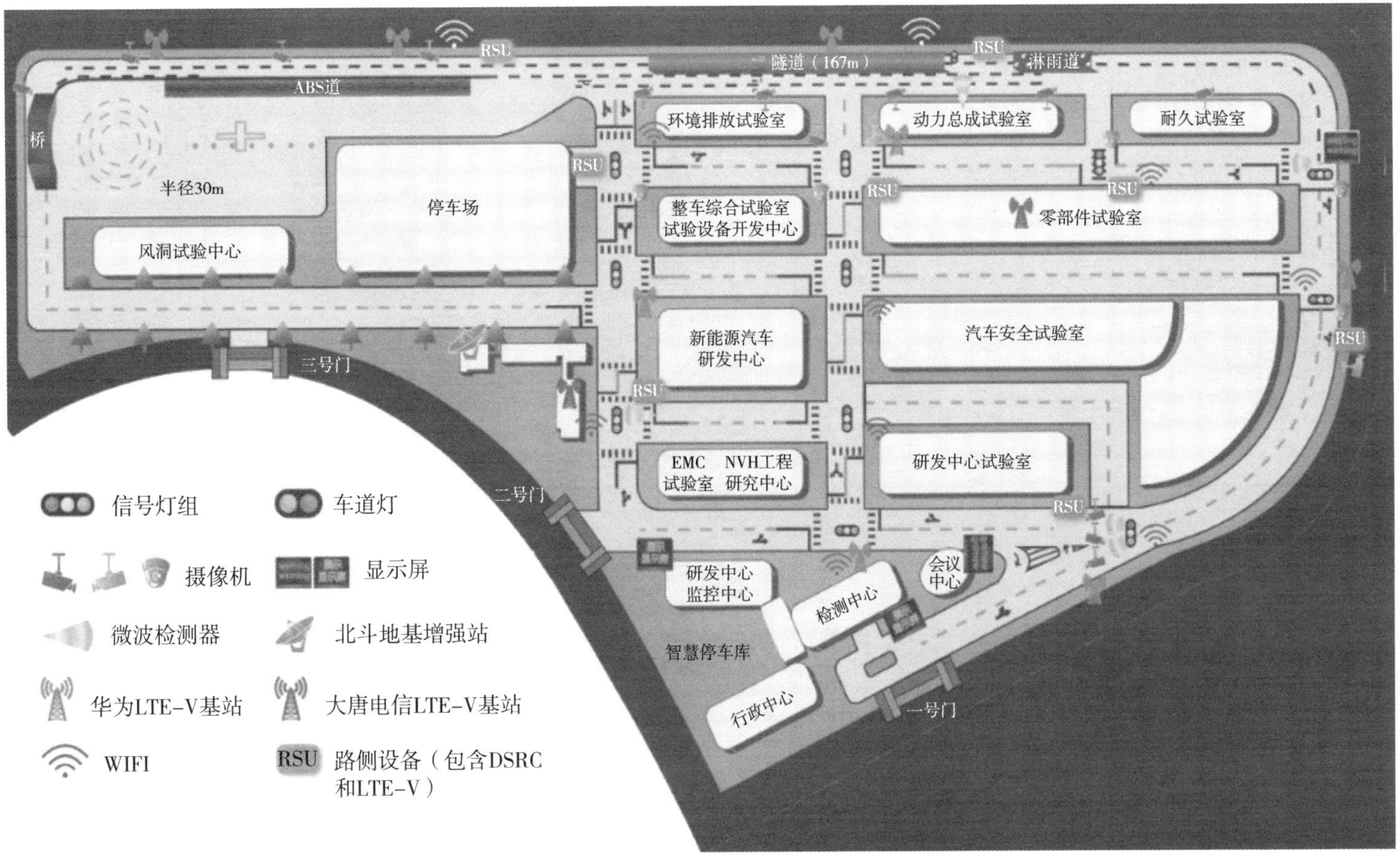

图6-22　智能汽车集成系统试验示范区

图6-23 环岛测试图

图6-24 模拟行人避撞测试

4. 长安大学车联网与智能汽车试验场

图6-25所示的试验场占地28万平方米,建有2.4km的汽车高速环形跑道,1.1km的直线试车道,1.3万平方米的操纵稳定性试验广场,F3车道,汽车驾驶训练场,五种可靠性强化典型试验道路,三种低附着系数路面等专用汽车试验道路设施。

该试验场以智能交通领域的热点需求为目标,开展了试验场电子化、信息化、智能化升级改造工作。基于车联网技术并采用模块化构建方法,逐一攻克了相关技术难题,建成了目前国内高校最大、技术先进的车联网与智能汽车试验场。

图6-25 低附着系数路面专用汽车试验道

试验场集成了4G-LTE、LTE-V、Wi-Fi、802.11p、EUHT五种无线网络,构建了较为完备的车联网通信体系。同时,研发并配备了无人车、智能网联汽车、无人车室内测试机电一体化系统、半实物仿真测试平台、交通信号控制系统、视频监控系统、UWB定位系统、龙门架、模拟隧道、地感线圈、ETC系统、光纤网络、高性能服务器等各种测试装备,完成了部分试验道路的智能化,能够实现车辆与道路V-R,车辆与车辆V-V,车辆与监控中心V-I,道路与监控中心R-I之间的实时信息交互。

目前,可满足行人避撞,自行车避撞,紧急停车避碰,红绿灯自动识别,自动穿行隧道,车-路信息交互,车-车交互侧向超车,远程视频监控,穿行 S 形路障,各种城市、高速、乡村公路应用场景下的车联网与智能汽车测试需求。

5. 国家智能网联汽车(长沙)测试区

国家智能网联汽车(长沙)测试区(图 6-26)位于湖南湘江新区,2016 年起开始建设,规划控制范围约为 9.6km²,一期用地面积为 1232 亩,总投资约 18.96 亿元,分为管理研发与调试区、越野测试区、高速公路测试区、乡村道路测试区、城市道路测试区 5 个主要功能分区,于 2018 年 6 月 12 日正式开园。

图 6-26　国家智能网联汽车(长沙)测试区

测试区建设 8 条主要测试道路和场地工程,12km 测试里程,228 个智能网联汽车测试场景,唯一的国内高速公路及无人机测试区。其中高速区横跨长潭西高速,全长 3.6km,双向 6 车道,用作全封闭式的高速测试。可实现进出服务区、进出收费口、路边紧急停车等 6 个高速环境模拟测试。建设国内首条开放式智慧公交示范线,全长约 7.8km,共设置 11 组站点,可实现"车-路-云"一体化协同车层面,部署基于 L3 级别的自动驾驶公交车辆路层面,实现全息乘客信息感知;首创数字化虚拟公交站点,引导智能公交车安全平稳停靠公交站点;运营全周期视频监控,实现全方位立体监管。在云的层面,建立综合一体调度平台,可实现智能公交状态及道路网联信息共享发布。

测试区已为 38 家企业 86 款车型提供 1800 余场测试服务,累计测试里程达 6 万公里,成为国内测试场景复杂程度最高、测试道路总里程最长、研发办公配套最齐全、5G 覆盖范围最广的测试区。

6. 智能网联汽车(上海)试点示范区

2016 年 6 月,位于上海嘉定区伊宁路 2155 号的国家智能网联汽车(上海)试点示范区的封闭道路测试区正式开园(见图 6-27)。封闭测试区(F-Zone)立足服务智能汽车、V2X 网联通讯两大类关键技术的测试及演示,涵盖安全、效率、信息、新能源汽车等四大类应用场景。园区内同时建设了隧道、林荫道、加油/充电站、地下停车场、十字路口、丁字路口、环岛等模拟交通设施,可以为自动驾驶、V2X 网联汽车等提供 100 余种场景的测试验证。位于上海汽车博览公园内科普体验区(E-Zone),是面向公众开放的智能网联汽车科普体验区,是智能网联汽车、智慧能源、智慧交通和智慧城市的科普、体验和交流的主要承载平台。

图 6-27 智能网联汽车(上海)试点示范区

2019 年,上海市继续推动公共道路测试在更大范围内开放。嘉定开放自动驾驶测试城市道路 47.8km(国道 5.8km,省道 9.8km,城市主干道 7.2km,城市次干道 14.7km,城市支路 7.2km,乡村道路 3.1km),上海汽车博览公园内道路 4km,虹桥机场至汽车城高速公路 20km。测试场景由 350 个增加到 1580 个,将智能网联汽车活动范围伸展至生活中的各个场景,如工业区、商业区、交通枢纽、住宅区等。上海汽车城示范项目包括①封闭测试区,②开放道路 5G+MEC+V2X 示范区,③开放道路 4G+MEC+V2X 示范区。其中,封闭测试区用于开发验证最新的技术成果;开放道路 5G+MEC+V2X 示范区道路全长 11.1km,提供城市、社区、乡村道路等环境下的智能网联汽车开放道路技术验证环境;开放道路 4G+MEC+V2X 示范区道路全长 56.7km,用于将技术成果投入商业应用,为车辆提供安全、效率等方面的服务。2019 年 9 月,上汽、宝马和滴滴三家企业获得首批上海市示范应用牌照。

7. 国家智能网联汽车(武汉)测试示范区

国家智能网联汽车(武汉)测试示范区(下称"武汉示范区")发布 2022 年度报告。报告显示,武汉示范区已在全国首次实现跨区通行,自动驾驶车辆从武汉经开区开往汉阳区,实现"经开万达—王家湾—五里墩—钟家村"、"龙灵山公园—汤湖公园—古琴台—晴川阁—龟山电视塔"两区的商圈、景点成功连线,推动武汉自动驾驶商业场景连片发展。武汉示范区于 2019 年 9 月揭牌,是国内第六、中部首个国家级智能网联汽车测试示范区,也是国内最早颁发自动驾驶商用牌照的示范区(图 6-28)。

截至 2023 年 1 月,武汉示范区已分五批开放 522 条智能网联汽车测试路段,总里程 751.56km,覆盖武汉市经开、汉阳、东湖高新、江汉 4 个行政区 600km² 区域,常住人口近 200 万,位居全国前列。其中,武汉经开区开放测试道路 669.6km,是中部首个全域开放智能网联汽车测试道路的区域。

2022 年 6 月,武汉成为全国首批发放远程驾驶测试牌照的城市,百度获得首张远程驾驶测试牌照,武汉自动驾驶应用进入"全无人阶段"。报告显示,截至 2022 年 12 月,武汉示范区分 16 次累计向包括东风、百度、小米等 18 家智能网联汽车企业,发放了 256 张自动驾驶测试及应用牌照,累计测试总里程突破 270 万公里。2022 年,在武汉示范区进行常态化自动

图 6-28　智能网联汽车(武汉)试点示范区

驾驶测试及商业化运营的车辆达 130 台,包含百度萝卜运力、东风悦享、轻舟智航等 7 家企业。

经过 3 年多的建设和探索,武汉测试示范区打造了国内多个第一:国内第一个将 CA 系统进行车联网商业化部署的示范区;国内第一个大规模采用 5G 进行路侧"无光纤"通信的示范区;国内第一个大规模采用车端 5G OBU 与北斗 RTK 模组融合方案的示范区;国内第一个大规模采用 5G RSU 和 5G OBU 进行车路协同应用的示范区;国内第一个将"产学研用"进行深入结合应用的示范区;建立了国内第一个"自动驾驶主题生态公园"。

未来,武汉示范区将逐步实现大汉阳片区全域打通,开通由武汉经开区开往天河机场、武汉站的快速道路,突破武监高速(经开段)、四环线、机场二高速等高速公路开放路权,逐步将汉阳、汉口、武昌片区连成一片,将武汉市打造为"自动驾驶第一城"。

参考文献

[1] 克里斯托夫·佐默[德].车辆网联技术[M].北京:机械工业出版社,2017.

[2] 李俨,曹一卿,陈书平,等.5G 与车联网——基于移动通信的车联网技术与智能网联汽车[M].北京:电子工业出版社,2019.

[3] 王泉.从车联网到自动驾驶——汽车交通网联化、智能化之路[M].北京:人民邮电出版社,2018.

[4] 杨昱.网联车辆队列生态式协同自适应巡航控制策略研究[D].长春:吉林大学,2021.

[5] 吴霞.基于智能网联车辆可控性的高速公路与城市道路混合交通流主动控制方法——以高速公路长路段和城市信号交叉口为例[D].西安:长安大学,2020.

[6] 郑元.智能网联环境下高速公路自动驾驶车辆决策控制研究[D].南京:东南大学,2020.

[7] 刘庆华,邱修林.谢礼猛,等.基于行驶车速的车辆防撞时间预警算法[J].农业工程学报.2017,33(12):99-106.

[8] 曹福贵 . 基于虚拟领航者的智能网联汽车多车道协同编队及控制[D]. 镇江:江苏大学,2021.

[9] 王维 . 自适应负载状态的车联网信道接入算法[J].南京邮电大学学报:自然科学版,2020,40(2):66.

[10] 张海霞,李腆腆,李东阳,等 . 基于车辆行为分析的智能车联网关键技术研究[J].电子与信息学报,2020,42(1):36-49.

[11] 胡梦岩 . 高速公路环境下的智能网联汽车队列控制关键技术研究——以纵向控制和合并场景为例[D]. 西安:长安大学,2022.

[12] 闫勇军 . 融合数字地图的车辆预测巡航优化控制[D]. 长春:吉林大学,2022.

[13] 刘经南,郭文飞,郭迟,等 . 智能时代泛在测绘的再思考[J]. 测绘学报,2020,49(4):403-414.

[14] 柴琳果,蔡伯根,上官伟,等 . 基于间隙理论的智能车交叉口运行控制方法[J]. 系统仿真学报,2019,31(9):1875-1882.

[15] 王猛 . 混行交通流跟驰行为分析及队列控制研究[D]. 长春:吉林大学,2022.

[16] 王佳伟 . 考虑通信时延的协同自适应巡航控制策略研究[D]. 长春:吉林大学,2022.

[17] 钱国敏 . 智能网联混行条件下交通系统时空资源配置策略研究[D]. 杭州:浙江大学,2021.

[18] 朱晗宇 . 面向智能交通车联网的决策机制研究[D]. 北京:中国科学院大学,2021.

[19] 雷衍 . 网联系统的事件驱动协同控制研究[D]. 武汉:华中科技大学,2021.

[20] 范博 . 智能网联交通中的车联网资源优化技术研究[D]. 北京:北京工业大学,2021.

[21] 王文夫 . 特定场景云控自动驾驶关键技术研究[D]. 杭州:浙江大学,2021.

[22] 林盈盈 . 容量约束的车联网公交专用道时分复用控制方法研究[D]. 杭州:浙江工业大学,2022.

[23] 王帅 . V2X 车联网通信分布式 MAC 关键技术研究[D]. 上海:东华大学,2022.

[24] 尹婷 . 面向 5G 端到端的协同定位技术研究[D]. 北京:中国科学院大学,2022.

[25] 刘庆华,邱修林,谢礼猛,等 . 基于行驶车速的车辆防撞时间预警算法[J]. 农业工程学报,2017,33(12):99-106.

[26] 尹婷 . 面向 5G 端到端的协同定位技术研究[D]. 北京:中国科学院大学,2022.

[27] 张海波,向煜,刘开健,等 . 基于 D2D 通信的 V2X 资源分配方案[J]. 北京邮电大学学报,2017,40(5):92-97.

[28] 江晓明 . 车联网带状 C-V2X 系统通信性能优化与控制方法研究[D]. 镇江:江苏大学,2021.

[29] 杨曼,吴超仲,张晖,等 . 行车安全事件的驾驶风险影响因素研究[J]. 交通信息与安全,2018,36(5):34-39.

[30] 熊凯 . 面向交通出行的车联网资源调度策略研究[D]. 成都:电子科技大学,2021.

[31] 苏航 . 面向智能交通的无线传感网络分簇算法[J]. 交通信息与安全,2017,35

(3):74－79,106.

[32]程延秋．基于强化学习理论的混合交通流智能网联车辆纵向轨迹规划算法研究[D]．西安:长安大学,2022.

[33]吴亚兰．车联网中的任务迁移算法研究[D]．广州:广东工业大学,2021.

[34]常鑫．基于模拟车联网环境的交通流特性研究[D]．北京:北京工业大学,2021.

[35]叶东东．异构数据驱动下车联网边缘智能的联合资源优化[D]．广州:广东工业大学,2021.

[36]朱晗宇．面向智能交通车联网的决策机制研究[D]．北京:中国科学院大学,2021.

[37]马健欣．面向物联网移动数据采集的多目标路径规划算法研究[D]．哈尔滨:哈尔滨工业大学,2021.

[38]宁航．基于道路线形的智能汽车安全行驶模型研究[D]．西安:长安大学,2021.

[39]张耀元.5G 无线网络虚拟化技术研究[D]．西安:西安电子科技大学,2021.

[40]吴洲豪．基于多级道路索引的城市交通数据挖掘若干关键技术及应用研究[D]．西安:长安大学,2021.

[41]岳柄剑．基于多源多目标统计信息融合的智能网联车云定位方法研究[D]．长春:吉林大学,2021.

[42]张昌伟．面向 M2M 通信的大规模随机接入研究[D]．南京:南京邮电大学,2021.

[43]邓晓峰,王润民,徐志刚,等．我国智能网联汽车测试及示范基地发展现状[J]．汽车工业研究,2019,1(7):6－12.

[44]冉斌,谭华春,张健,等．智能网联交通技术发展现状及趋势[J]．汽车安全与节能学报,2018,9(2):1－20.

[45]崔明阳,黄荷叶,许庆,等．智能网联汽车架构、功能与应用关键技术[J]．清华大学学报(自然科学版),2022,62(3):14－28.